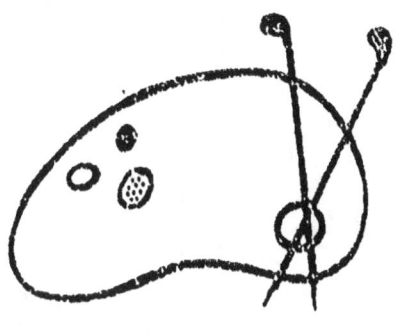

Couvertures supérieure et inférieure
en couleur

RELIURE SERREE
Absence de marges
intérieures

VALABLE POUR TOUT OU PARTIE
DU DOCUMENT REPRODUIT.

DEUX MÈRES

PAR

ÉMILE RICHEBOURG

II

L'AGENT DE POLICE

PARIS

E. DENTU, ÉDITEUR
Libraire de la Société des Gens de Lettres
PALAIS-ROYAL, 15-17-19, GALERIE D'ORLÉANS

LIBRAIRIE DE E. DENTU, ÉDITEUR, PALAIS-ROYAL

Auteur	Titre	Prix
Gustave Aimard...	Les Vauriens du Pont-Neuf. 3 vol.	9
Alfred Assollant...	Nini. 1 vol.	3
Bachaumont...	Durand et Cie. 2 vol.	6
Adolphe Belot...	Une Joueuse. 1 vol.	3
	La Femme de Glace. 1 vol.	3
Elie Berthet...	Histoires des Uns et des Autres. 1 v.	3
René de Camors...	Le Complice. 1 vol.	3
F. du Boisgobey...	L'Épingle Rose. 3 vol.	9
Alexis Bouvier...	Le Domino rose. 1 vol.	3
Constant Guéroult.	La Tabatière de M. Lubin. 2 vol.	6
Cornély...	L'Œil du Diable. 1 vol.	3
Eugène Chavette...	La Recherche d'un Pourquoi. 1 vol.	3
Jules Claretie...	Le troisième Dessous. 1 vol.	3 50
Léon Cladel...	L'Homme de la Croix-aux-Bœufs. 1 v.	3 50
Alphonse Daudet...	Jack. 2 vol.	6
Ernest Daudet...	Zalma Marsy. 1 vol.	3
Albert Delpit...	La Famille Cavalié. 2 vol.	6
Ch. Deslys...	Sœur Louise. 1 vol.	3
Georges Duval...	Chasteté. 1 vol.	3
H. Escoffier...	Chloris la Goule. 1 vol.	3
Ferdinand Fabre...	Barnabé. 1 vol.	3
	La Petite Mère. 4 vol.	14
Victor Fournier...	Les Lendemains de l'Amour. 1 vol.	3
Le Pce Lubomirski.	Les Viveurs d'Hier. 1 vol.	3
P. Féval...	Douze Femmes. 1 vol.	3
Élie Frébault...	La Vie de Paris. 1 vol.	3
Emile Gaboriau...	Le Petit Vieux des Batignolles. 1 vol.	3 50
De Gastine...	L'Écuyère Masquée. 1 vol.	3
Em. Gonzalès...	La Servante du Diable. 1 vol.	3
Gourdon de Genouillac.	L'Homme au Veston bleu. 1 vol.	3
Robert Halt...	Le Cœur de M. Valentin. 1 vol.	3
Arsène Houssaye...	Les Larmes de Jeanne. 1 vol.	3 50
L. Jacolliot...	Voyage au Pays des Éléphants. 2 vol.	8
Charles Joliet...	Diane. 1 vol.	3
G. de La Landelle...	Deux Croisières. 1 vol.	3
M. de Lescure...	Mademoiselle de Cagliostro. 1 vol.	3 50
Marc Bayeux...	Benjamine et Diana. 2 vol.	6
Armand Lapointe	Les sept Hommes rouges. 1 vol.	3
Arnold Mortier...	Le Monstre. 1 vol.	3
A. de Launay...	Le Banquier des Voleurs. 1 vol.	3
J. Lermina...	La Succession Tricoche et Cacolet. 2 v.	9
Hector Malot...	Sans Famille. 2 vol.	6
Catulle Mendès...	Les Folies Amoureuses. 1 vol.	3
Xavier de Montépin.	La Marquise Castella. 2 vol.	6
	Le Médecin des Folles. 2 vol.	6
Eugène Moret...	La Juive du Marché-Neuf. 1 vol.	3
Arnold Mortier...	Le Monstre. 1 vol.	3
Victor Perceval...	La Maîtresse de Monsieur le Duc.	3
Paul Perret...	La Bataille de l'Amour. 1 vol.	3
Camille Périer...	La Pomme d'Ève. 1 vol.	3
Tony Révillon...	Noémi. 1 vol.	3
Emile Richebourg.	Andréa la Charmeuse. 2 vol.	6
Marius Roux...	La Proie et l'Ombre. 1 vol.	3
Paul Saunière...	Mam'zell' Rossignol. 2 vol.	6
Aurélien Scholl...	Les Scandales du Jour. 1 vol.	3
Anaïs Ségalas...	Les Mariages Dangereux. 1 vol.	3
Victor Tissot...	Vienne et la vie Viennoise. 1 vol.	3 50
Pierre Véron...	Les Mangeuses d'homme. 1 vol.	3
Pierre Zaccone...	La Vie à outrance. 1 vol.	3

Paris. — Imprimerie de E. DONNAUD, rue Cassette, 4.

DEUX MÈRES

II

LIBRAIRIE DE E. DENTU, ÉDITEUR, PALAIS-ROYAL

Auteur	Titre	Prix
Gustave Aimard....	Les Vauriens du Pont-Neuf. 3 vol..	9
Alfred Assollant...	Nini. 1 vol.	3
Bachaumont......	Durand et Cie, 2 vol.	6
Adolphe Belot.....	Une Joueuse. 1 vol.	3
	La Femme de Glace. 1 vol.	3
Elie Berthet.....	Histoires des Uns et des Autres, 1 v.	3
Réné de Camors...	Le Complice. 1 vol.	3
F. du Boisgobey...	L'Épingle Rose, 3 vol.	9
Alexis Bouvier....	Le Domino rose. 1 vol.	3
Constant Guéroult.	La Tabatière de M. Lubin. 2 vol..	6
Cornély..........	L'Œil du Diable. 1 vol.	3
Eugène Chavette..	La Recherche d'un Pourquoi. 1 vol.	3
Jules Claretie.....	Le troisième Dessous. 1 vol.	3 50
Léon Cladel......	L'Homme de la Croix-aux-Bœufs. 4 v.	3 50
Alphonse Daudet..	Jack. 2 vol.	6
Ernest Daudet.....	Zahra Marsy. 1 vol.	3
Albert Delpit.....	La Famille Cavalié. 2 vol.	6
Ch. Deslys.......	Sœur Louise. 1 vol.	3
Georges Duval...	Chasteté. 1 vol.	3
H. Escoffier.....	Chloris la Goule. 1 vol.	3
Ferdinand Fabre..	Barnabé. 1 vol.	3
	La Petite Mère. 4 vol.	14
Victor Fournier....	Les Lendemains de l'Amour. 1 vol..	3
Le Pce Lubomirski.	Les Viveurs d'Hier. 1 vol.	3
P. Féval.........	Douze Femmes. 1 vol.	3
Élie Frébault.....	La Vie de Paris. 1 vol.	3
Emile Gaboriau...	Le Petit Vieux des Batignolles. 1 vol.	3 50
De Gastine......	L'Écuyère Masquée. 1 vol.	3
Em. Gonzalès.....	La Servante du Diable. 1 vol.	3
Gourdon de Genouillac.	L'Homme au Veston bleu. 1 vol.	3
Robert Halt......	Le Cœur de M. Valentin. 1 vol.	3
Arsène Houssaye...	Les Larmes de Jeanne. 1 vol.	3 50
L. Jacolliot......	Voyage au Pays des Éléphants. 2 vol.	8
Charles Joliet.....	Diane. 1 vol.	3
G. de La Landelle..	Deux Croisières. 1 vol.	3
M. de Lescure....	Mademoiselle de Cagliostro. 1 vol.	3 50
Marc Bayeux.....	Benjamine et Diana. 1 vol.	6
Armand Lapointe	Les sept Hommes rouges. 1 vol..	3
Arnold Mortier....	Le Monstre. 1 vol.	3
A. de Launay.....	Le Banquier des Voleurs. 1 vol.	3
J. Lermina.......	La Succession Tricoche et Cacolet. 2 v.	9
Hector Malot.....	Sans Famille. 2 vol.	6
Catulle Mendès....	Les Folies Amoureuses. 1 vol.	3
Xavier de Montépin.	La Marquise Castella. 2 vol.	6
	Le Médecin des Folles. 2 vol.	6
Eugène Moret.....	La Juive du Marché-Neuf. 1 vol.	3
Arnold Mortier....	Le Monstre. 1 vol.	3
Victor Perceval...	La Maîtresse de Monsieur le Duc.	3
Paul Perret......	La Bataille de l'Amour. 1 vol.	3
Camille Périer....	La Pomme d'Ève. 1 vol.	3
Tony Révillon....	Noémi. 1 vol.	3
Emile Richebourg..	Andréa la Charmeuse. 2 vol.	6
Marius Roux.....	La Proie et l'Ombre. 1 vol.	3
Paul Saunière....	Mam'zell' Rossignol. 2 vol.	6
Aurélien Scholl...	Les Scandales du Jour. 1 vol.	3
Anaïs Ségalas....	Les Mariages Dangereux. 1 vol.	3
Victor Tissot.....	Vienne et la vie Viennoise. 1 vol.	3 50
Pierre Véron.....	Les Mangeuses d'homme. 1 vol.	3
Pierre Zaccone....	La Vie à outrance. 1 vol.	3

Paris.— Imprimerie de E. DONNAUD, rue Cassette, 4.

DEUX MÈRES

II

PRINCIPAUX OUVRAGES DU MÊME AUTEUR

ANDRÉA LA CHARMEUSE, 2 vol. in-18, 2ᵉ édition. 6 francs
L'ENFANT DU FAUBOURG, 2 vol. in-18, 2ᵉ édition. 6 —
LA FILLE MAUDITE, 2 vol. in-18, 4ᵉ édition . . 6 —
LES DEUX BERCEAUX, 2 vol. in-18, 2ᵉ édition . 6 —
HONNEUR ET PATRIE, nouvelles militaires, 1 vol.
   in-18 . . . . 3 —
LA DAME VOILÉE, 1 vol. in-18, 3ᵉ édition . . 3 —
LES AMOUREUSES DE PARIS, 2 vol. de la biblio-
   thèque nouvelle à 1 franc, — 6ᵉ édition . 2 —
HISTOIRE D'UN AVARE, D'UN ENFANT et D'UN CHIEN,
   1 vol. de la bibliothèque à 1 franc . . . 1 —
LA FILLE DU CHANVRIER, 1 vol. in-32. . . . 1 —

Les soirées amusantes, lectures des familles, collection de 12 vol. in-32, comprenant :

CONTES D'HIVER, janvier, février, mars, 3 vol.
   in-32. . . . . 2 fr. 25
CONTES DU PRINTEMPS, avril, mai, juin, 3 vol.
   in-32. . . . . 2 — 25
CONTES D'ÉTÉ, juillet, août, septembre, 3 vol.
   in-32. . . . . 2 — 25
CONTES D'AUTOMNE, octobre, novembre, dé-
   cembre, 3 vol. in-32. . . . . 2 — 25

Chaque volume de la collection se vend séparément 75 cent.

Sous presse :

LE COMTE DE COULANGE, 2 vol. . . . . . 6 fr.
UN CALVAIRE, 1 vol. . . . . 3 —
QUARANTE MILLE FRANCS DE DOT, 1 vol. . . 1 —

F. Aureau — Imprimerie de Lagny.

DEUX MÈRES

PAR

ÉMILE RICHEBOURG

II

L'AGENT DE POLICE

PARIS
E. DENTU, ÉDITEUR
LIBRAIRE DE LA SOCIÉTÉ DES GENS DE LETTRES
PALAIS-ROYAL, 15-17-19, GALERIE D'ORLÉANS
—
1879
Tous droits réservés

DEUX MÈRES

TROISIÈME PARTIE

L'AGENT DE POLICE

I

L'ESPIONNE

M. Sosthène de Perny est chez lui, rue Richepanse. Il est agité et il arpente sa chambre d'un pas impatient, fiévreux. De temps à autre, machinalement, il jette les yeux sur une pendule, dont les aiguilles marquent invariablement onze heures dix minutes depuis plus d'un an peut-être qu'elle s'est arrêtée.

Mais si la pendule de M. de Perny ne marche plus, les heures s'écoulent quand même et les années aussi ; il n'a qu'à se regarder dans une glace pour le reconnaître, car il a beaucoup vieilli. Sur les tempes, ses cheveux noirs commencent à grisonner. Il est toujours élégant, vêtu à la dernière mode ; il a toujours son regard hautain, son front audacieux ; mais dans son regard il y a quelque chose d'inquiet, de troublé, et des plis se sont creusés sur son front. Le rictus de ses lèvres est amer, des rides précoces se montrent au coin de ses yeux sombres.

C'est le stigmate ineffaçable d'une mauvaise vie, d'une vie de fièvre continuelle, tourmentée par des difficultés et des soucis sans cesse renaissants, par des appréhensions et des terreurs qui le poursuivent jusque dans son sommeil.

Pourtant, il ne connaît pas le remords ; le remords peut ramener au bien et il ne vit que pour le mal. Esclave de ses passions, celles-ci ont depuis longtemps étouffé en lui tous les bons sentiments, et c'est le vice dans tout ce qu'il a de plus hideux qui s'est incarné en lui. Mais, comme tous les criminels, il est lâche et il a peur du châtiment que sa sœur tient suspendu sur sa tête.

Que de fois déjà il s'est dit :

— Si elle pouvait mourir !

Oui, le misérable a eu cette pensée. La mauvaise santé de la marquise lui faisait espérer qu'elle succomberait. Et il se disait :

— Elle morte, je serais délivré, je n'aurais plus rien à redouter, je rentrerais dans la maison la tête haute et j'y serais bientôt le maître comme autrefois.

Mais la santé de la marquise s'était subitement améliorée.

Alors il eut une autre pensée plus monstrueuse. Il conçut le projet de tuer sa sœur. Etait-ce un égarement de sa raison ? C'est possible. Il chercha cependant comment il pourrait mettre son projet à exécution. Il vit le poison, versé à petites doses, laissant peu ou pas de trace. Disons, toutefois, qu'il s'arrêta en présence des difficultés qui se dressèrent devant lui, et que les terribles conséquences d'un pareil crime l'effrayèrent. Il tenait à garder sa tête sur ses épaules.

— C'est bien, se dit-il, j'attendrai ; mais, un peu plus tôt ou un peu plus tard, l'heure de ma vengeance sonnera.

De quoi voulait-il se venger ? De ce que sa sœur l'avait chassé, lui infligeant elle-même une punition trop douce. Le misérable ne lui tenait aucun compte du silence qu'elle avait gardé, qu'elle gardait encore, quand elle n'avait qu'un mot à dire pour l'envoyer au bagne.

Un jour, il apprit que la femme de chambre de la marquise était sur le point de la quitter pour se marier. Aussitôt il manœuvra pour donner à sa sœur une nouvelle femme de chambre. Juliette était la femme qui lui convenait sous tous les rapports. Il l'avait précédemment placée chez une femme du monde interlope, qui était alors sa maîtresse.

Grâce aux anciennes relations de sa mère, il put se procurer, pour Juliette, plusieurs lettres de recommandations avec lesquelles celle-ci se présenta à l'hôtel de Coulange. La marquise l'accepta sans défiance. Il va sans dire que les noms de madame de Perny et de son fils ne figuraient pas dans le nombre de ses références.

Juliette était une grande et belle fille de vingt-huit ans. Mais les personnes qui la recommandaient, en attestant ses bons antécédents, avaient été singulièrement trompées. La conduite de Juliette était loin d'être irréprochable.

Deux ans auparavant, elle avait commis un infanticide. N'ayant pas eu connaissance de son crime, la justice ne l'avait pas poursuivie. Pourtant, ce crime n'était pas complètement ignoré. Sosthène l'avait découvert, il en avait été pour ainsi dire le témoin. Alors Juliette avait eu la maladresse de lui écrire pour le supplier de ne pas la dénoncer et d'avoir pitié d'elle. Il possédait ainsi des lettres de la malheureuse fille, qui contenaient les preuves du crime.

Juliette était donc complètement à la discrétion de Sosthène. Il la dominait, il lui imposait ses volontés ; elle tremblait sous son regard, elle n'osait rien lui refuser, elle était sa servante, son esclave, et pouvait devenir, dans ses mains, à un moment donné, un instrument terrible.

Pour l'instant, placée près de la marquise parce que son véritable maître l'avait voulu, son rôle se bornait à tout voir et à tout entendre.

Juliette était l'espionne de Sosthène.

Fatigué sans doute de sa promenade autour de sa chambre, M. de Perny s'arrêta tout à coup devant une petite table qui était littéralement couverte de feuilles de papier timbré, sortant des études de plusieurs huissiers. Ces feuilles noircies, à l'aspect peu agréable, attestaient que le brillant Sosthène de Perny avait un certain nombre de créanciers qu'il ne payait pas.

Il prit une poignée de ces papiers et les froissa dans sa main en faisant une affreuse grimace.

— Ma parole d'honneur, grommela-t-il d'une voix creuse, on dirait que tous ces gens sont enragés ! Que veulent-ils ? Que je leur donne de l'argent. Oh ! les fous !... Eh bien, oui, j'ai des dettes et je ne peux pas les payer. Après ? Je ne suis pas le seul. Qu'ils attendent.

Ah çà ! s'écria-t-il en frappant le parquet du pied, elle ne viendra donc pas !

Il regarda sa montre.

— Elle devait être ici à deux heures et demie et il va être trois heures.

Il tira de sa poche un billet chiffonné et lut tout haut :

« J'ai quelque chose que je crois très-important à

— C'est bien, se dit-il, j'attendrai ; mais, un peu plus tôt ou un peu plus tard, l'heure de ma vengeance sonnera.

De quoi voulait-il se venger ? De ce que sa sœur l'avait chassé, lui infligeant elle-même une punition trop douce. Le misérable ne lui tenait aucun compte du silence qu'elle avait gardé, qu'elle gardait encore, quand elle n'avait qu'un mot à dire pour l'envoyer au bagne.

Un jour, il apprit que la femme de chambre de la marquise était sur le point de la quitter pour se marier. Aussitôt il manœuvra pour donner à sa sœur une nouvelle femme de chambre. Juliette était la femme qui lui convenait sous tous les rapports. Il l'avait précédemment placée chez une femme du monde interlope, qui était alors sa maîtresse.

Grâce aux anciennes relations de sa mère, il put se procurer, pour Juliette, plusieurs lettres de recommandations avec lesquelles celle-ci se présenta à l'hôtel de Coulange. La marquise l'accepta sans défiance. Il va sans dire que les noms de madame de Perny et de son fils ne figuraient pas dans le nombre de ses références.

Juliette était une grande et belle fille de vingt-huit ans. Mais les personnes qui la recommandaient, en attestant ses bons antécédents, avaient été singulièrement trompées. La conduite de Juliette était loin d'être irréprochable.

Deux ans auparavant, elle avait commis un infanticide. N'ayant pas eu connaissance de son crime, la justice ne l'avait pas poursuivie. Pourtant, ce crime n'était pas complètement ignoré. Sosthène l'avait découvert, il en avait été pour ainsi dire le témoin. Alors Juliette avait eu la maladresse de lui écrire pour le supplier de ne pas la dénoncer et d'avoir pitié d'elle. Il possédait ainsi des lettres de la malheureuse fille, qui contenaient les preuves du crime.

Juliette était donc complètement à la discrétion de Sosthène. Il la dominait, il lui imposait ses volontés ; elle tremblait sous son regard, elle n'osait rien lui refuser, elle était sa servante, son esclave, et pouvait devenir, dans ses mains, à un moment donné, un instrument terrible.

Pour l'instant, placée près de la marquise parce que son véritable maître l'avait voulu, son rôle se bornait à tout voir et à tout entendre.

Juliette était l'espionne de Sosthène.

Fatigué sans doute de sa promenade autour de sa chambre, M. de Perny s'arrêta tout à coup devant une petite table qui était littéralement couverte de feuilles de papier timbré, sortant des études de plusieurs huissiers. Ces feuilles noircies, à l'aspect peu agréable, attestaient que le brillant Sosthène de Perny avait un certain nombre de créanciers qu'il ne payait pas.

Il prit une poignée de ces papiers et les froissa dans sa main en faisant une affreuse grimace.

— Ma parole d'honneur, grommela-t-il d'une voix creuse, on dirait que tous ces gens sont enragés ! Que veulent-ils ? Que je leur donne de l'argent. Oh ! les fous !... Eh bien, oui, j'ai des dettes et je ne peux pas les payer. Après ? Je ne suis pas le seul. Qu'ils attendent.

Ah çà ! s'écria-t-il en frappant le parquet du pied, elle ne viendra donc pas !

Il regarda sa montre.

— Elle devait être ici à deux heures et demie et il va être trois heures.

Il tira de sa poche un billet chiffonné et lut tout haut:

« J'ai quelque chose que je crois très-important à

« vous dire ; ce serait trop long à écrire ; attendez-moi
« chez vous demain à deux heures et demie. »

— Et depuis une heure je l'attends, reprit-il les sourcils froncés. C'est moi qui suis à ses ordres ! Que peut-elle avoir à me dire ?

Croyant ainsi tromper son impatience, il alluma un cigare. Un instant après, le bruit d'une sonnette se fit entendre.

Sosthène s'élança hors de sa chambre, et courut ouvrir. Juliette entra. Il referma vivement la porte.

— Sais-tu quelle heure il est ? lui dit-il d'un ton rude. Tu devrais te souvenir que je n'aime pas à attendre.

— Je suis en retard, c'est vrai, mais ce n'est pas ma faute ; j'ai dû attendre que madame soit sortie. Regardez, je suis en sueur et tout essoufflée ; j'ai couru tout le long du chemin.

— Est-ce qu'il n'y a pas des omnibus ?

— Je n'y ai pas trouvé de place.

— Il fallait prendre une autre voiture.

— J'aurais pu le faire ; seulement...

— Je comprends. Tu es trop économe, ma chère. Une autre fois, prends mieux tes précautions et ne me fais pas attendre.

Juliette baissa humblement la tête.

— Maintenant tu peux parler, reprit-il ; quelles sont les choses importantes que tu as à me dire ?

— Voici : D'abord, il faut que vous sachiez que presque tous les soirs, quand M. le marquis était sorti, madame la marquise s'enfermait dans sa chambre pour écrire.

— Des lettres ?

— Non. Je vous assure que j'étais très-intriguée. Je savais qu'elle écrivait, quelquefois pendant plus de deux heures ; mais qu'écrivait-elle ? Impossible de le savoir. Il m'était absolument défendu d'entrer dans sa chambre, et vous savez ce qu'on peut voir par le trou d'une serrure. Quand elle avait fini d'écrire elle cachait son cahier. Je n'ai pas besoin de vous dire que je l'ai souvent cherché dans la journée. J'ignorais qu'il y eût, dans un petit meuble de sa chambre, un tiroir secret. Du reste, quand même je l'aurais su, je n'aurais pas été plus avancée, puisque je ne sais pas comment s'ouvre le tiroir. Eh bien, c'est dans ce tiroir secret que madame la marquise, après avoir écrit, enfermait son manuscrit.

— Enfin, dit Sosthène, il existe un manuscrit que ma sœur a écrit de sa main ; mais tu ignores ce qu'il contient ?

— Assurément je n'ai pas pu le lire ; mais je sais que c'est une confession que madame la marquise fait à son mari, dans le cas où elle viendrait à mourir.

Sosthène tressaillit.

— Ah ! fit-il, comment peux-tu savoir cela ?

— Je vais vous le dire : Il y a quatre jours, madame la marquise sortit de sa chambre pour aller embrasser et consoler la petite Maximilienne qui pleurait. Elle laissa sur la table le manuscrit et à côté une lettre ouverte qu'elle venait d'écrire.

— Alors ?

— Je n'étais pas loin...

— Derrière une porte.

— Oui. Je l'ouvris sans bruit, et, au risque d'être surprise et de me faire chasser immédiatement, j'entrai dans la chambre.

— C'était hardi.

— Vous êtes mon maître, c'est à vous que j'obéis.

— Parle-moi du manuscrit.

— D'un seul coup d'œil je vis qu'il était terminé. Il se trouvait fermé ; mais un instant auparavant, madame la marquise avait écrit sur la couverture, car l'encre n'était pas sèche encore.

— Et tu as lu?

— J'ai lu, en tête, ces mots : « A mon mari. »
Et au-dessous, en lettres plus grosses :
« Ceci est ma confession. »
Puis, plus bas, d'une écriture moyenne :
« Révélation du secret qui empoisonne ma vie. »
Sosthène était devenu très-pâle.

— Est-ce tout ce que tu as lu? demanda-t-il d'une voix frémissante.

Et voyant qu'elle hésitait à répondre :

— Parle ! lui ordonna-t-il d'un ton impérieux, tu ne dois rien me cacher.

— Eh bien, il y avait encore sur la couverture du manuscrit...

Elle s'arrêta brusquement.

— Parle, mais parle donc ! s'écria-t-il.

— Je n'ose pas.

— Je le veux !

— Eh bien ! il y avait encore ces mots :
« Le crime de mon frère et de ma mère. »

Un horrible sourire crispa les lèvres de Sosthène. Mais, devant Juliette, il crut devoir garder bonne contenance.

— Ah ! ah ! fit-il en prenant le ton sardonique, tu as lu cela ; eh bien, c'est la preuve que la marquise de Coulange n'a pas toute sa raison. Il peut se faire qu'elle ait quelque péché à se reprocher et qu'elle éprouve le besoin de se confesser à son mari ; mais ce n'est pas une raison pour accuser les autres. C'est drôle tout de même et cela fait rire.

Il riait, en effet, mais son rire ressemblait à un grincement de dents.

— N'importe, continua-t-il, je ne suis pas fâché de savoir l'existence de ce précieux manuscrit. Madame ma sœur a voulu écrire aussi son petit roman ; c'est drôle, très-drôle... La marquise de Coulange devenue bas-bleu ! On apprend tous les jours des choses étonnantes.

Après un moment de silence, il reprit :

— Ne m'as-tu pas dit qu'il y avait à côté du manuscrit une lettre ?

— Oui.

— Elle était ouverte. Tu l'as lue ?

— Je l'ai lue, mais rapidement.

— Qu'est-ce qu'elle disait cette lettre ?

— Comme le manuscrit, elle est adressée à M. le marquis.

— Je m'en doutais, murmura Sosthène.

— Autant que je puis me rappeler, voici ce que j'ai lu : Votre sœur dit à son mari qu'elle a gardé toute sa vie un secret terrible ; mais qu'ayant de sombres pressentiments, la crainte de mourir subitement, elle ne veut pas emporter son secret dans la tombe.

Ces pressentiments de la marquise semblaient répondre aux pensées criminelles de Sosthène. Il frissonna malgré lui, et un éclair livide passa dans son regard.

Juliette continua :

— C'est pourquoi elle s'est décidée à le confier au papier et à écrire un manuscrit qui est la révélation de toutes ses souffrances. Elle ajoute que son mari trouvera, en ouvrant le tiroir secret de son meuble Louis XIII, un petit coffre de cuivre dans lequel le manuscrit sera enfermé avec d'autres objets.

— Oh ! oh ! fit Sosthène, voilà bien des précautions.
— Et ce n'est pas tout.
— Hein ! Qu'y a-t-il donc encore ?
— Comme si elle craignait qu'on ne lui dérobât son manuscrit, ou que M. le marquis ne le lût avant sa mort, madame la marquise a pris une autre précaution.
— Ah ! qu'a-t-elle fait ?

II

A BOUT !

L'espionne répondit :
— Avant-hier soir, un homme se présenta à l'hôtel. Le portier, qui avait probablement reçu des ordres, le fit monter par un des escaliers de service, et il fut reçu d'abord très-mystérieusement par la gouvernante de la petite fille qui l'attendait.

L'homme portait sur son épaule un paquet assez lourd.

— Attendez un instant, lui dit la gouvernante, je vais prévenir madame la marquise.

Elle laissa l'homme au milieu du corridor, qui conduit à l'escalier de service, et pour entrer dans la chambre de madame elle traversa son cabinet de toilette, en ouvrant une petite porte, dont je n'avais pas encore soupçonné l'existence.

Pourquoi, dans cette circonstance, madame la marquise a-t-elle eu recours à la gouvernante de sa fille au lieu de s'adresser à moi ? Parce que je n'ai pu encore lui inspirer une confiance entière.

— C'est ce que j'ai compris.

— Qu'allait-il se passer entre l'homme et madame ?

— Je voulus le savoir, pensant que cela pouvait vous intéresser. Sur les talons de la gouvernante, je me glissai dans le cabinet de toilette et me cachai derrière une tapisserie.

— Très-bien, approuva Sosthène.

— Un instant après, la gouvernante introduisit l'homme dans la chambre de madame la marquise, en le faisant passer naturellement par le cabinet.

— Quel était cet homme ?

— Un ouvrier serrurier, je crois.

— Je comprends : une réparation à faire au tiroir secret.

— Non, l'ouvrier n'était pas appelé pour cela.

— Alors, continue, je t'écoute.

— La gouvernante prit l'enfant, que tenait sa mère, et l'emporta. Madame la marquise poussa les targettes des portes, à l'exception pourtant de celle de la porte du cabinet, qui resta entr'ouverte.

— De sorte que tu as pu tout voir ?

— A peu près tout.

— Eh bien ?

— L'ouvrier commença par placer dans le foyer de la cheminée un réchaud qu'il avait apporté ; il le remplit de braise, qui devint bientôt un brasier ardent sur lequel il fit rougir un instrument de fer. Pendant que le fer chauffait, il plaça sur une chaise un petit coffre de cuivre.

— Ah ! ah ! fit Sosthène, voilà ce fameux coffret.

— Oui. Alors madame la marquise s'approcha du

meuble qui se trouve en face de son lit, et que vous devez connaître.

— Je le connais. Continue.

— Elle ouvrit le tiroir secret et elle revint près de la cheminée, tenant dans ses mains un cahier...

— Le manuscrit ?

— Oui, et autre chose ; vous ne devinerez jamais quoi.

— Je n'ai pas à deviner, puisque tu vas me le dire.

— Une petite chemise, un petit bonnet et les autres objets divers dont on se sert pour emmaillotter un enfant nouveau-né.

Sosthène fit un mouvement brusque, ses traits se contractèrent, et les plis de son front parurent se creuser encore.

— Tu es bien sûre d'avoir vu cela ? demanda-t-il.

— Oui, je voyais parfaitement. Vous pouvez croire que je n'ai pas moins été étonnée que vous ne l'êtes. J'ai fait alors toutes sortes de réflexions, me demandant quel pouvait bien être le secret de madame la marquise.

— Ah ! vraiment, fit Sosthène railleur.

Puis attachant sur elle son regard dur :

— Ma chère, lui dit-il d'un ton sévère, tu es à l'hôtel de Coulange pour voir et entendre, et tu n'as pas à réfléchir sur ce que tu entends et sur ce que tu vois. Si la marquise de Coulange a un secret, tu n'as pas à chercher à le connaître. Cela ne te regarde point. Tu dois rester strictement dans ton rôle et ne pas aller au delà de ce que je t'ordonne de faire.

L'espionne rougit et baissa les yeux.

— Ensuite, que s'est-il passé ? demanda Sosthène.

— Madame la marquise a mis elle-même dans le

coffre de cuivre les langes d'enfant, d'abord, et ensuite son manuscrit.

— Après ?

— L'ouvrier a fermé le coffre, puis, avec son fer rouge, il a soudé le couvercle.

— En effet, murmura Sosthène rêveur, c'est encore une précaution. Seulement, je ne vois pas qu'elle soit bien nécessaire.

— Quand tout fut terminé, reprit Juliette, l'homme enveloppa ses outils, madame le paya et le fit sortir, en l'accompagnant elle-même jusqu'à la petite porte du cabinet de toilette. Heureusement, j'avais eu le temps de me remettre derrière la tapisserie. L'homme parti, madame la marquise prit le coffret et l'enferma dans le tiroir secret.

— Où il restera jusqu'au jour où j'irai le prendre, pensa Sosthène.

Et un mauvais sourire fit grimacer ses lèvres.

— Est-ce tout ? demanda-t-il après un moment de silence.

— Oui.

— Et la lettre adressée au marquis et que tu as lue, sais-tu où la marquise l'a placée ?

— Non.

— C'est fâcheux ! Voilà une chose qu'il faut que tu saches.

— Je saurai.

— Très-bien. Tu es une fille intelligente et adroite, je suis content de toi. Ce que tu viens de m'apprendre n'a pas pour moi l'importance que je le supposais ; n'importe, tu as bien fait de me donner ces renseignements. Je tiens à te le répéter, je veux savoir tout ce qui se passe à l'hôtel de Coulange, même les choses qui te paraîtraient insignifiantes. Je n'ai pas besoin de te recommander de nouveau de n'agir qu'avec une extrême prudence. Il faut que tu parviennes à obtenir la confiance de la marquise.

— Je fais pour cela tout ce qui dépend de moi.

— Cela viendra. En attendant, continue à me servir fidèlement.

— Vous savez que je vous suis toute dévouée.

— Oui, je sais que tu n'oserais pas me trahir.

Leurs regards se croisèrent.

— Je vous assure, dit-elle d'une voix hésitante, que c'est par reconnaissance et non par crainte que je vous sers.

— Comment donc, fit-il d'un ton légèrement ironique, mais j'en suis tout à fait convaincu.

— Monsieur de Perny, vous pourriez, dès aujourd'hui, me rendre mes lettres.

— Je te les rendrai, c'est convenu.

— Quand?

Il se mit à rire.

— Je vous en prie, reprit-elle les mains jointes, rendez-les moi !

— Ah çà, est-ce que tu n'as plus confiance en moi?

— Si, mais...

— Achève.

— Je suis poursuivie par des terreurs continuelles. La nuit j'ai des cauchemars effrayants ; tant que ces lettres ne seront pas détruites, je serai comme sur des charbons ardents.

— Eh bien, ma chère, c'est précisément pour cela que je les garde.

— Pourtant, vous m'avez promis de me les rendre.

— Je te le promets encore.

— Quand, monsieur de Perny ? dites-le moi.

Sosthène se leva.

— Le jour où je n'aurai plus besoin de toi, répondit-il ; ce sera la récompense des services que tu m'auras rendus.

Juliette soupira et se courba humblement devant son maître.

Sosthène avait sur les lèvres son mauvais sourire.

— Vous n'avez plus rien à me dire ? demanda-t-elle.

— Plus rien aujourd'hui, répondit-il ; mais sois tranquille, avant peu je mettrai ton dévouement à l'épreuve.

Sur ces mots, Sosthène congédia son espionne.

Il rentra dans sa chambre, se laissa tomber sur un fauteuil et, prenant sa tête dans ses mains :

— Ainsi, murmura-t-il, elle a peur de mourir, elle a des pressentiments comme si elle avait deviné mes pensées de vengeance. Et c'est pour cela qu'elle a écrit ce manuscrit, enfermé maintenant dans un coffret de cuivre au fond d'un tiroir, qui s'ouvre au moyen d'un ressort secret. Tout cela est bon à savoir. C'est une surprise qu'elle tient en réserve pour le marquis. Eh ! eh ! ce n'est pas mal imaginé ! Heureusement, je suis là ; je connais le meuble et je saurai bien trouver le secret du tiroir.

Elle a fait souder le couvercle ; c'est parfait. J'enlève le coffret, je l'ouvre, — il y a des moyens pour cela. — Je m'empare de ce qu'il contient, je le referme, je le remets à sa place et le tour est joué. Et si quelque temps après elle meurt... A la bonne heure, ce sera pour le marquis une véritable surprise. Un coffret de cuivre, dont le couvercle est soudé, et rien dedans !

Un petit rire sec et nerveux éclata entre ses lèvres.

— Mais quelle singulière idée elle a, continua-t-il, de vouloir faire connaître au marquis, après sa mort, ce qu'elle ne veut ou plutôt n'ose pas lui dire de son vivant !... Je comprends ; c'est moi, c'est toujours moi qu'elle poursuit de sa colère, Ah ! qu'elle prenne garde, qu'elle prenne garde !

Il resta un moment silencieux.

— Oui, reprit-il sourdement, il faut que je m'empare de ce que contient le coffret et que je l'anéantisse ; le marquis ne sait rien, il ne doit rien savoir. Ah ! elle veut me perdre, eh bien, je me défendrai !

Il promena autour de lui son regard plein de lueurs fauves.

— Vous ne me connaissez pas encore, madame ma sœur, poursuivit-il ; vous ne savez pas quels peuvent être les effets de la colère, de la rage que vous avez allumée en moi et qui finira par éclater comme un coup de tonnerre. Vous m'avez menacé et vous me croyez vaincu, écrasé.... Tu te trompes, marquise de Coulange, je suis toujours debout !

Il bondit sur ses jambes, se dressa de toute sa hauteur, et un éclair sombre jaillit de ses yeux.

— Elle me méprise, elle me hait, reprit-il d'une voix rauque, saccadée, soit ; mais à sa haine répondra ma haine. Oui, et la lutte sera terrible, inexorable. Non, non, je ne suis pas vaincu ! C'est par elle que le lien de la famille a été brisé le jour où elle m'a chassé comme un laquais !

Ah ! ah ! ah ! continua-t-il avec un rire de démon, elle a le droit d'être satisfaite : ce qu'elle a voulu que je sois, je le suis. Mes créanciers me poursuivent, je n'ai plus d'argent, je n'ai plus de crédit. Oui, je suis à bout, à bout ! Ils ont cru faire beaucoup pour moi en me jetant deux cent mille francs comme une aumône ou comme un os qu'on donne à ronger à un chien ! Deux cent mille francs quand ils ont des millions ! J'ai beau me tourner à droite ou à gauche, regarder en arrière ou en avant, je ne vois rien ; si, je vois le gouffre sous mes pieds, qui se creuse, se creuse sans cesse. Pour lui échapper, je me heurte à toutes les difficultés qui m'étreignent, qui me serrent, qui m'étranglent. Oh ! je sortirai de cette terrible situation; à tout prix, il le faut !

Et froidement, sans pitié, oubliant ce qu'elle me devait : son mariage, sa richesse, c'est ma sœur qui m'a plongé dans cette vie infernale... Et j'aurais, moi, de la pitié pour elle ! Allons donc, jamais !

Comme on le voit, Sosthène de Perny se montrait peu reconnaissant envers son beau-frère. Mais chez certains individus, la reconnaissance est un sentiment inconnu. Sosthène considérait le don que le généreux marquis lui avait fait comme une aumône ou un os qu'on lui avait jeté à ronger. Il est probable qu'il ne pensait pas ainsi le jour où M. de Coulange lui avait mis dans la main cette somme avec laquelle, s'il l'eût voulu, il aurait pu se créer une position indépendante.

Nous avons dit que cette somme de deux cent mille francs avait été donnée à Sosthène sur le conseil de la marquise, au lieu d'une rente annuelle de dix mille francs que son mari voulait lui servir.

Pourquoi madame de Coulange n'avait-elle pas été du même avis que son mari ?

Avait-elle agi sous l'empire d'une pensée secrète, ou bien avait-elle eu réellement l'intention de fournir à son frère cette force première, si nécessaire à tout homme qui veut employer utilement son savoir et son activité : un capital ? Nous ne saurions le dire. Mais si elle avait eu l'idée que son frère ne ferait pas un emploi convenable du don du marquis, elle ne s'était point trompée.

Avec sa petite fortune, Sosthène pouvait faire quelque chose, il pouvait même faire beaucoup ; car il est toujours facile, quand on le veut, de tirer un excellent produit du capital. Mais il ne fit rien ; il ne chercha même pas à s'occuper. En cela, il n'eut pas honte de tromper le marquis avec lequel il tenait à conserver de bons rapports.

Il ne vit qu'une chose : la satisfaction à donner à ses passions, à ses appétits sensuels, le moyen de se procurer des jouissances. A tout, il préférait sa vie oisive, sa vie de viveur, de débauché : le jeu, les soupers fins et les femmes. Et quelles femmes !

Il se lança de nouveau et avec fureur, comme pris de vertige, à la recherche des plaisirs dont il était insatiable. On aurait dit qu'il voulait s'étourdir, oublier, dans l'ivresse de l'orgie, son crime et la malédiction dont sa sœur l'avait frappé.

Il avait toujours eu les deux pieds dans la fange, il s'y enfonça jusqu'au cou.

En moins de trois ans, la somme qu'il avait reçue du marquis était tombée dans le gouffre où il avait déjà jeté follement sa fortune, la fortune de sa mère et la dot de sa sœur

Sa ruine ne le dégrisa point. D'ailleurs, pour continuer à vivre de sa déplorable vie, il avait sa mère, toujours trop faible pour lui, et le marquis de Coulange, par lequel il se fit donner, sous divers prétextes, plusieurs sommes assez importantes.

Mais un jour le marquis eut connaissance de la vie étrange que menait son beau-frère, de ses folies, que son âge rendait inexcusables, et, à partir de ce moment, il lui ferma impitoyablement sa bourse.

Sosthène cessa de voir le marquis, et, supposant à tort que sa sœur n'était pas étrangère à la nouvelle attitude de M. de Coulange, il eut contre elle un autre grief.

Pour lui, madame de Perny se privait même des choses les plus nécessaires. Mais l'argent qu'elle lui donnait ne faisait que passer dans ses mains. Les premières fois qu'il lui avait dit, d'un ton impérieux : « Je n'ai plus d'argent, il m'en faut, donne-moi celui que tu as, » elle avait essayé, en lui rappelant le passé, de le gronder, de lui faire de sages remontrances ; mais, d'un regard dur et tranchant comme une lame, il lui avait imposé silence. La malheureuse en était arrivée à ne plus oser lui parler et à trembler devant lui comme un enfant qu'on menace d'une verge.

Du reste, l'effroi qu'il lui inspirait était justifié. Un soir qu'elle refusait de lui donner les derniers mille francs dont elle avait besoin pour attendre le trimestre de sa pension, le misérable avait osé la frapper. Il est vrai que, ce soir-là, ivre d'absinthe, il pouvait ne pas avoir conscience de ses actes.

Déjà, les étourdissements du plaisir ne lui suffisaient plus, il lui fallait les excitations de l'ivresse produite par l'abus des liqueurs fortes. Il rentrait souvent, au milieu de la nuit, dans un état d'ivresse complet, les jambes chancelantes, titubant, la langue épaisse, les yeux hébétés, bredouillant des paroles obscènes, dernier écho de la fin d'une orgie sans nom. Plus d'une fois sa mère avait été obligée de se lever pour l'aider à se déshabiller et à se mettre au lit.

Si madame de Perny ne se repentait pas encore d'avoir trop aimé son fils, elle commençait à avoir le pressentiment de la punition qui lui était réservée.

Pour conserver la triste réputation qu'il s'était faite, pour continuer à faire bonne figure dans le monde singulier qu'il fréquentait, et pour ne pas déchoir dans l'estime des femmes galantes, Sosthène fut obligé d'avoir recours à toutes sortes d'expédients.

D'abord, en faisant sonner fort le nom du marquis de Coulange, son beau-frère, plus de dix fois millionnaire, il rencontra des prêteurs d'argent qui lui ouvrirent leur caisse sans se faire trop longtemps prier. Mais quand ceux-ci trouvèrent qu'ils avaient suffisamment prêté, les caisses restèrent fermées.

Sosthène était criblé de dettes et il n'avait plus de crédit. Que faire?

Il connaissait une femme qui tenait une maison de jeu, un tripot, rue de Provence. Il devint l'associé, le chevalier galant de cette femme. Joueur effréné, il se trouvait là dans son milieu. Il avait perdu au jeu des sommes considérables. Il résolut de reprendre au jeu ce que le jeu lui avait enlevé. Il n'était pas homme à avoir des scrupules. Autrefois il était naïf, maintenant il avait de l'expérience. Il savait ce que c'est qu'une carte biseautée, il avait appris à faire sauter la coupe et il connaissait plusieurs autres subtilités à l'usage de certains joueurs qui ne perdent jamais.

Il joua et il gagna, il gagna souvent, presque toujours.

Sosthène de Perny, l'indigne frère de la marquise de Coulange, devint un grec émérite.

Mais on ne trouve pas tous les jours à dépouiller des fils de famille et de riches étrangers. Malgré la science qu'il avait acquise, le jeu était loin de procurer à Sosthène des ressources suffisantes. Il n'avait pas même la satisfaction de pouvoir se dire qu'il s'était jeté dans ce bourbier pour se retirer d'un autre.

Ayant un jour les poches pleines d'or, mais le plus souvent vides, traqué par ses créanciers, ne pouvant presque plus compter sur sa mère, qui s'était aussi endettée pour lui, repoussé par le marquis de Coulange, obligé de vivre d'expédients, de voler au jeu, voilà où en était Sosthène de Perny.

Ce n'était donc pas sans raison qu'il s'était écrié : « Je suis à bout, à bout ! »

III

MORLOT CHERCHE

Après la vision étrange que Gabrielle avait eue dans son sommeil somnambulique, Morlot s'était dit :

— Il faut que je connaisse le secret de la marquise de Coulange.

Assurément, il y avait autre chose en lui qu'une curiosité vulgaire et indiscrète.

En disant que la marquise avait un secret qu'elle tenait caché au plus profond de son cœur, Gabrielle avait parlé d'un maillot d'enfant.

Un maillot d'enfant ! Ces mots avaient frappé l'oreille de Morlot comme le son retentissant d'une cloche.

Un soupçon avait rapidement traversé son esprit, et cette pensée, que l'enfant qui portait le nom d'Eugène de Coulange pouvait être le fils de Gabrielle, s'était incrustée dans son cerveau. Ce n'était qu'un soupçon, un doute ; mais, après tant de recherches vaines, n'était-ce pas beaucoup ?

Or, il fallait acquérir la certitude ou détruire le doute. Voilà pourquoi l'agent de police voulait connaître le secret de la marquise.

Voilà aussi pourquoi, avant sept heures du matin, pendant que sa femme et Gabrielle sont encore couchées, il se promène, ayant l'air de flâner, sur un des trottoirs de la rue de Babylone.

Les deux mains dans les poches de son paletot, la tête inclinée sur sa poitrine, il force sa mémoire à lui retracer dans tous ses détails l'étonnante révélation.

Il lui semble qu'il se trouve dans la chambre de la marquise, devant ce coffret de métal, dont le couvercle vient d'être soudé, et que, doué aussi de la vue miraculeuse, il voit, dans la boîte fermée, le mystérieux manuscrit et les langes d'un enfant.

Et il retrouve en lui le doute qui réclame et la pensée qui le pousse en avant.

Il entend bien une voix intérieure qui lui dit : « C'est impossible ! » Mais une autre voix réplique aussitôt : « Voilà ce qui explique l'affection extraordinaire de Gabrielle pour l'enfant de la marquise de Coulange ! »

Alors, l'agent de police murmure tout bas ce qu'il a écrit autrefois sur son carnet : « Une voiture de maître, attelée de deux chevaux superbes, attendait la dame Trélat au bord de la Seine. L'enfant a été volé par des gens riches. »

Arrivé devant l'hôtel de Coulange, Morlot s'arrêta. Il releva la tête, ses yeux devinrent étincelants et il jeta sur l'aristocratique demeure un regard superbe, qui contenait une sorte de défi.

Mais aussitôt, secouant la tête :

— Ce que je cherche est là, se dit-il, et je ne peux pas y entrer.

De nouveau sa tête s'inclina et il murmura :

— Il me faut des renseignements, il faut que je sache...

Un vieillard, assez bien vêtu, passa près de lui. Il le vit s'arrêter devant la porte d'entrée de l'hôtel, et tirer le bouton de cuivre d'une petite cloche dont le bruit se fit entendre aussitôt.

— Celui-là est plus heureux que moi, pensa l'agent.

La porte de l'hôtel s'ouvrit. Avant d'entrer, le vieillard se retourna. De la main et par un mouvement de tête amical il envoya un salut à une femme, qui se tenait sur le seuil de la porte d'une petite boutique située en face de l'hôtel.

La femme répondit au salut du vieillard, en criant :

— Bonjour, monsieur Pastour.

Et elle ajouta :

— Je vais vous préparer une bonne tasse de café.

— Oui, à tout à l'heure, répondit le vieillard.

Et il disparut.

— Qui donc est cet homme? se demanda Morlot ; un ancien serviteur du marquis de Coulange, sans doute. Si je pouvais le faire parler et obtenir de lui les renseignements dont j'ai besoin !

Il jeta les yeux sur le devant de la boutique, qui avait pour enseigne ce mot : Crémerie. Puis, traversant rapidement la rue, il entra chez la crémière, qui le reçut fort gracieusement, et s'empressa de le faire entrer dans une arrière-boutique meublée d'une demi-douzaine de tables de marbre sur lesquelles étaient placés des bols de faïence qui attendaient les consommateurs. En raison, sans doute, de l'heure matinale, il n'y avait encore que deux personnes dans la petite salle.

— Est-ce du café, du chocolat ou du riz que vous voulez? demanda la femme.

— Je prendrai du café, répondit Morlot ; du bon, de votre meilleur, de celui que vous allez préparer pour le vieux monsieur qui vient d'entrer à l'hôtel de Coulange, ajouta-t-il en souriant.

— Ah! vous avez entendu? fit-elle.

— Oui. Mais ne vous pressez pas, je peux attendre.

— Vous pouvez toujours vous asseoir.

— Certainement... Dites-moi, le vieux monsieur a l'air d'être très-bien avec vous?

— C'est un vieil ami. C'est sur son conseil que je me suis établie ici il y a une dizaine d'années, après avoir eu le malheur de perdre mon mari.

— Etes-vous satisfaite?

— Mon Dieu oui, j'ai une bonne petite clientèle, et comme je ne suis pas exigeante, je ne me plains pas.

— Votre vieil ami appartient sans doute à la maison de Coulange?

— Plus maintenant. Après quarante-deux ans de service, il a pris sa retraite il y a deux ans. M. Pastour et sa femme étaient les concierges de l'hôtel. Ils n'ont pas d'enfant ; mais, comme ils sont très-bons, ils donnaient à peu près tout ce qu'ils gagnaient à des neveux, à des nièces ; si bien que, devenus vieux et ne pouvant plus faire leur service, ils se trouvèrent à peu près sans ressources le jour où M. de Coulange se vit obligé de prendre d'autres concierges. Heureusement, la bonne marquise apprit cela par Firmin, le valet de chambre. Elle fit venir Pastour.

« On a pris d'autres concierges, lui dit-elle, parce que, pour vous et votre femme, le moment du repos est venu. Vous avez toujours été un honnête serviteur, mon brave Pastour, et je sais que vous avez fait beaucoup de bien à votre famille ; je sais aussi que vous n'avez pas de quoi vivre, que vous êtes pauvre. Mais on ne se sépare pas d'un digne serviteur tel que vous sans assurer la tranquillité de ses vieux jours. Comme par le passé, vous toucherez vos cent vingt-cinq francs de gages tous les mois. C'est une petite pension que mon mari et moi vous faisons. »

Voilà, monsieur, comment le vieux Pastour et sa femme vivent aujourd'hui de leurs rentes. Pastour est venu à l'hôtel ce matin pour toucher le mois de sa pension.

— C'est très-bien, dit Morlot, la jeune marquise de Coulange est vraiment une très-bonne dame !

— Je le crois bien qu'elle est bonne ! Il n'y a guère de grandes dames qui lui ressemblent, allez ! Quand ses domestiques parlent d'elle, c'est toujours avec admiration. Mais il faut les entendre... Du reste, tous se jetteraient dans le feu pour elle.

M. Pastour ne va pas tarder à arriver, reprit-elle ; et son café que j'oublie...

— Et le mien ? fit Morlot.

— Et le vôtre aussi, monsieur. Excusez-moi, je cours à mon fourneau.

Un instant après, l'ancien concierge entra dans la salle.

L'agent de police se leva aussitôt, et, saluant le vieillard, il lui dit :

— Ce matin, monsieur Pastour, nous allons prendre le café ensemble.

— Tiens, vous me connaissez donc ? fit Pastour un peu étonné.

— Vous êtes l'ancien concierge de l'hôtel de Coulange ?

— C'est vrai.

— J'ai souvent entendu parler de vous autrefois.

— Par qui?

— Par les domestiques du marquis de Coulange, qui venaient tous les ans au château de Coulange, dans Seine-et-Marne. Il faut vous dire que je suis du pays.

— Je comprends, répliqua le vieillard en s'asseyant sur la chaise que Morlot lui présentait. Ainsi, reprit-il, les domestiques de M. le marquis vous parlaient de moi?

— Oui, et tous faisaient votre éloge et celui de votre excellente femme. « Pastour n'a rien à lui, disaient-ils, il donne tout ce qu'il a et ce qu'il gagne à ses parents pauvres; c'est le plus brave homme qu'il y ait au monde. »

— Ah! ils disaient cela, fit le vieillard très-ému.

Et, du revers de sa main, il essuya deux grosses larmes.

— Oui, et beaucoup d'autres choses encore, répondit Morlot. Aussi ai-je appris avec une grande satisfaction que la jeune et belle marquise de Coulange vous avait fait une pension, lorsque vous avez dû prendre votre retraite il y a deux ans.

— Oui, monsieur, la bonne marquise, — c'est ainsi que nous l'appelons tous, — nous a fait une pension, à ma vieille femme et à moi.

— A Paris, aussi bien qu'à Coulange, la bonne marquise, comme vous l'appelez, est la providence des malheureux.

— Est-ce que vous la connaissez?

— Je n'ai pas eu encore le bonheur de la voir; mais bien souvent on a parlé d'elle devant moi.

— Tout ce qu'on a pu vous dire de la bonne marquise,

je le sais. Partout elle est aimée et bénie. Tous les ans, elle passe l'été à Coulange avec M. le marquis et les enfants ; comment se fait-il que vous ne l'ayez jamais rencontrée ?

— C'est bien simple ; il y a dix ans que j'ai quitté le pays, et quand j'y vais pour voir la famille je n'y reste jamais plus de deux ou trois jours.

— Il y a dix ans, M. le marquis n'était pas encore marié. Mais vous avez dû connaître la mère de M. le marquis.

— Je crois bien ; je l'ai vue souvent, la vieille marquise, celle que les gens de Coulange appelaient la mère des malheureux.

— Aujourd'hui, monsieur, les gens de Coulange donnent encore ce nom à la bonne marquise.

— Je ne le savais pas. Quand on est éloigné, il y a bien des choses qu'on ignore. Ainsi, je ne sais pas encore comment et en quelle année M. le marquis de Coulange s'est marié.

— M. le marquis s'est marié en 1850, quelque temps après son retour d'un long voyage qu'il a fait à l'étranger. Il n'a pas suivi l'exemple de tant d'autres qui cherchent une grosse dot ; il a épousé mademoiselle Mathilde de Perny qui n'avait pas de fortune. Seulement, elle possédait ce qui vaut mieux : la bonté du cœur. Et puis, elle était, comme elle l'est toujours, admirablement belle.

— Naturellement, devant tout à son mari, la marquise l'aime beaucoup?

— Elle l'adore ! D'ailleurs, elle n'a pas affaire à un ingrat ; je ne crois pas qu'on puisse aimer sa femme plus que M. le marquis n'aime madame la marquise. Ce sont de vrais tourtereaux. Il est vrai qu'ils sont jeunes. Et puis, c'est si bon de s'aimer ! Ah ! ils n'ont pas toujours été heureux comme ils le sont aujourd'hui.

— Comment, ils ont été malheureux ?

— Vous ne savez donc pas que, pendant plus de deux ans, M. le marquis a été malade, très-malade !

— On ne m'a point parlé de cela.

— Aussi bien que les pauvres, monsieur, les riches ont leurs épreuves à subir, leurs bons et leurs mauvais jours.

A ce moment, la crémière vint verser dans les bols placés devant eux le café brûlant.

— Vous me ferez des reproches s'il n'est pas bon, dit-elle.

— Est-ce que vous n'allez pas le prendre avec nous, madame Philippe ? demanda Pastour.

— Impossible en ce moment, répondit-elle, regardez.

En effet, depuis un instant, les clients commençaient à arriver.

— Vous permettez ? dit Morlot, prenant le sucrier.

— Certainement.

— L'aimez-vous bien sucré ?

— Pas trop : trois petits morceaux, c'est cela, merci.

Après avoir également sucré son café, Morlot reprit :

— Vous disiez donc que le marquis a été très-malade.

— Oui, et on croyait bien qu'il n'en reviendrait pas, les plus grands médecins l'avaient condamné.

— Quelle était sa maladie ?

— Je crois bien que les médecins eux-mêmes ne l'ont jamais su. Les uns disaient : c'est une anémie ; les autres prétendaient que M. le marquis était atteint d'une phtisie pulmonaire ; enfin ils le déclaraient perdu.

— Quand le marquis a-t-il eu cette maladie ?

— Moins de deux ans après son mariage, en pleine lune de miel.

— Et vous dites qu'il a été deux ans malade ?

— Et six mois avec, en comptant les longs jours de convalescence.

— La bonne marquise devait être désolée !

— Désespérée, monsieur ! Ah ! on ne saura jamais ce que la pauvre femme a souffert. M. le marquis lui-même ne s'en doute pas. Pour le guérir, on l'emmena dans le Midi, très-loin, dans l'île de Madère.

— La marquise l'accompagna.

— La marquise resta à Paris, au lieu de suivre son mari, comme c'était son devoir. Elle le désirait ; mais sa mère et son frère, qui demeuraient à cette époque à l'hôtel de Coulange, s'y opposèrent. Ils prétendirent qu'elle ne pouvait pas faire ce long voyage, attendu qu'elle était enceinte de deux mois. Madame la marquise était enceinte, en effet, ce qui prouve que M. le marquis n'était pas aussi malade que le disaient les médecins.

— Du petit Eugène ? interrogea vivement Morlot.

— Oui, de M. Eugène. M. le marquis fut à peine parti, que madame de Perny renvoya tous les domestiques pour en prendre d'autres. Elle et son fils devinrent absolument les maîtres à l'hôtel de Coulange. Rien ne se faisait que par leurs ordres et on n'entendait pas plus parler de madame la marquise que si elle n'eût jamais existé. On ne la voyait plus, sa mère l'empêchait de sortir, il était défendu aux domestiques de lui adresser la parole, elle n'avait plus le droit de recevoir personne. J'ai appris depuis que sa mère la tenait enfermée dans sa chambre comme dans une prison.

— Mais ce que vous me dites là est incroyable ! s'écria Morlot.

— Et, pourtant, c'est la vérité.

— Pourquoi cette odieuse tyrannie ?

— Pourquoi ? Je n'en sais rien. Mais ce que je sais, c'est que madame de Perny est une méchante femme, et que son fils ne vaut pas mieux qu'elle. Certainement, madame la marquise était très-affligée d'être séparée de son mari, de le savoir malade, mourant ; mais c'est surtout sa mère et son frère qui l'ont fait cruellement souffrir.

— Et la marquise a supporté tout cela sans rien dire, sans se révolter ? exclama Morlot indigné.

Le vieillard secoua la tête.

— Je ne sais pas ce qui se passait entre elle et madame de Perny, répondit-il ; mais elle était encore une enfant alors, et elle avait peur de sa mère et de son frère. Et puis, M. le marquis n'était pas là, elle n'avait personne pour l'encourager, lui donner des conseils et la protéger.

— Mais, pour agir ainsi, madame de Perny et son fils avaient une raison.

— Ils voulaient être les maîtres. Ah ! les gueux, ils croyaient bien que M. le marquis ne reviendrait plus. Ils le disaient tout haut. Oui, monsieur, ils comptaient sur la mort de M. de Coulange pour rester les maîtres de sa fortune.

Approchant le plus possible sa tête de celle de Morlot, le vieillard ajouta, en baissant la voix :

— Oui, monsieur, pour mettre la main sur les millions de M. le marquis, je crois, Dieu me pardonne, qu'ils auraient été capables de l'aider à mourir !

IV

LE SOUPÇON GRANDIT

Morlot, faisant un mouvement brusque, avait relevé la tête.

— Alors, dit-il d'une voix qui tremblait malgré lui, vous croyez que madame de Perny et son fils souhaitaient la mort du marquis de Coulange pour s'emparer de sa fortune ?

— Oui, je le crois, et c'est aussi l'opinion de Firmin, le valet de chambre de M. le marquis.

Les yeux de l'agent de police s'enflammèrent.

Cependant, malgré le travail auquel se livrait sa pensée depuis un instant, aucune clarté soudaine ne venait l'éclairer. Son esprit, ordinairement si lucide, restait enveloppé de ténèbres.

Assurément, tout ce que l'ancien concierge venait de lui dire l'avait vivement intéressé ; mais c'est autre chose qu'il désirait savoir.

Toutefois, il sentait que, dans ce qu'il venait d'entendre, il y avait la clef du mystère qu'il voulait pénétrer.

Après avoir avalé une gorgée de café :

— Monsieur Pastour, savez-vous l'âge du fils du marquis de Coulange ? demanda-t-il.

— Attendez ; il est né en 1853, au mois d'août...

— Au mois d'août, répéta Morlot, qui ne put s'empêcher de tressaillir.

— Il aura donc bientôt sept ans, ajouta le vieillard.

— Vous avez une excellente mémoire, monsieur Pastour, dit Morlot.

— Mais oui, mais oui, fit le vieillard flatté du compliment.

— Je suis persuadé que vous vous souvenez de la date de la naissance de l'enfant.

Le vieux chercha un instant.

— Non, répondit-il, je ne me rappelle pas la date. Du reste, cela se comprend, le fils de M. le marquis est né au château de Coulange.

— Ah! c'est au château de Coulange qu'il est né?

— Oui. Dès le mois d'avril, madame de Perny avait emmené sa fille au château. J'étais là au moment de leur départ; j'ai vu la bonne marquise monter en voiture. Dieu du ciel, quel changement! Elle n'était pas reconnaissable, monsieur. Il est vrai que, depuis près de trois mois, je ne l'avais pas vue. Pâle, maigre, les traits tirés, les yeux éteints, pouvant à peine marcher, on aurait cru voir un fantôme.

— Est-ce que le marquis était de retour du Midi au moment de l'accouchement?

— Non, il n'est revenu que quelque temps après.

— Dites-moi, monsieur Pastour, j'ai entendu dire que la bonne marquise était souvent songeuse et très-triste, comme s'il y avait en elle une douleur inconnue, une souffrance cachée.

— Oui, madame la marquise est toujours un peu triste. Mais, aujourd'hui, elle ne souffre plus; elle est guérie.

— Elle a donc été malade?

— Oh! très-malade, monsieur! Elle avait une bien singulière maladie; imaginez-vous qu'elle ne pouvait pas voir son enfant.

Morlot éprouva un vif saisissement.

— La petite Maximilienne ? interrogea-t-il avec intention.

— Non, son fils, le petit Eugène. Oh! sa fille, ce n'est pas la même chose, elle l'adore, on dirait qu'elle ne vit que pour elle. C'est quelques mois avant la naissance de la petite Maximilienne qu'elle a commencé à aller mieux, et le premier acte qu'elle fit de sa volonté, fut de renvoyer sa mère et son frère.

— Ah! vraiment ?

— Elle les a chassés, monsieur, elle les a chassés ! Et, depuis, ils n'ont pas remis les pieds à l'hôtel de Coulange.

Morlot ouvrait de grands yeux.

— Pour qu'elle en vînt à cette extrémité, dit-il, il fallait qu'elle eût réellement à se plaindre d'eux.

— Je vous l'ai dit, ils l'ont fait horriblement souffrir. Rien ne m'ôtera de l'idée que ce sont eux qui l'ont rendue malade comme elle l'était.

— Oui, c'est bien possible, fit Morlot.

— Ah ! ils ont été punis comme ils le méritaient. Ils se trouvaient à merveille chez M. le marquis : ils étaient bien logés, bien nourris, et, comme je vous l'ai dit, les véritables maîtres. Ils commandaient, ordonnaient, les domestiques n'obéissaient qu'à eux. J'ai vu M. le marquis être obligé de sortir à pied parce que madame de Perny et son fils avaient disposé de ses chevaux et de ses voitures. Eh bien, voilà ce que madame la marquise n'a plus voulu endurer ; et un beau jour elle s'est dit : « Il faut que mon mari et moi nous soyons maîtres chez-nous. »

— Est-ce que madame de Perny est riche ?

— Elle est très-pauvre, au contraire ; mais M. le

marquis lui fait une pension. C'est égal, pour elle et son fils, les beaux jours sont passés, comme dit la chanson.

Morlot avait pris sa tête dans ses mains et réfléchissait.

— A quoi pensez-vous ? lui demanda Pastour.

— A ce que vous me disiez tout à l'heure, et je me demande pourquoi la bonne marquise ne pouvait pas voir son fils.

— Une idée de malade, monsieur !

— Elle ne l'aimait donc pas ?

— Oh ! on ne saurait dire cela ; une mère aime toujours son enfant.

— Pourtant, monsieur Pastour...

— Dame, c'est vrai, c'était bien extraordinaire. Jamais une caresse, un mot d'affection, pas même un regard, insensibilité complète... Et cela a duré plusieurs années.

— Et le marquis ne disait rien ?

— Rien. Il était malheureux, voilà tout. D'ailleurs, que pouvait-il dire ? Il voyait bien que madame la marquise était malade. Et puis, il l'aime trop pour oser lui faire seulement une observation. Enfin, grâce à Dieu, madame la marquise est revenue à de meilleurs sentiments.

— Ah ! elle aime son fils, maintenant ?

— Oui. Depuis quelque temps elle ne le repousse plus, elle lui parle, elle l'embrasse ; mais comme Firmin me le disait tout à l'heure, elle ne l'aimera jamais autant qu'elle aime sa fille ; c'est toujours la petite Maximilienne qu'elle préfère.

— Et M. de Coulange, aime-t-il son fils, lui ?

— Oh ! pour ça, oui. Et si madame la marquise a une

préférence pour sa fille, lui, au contraire, aime mieux son fils que sa fille.

— Etrange ! murmura Morlot.

Et il se mit à réfléchir, tout en achevant de prendre son café par petites cuillerées.

— Suis-je enfin, et réellement, cette fois, sur la piste que je cherche depuis si longtemps ? se disait-il. L'enfant du marquis et de la marquise de Coulange est-il le fils de Gabrielle ? Tout me le dit. Oui, mais rien ne me le prouve. J'ai toujours peur de ce maudit guignon, qui est à mes trousses. Et puis, ce serait une sottise de me livrer trop vite à la joie ; j'ai eu déjà tant de déceptions !... L'enfant est né à Coulange au mois d'août. C'est très-bien. Mais il peut n'y avoir qu'une coïncidence. Sur toute la surface du globe, il naît mille enfants par heure ; j'ai lu cela dans je ne sais plus quelle statistique.

La marquise n'aime pas ou n'aimait pas son fils. Evidemment cela n'est pas naturel et pourrait être une preuve. Mais si bizarre que cela paraisse, on l'explique, comme vient de le faire ce brave homme, en disant : « Une idée de malade ! » Depuis que j'ai vu les choses merveilleuses du somnambulisme, je crois que tout est possible.

Non, tout cela est incompréhensible, sans la moindre clarté, c'est le chaos. Et pourtant, pourtant...

Il se frappa le front de la paume de sa main, et ajouta :

— Il faut que j'aille au château de Coulange.

Il posa sur la table une pièce de cinq francs et appela madame Philippe.

— Je demande à M. Pastour la permission de payer pour lui et pour moi, dit-il.

— Non, non, répliqua la crémière, c'est moi qui ai offert le café à mon vieil ami.

Elle rendit à l'agent la monnaie de sa pièce.

Morlot se leva, prit son chapeau et sa canne, et, tendant la main au vieux concierge :

— Monsieur Pastour, lui dit-il, je suis enchanté d'avoir fait votre connaissance.

— Et moi aussi, monsieur.

— Je vais aller à Coulange très-prochainement. Si vous avez quelque chose à faire dire à quelqu'un du château, ce sera avec plaisir que je ferai votre commission.

— Eh bien, monsieur, si vous voyez le jardinier, M. Burel, et sa femme, ayez l'obligeance de leur dire que le vieux Pastour se porte toujours bien, et qu'il leur envoie le bonjour.

— Je n'oublierai pas. Au revoir, monsieur Pastour.

En sortant de la crémerie, l'agent de police regarda encore l'hôtel de Coulange. Un double éclair jaillit de ses yeux, et en s'éloignant il murmura :

— Je l'ai dit : je connaîtrai le secret de la marquise !

Il se rendit directement à la préfecture, et il prévint ses chefs qu'il avait l'intention de s'absenter pendant quelques jours.

On l'interrogea.

— Il s'agit d'une vieille affaire depuis longtemps oubliée, répondit-il ; mais, comme je crains de me tromper, je ne peux rien vous dire encore.

Voulant s'appartenir complètement pendant un certain temps, Morlot prenait d'avance ses précautions.

— Oui, se dit-il en sortant des bureaux, je crains de me tromper ; mais, aurais-je la certitude, je ne dirais rien quand même. Je n'ai besoin de personne pour m'aider ; ce que je ferai, je ne le sais pas encore, mais je veux le faire seul.

Il rentra chez lui un peu avant midi. Mélanie l'attendait. Le déjeuner était prêt.

— Comment va Gabrielle ? demanda-t-il.

— Comme si elle n'avait pas été malade hier soir. Je l'ai laissée dormir jusqu'à neuf heures, et elle s'est levée parfaitement reposée. Ses premières paroles ont été de demander le portrait de l'enfant. Je le lui ai donné. Ah! comme elle s'est mise à l'embrasser !... Je désirais la retenir pour qu'elle déjeune avec nous, mais elle a absolument voulu s'en aller.

— Tu ne lui as rien dit ?

— Tu me l'avais défendu. D'ailleurs, je n'aurais pas osé.

Ils se mirent à table.

Mélanie ne tarda pas à s'apercevoir que son mari était sombre et sérieusement préoccupé.

— Tu es soucieux, lui dit-elle, est-ce que tu penses toujours...

— A quoi ?

— A l'idée que tu as eue hier soir?

— Eh bien, oui, elle est là, répondit-il brusquement en se frappant le front.

— Une nouvelle déception qui t'attend, mon pauvre ami !

— Je ne les compte plus, fit-il en ébauchant un sourire.

Après un moment de silence il reprit :

— Je ne veux rien te cacher, à toi : hier soir j'ai eu un soupçon ; hier il était petit, aujourd'hui il est gros. La marquise de Coulange a un secret.

— Tu ne peux pas t'en rapporter à ce qu'a dit Gabrielle.

— Ce matin, les paroles de Gabrielle m'ont été confirmées. Je te le répète, la marquise a un secret. Quel est ce secret ? Je veux le savoir.

— Tu m'effrayes, mon ami, mais que veux-tu donc faire ?

— Sois tranquille, je serai prudent ; je sais qu'on ne touche pas à une grande dame, à une marquise, comme à la première venue. Cependant, si ce que je soupçonne est vrai, tant pis pour elle ; je n'hésiterai pas à faire mon devoir.

— Mais enfin, que soupçonnes-tu ?

— Je soupçonne la marquise de Coulange d'avoir volé l'enfant de Gabrielle.

— Mais c'est impossible, c'est de la folie ! s'écria Mélanie.

— Eh bien, si je me trompe, je le saurai demain.

— Demain ?

— Oui, je prendrai demain matin le premier train, et à onze heures je serai à Coulange. Il me faut la vérité, je la trouverai là. Mais tu sais, femme, pas un mot de tout cela à Gabrielle.

V

LES PREUVES

L'agent de police connaissait plusieurs personnes à Coulange, entre autres un cultivateur, parent éloigné de Mélanie, qui l'avait souvent invité à venir le voir.

C'est chez ce paysan que Morlot se rendit en arrivant au village de Coulange. On l'accueillit à bras ouverts. Pendant que la fermière courait à sa basse-cour pour y choisir sa meilleure poule, les deux hommes parlèrent de Mélanie, d'abord, ensuite de Paris, de Miéran et de toute la parenté.

— Maintenant, cousin, dit le paysan, puis-je vous demander quel bon vent vous amène aujourd'hui à Coulange ?

— D'abord le plaisir de vous voir, vous et votre famille, répondit Morlot. Et puis j'ai besoin de consulter un des registres de votre mairie.

— Ah !

— Oui, le registre des naissances.

— Pourquoi donc, cousin ?

— Il s'agit d'un individu qui a été arrêté il y a quelques jours et qui prétend être né à Coulange. Mais chut, il ne faut pas qu'on sache...

— Je comprends. Comment s'appelle-t-il, cet individu ?

— Je n'en sais rien, répondit Morlot ; il refuse de dire qui il est, et c'est précisément pour essayer d'établir son identité que je suis ici.

Le paysan se contenta de cette réponse, qu'un autre aurait peut-être trouvée singulière.

— Je voudrais ne pas être obligé de voir le maire, reprit Morlot.

— En effet, ce n'est pas la peine de le déranger.

— J'ai pensé que, accompagné par vous, le secrétaire de la mairie ne ferait aucune difficulté de me laisser feuilleter le registre en question.

— Certainement, cousin, aucune. D'ailleurs, je suis du conseil municipal, et très-bien avec notre maître d'école, qui est en même temps le secrétaire de la mairie. Si vous le voulez, pendant que la femme va nous cuisiner quelque chose, nous irons à la maison commune.

— Ma foi, oui, dit l'agent, allons-y tout de suite.

Les enfants étaient sortis de l'école, l'instituteur venait de se mettre à table. Le fermier lui dit :

— Nous voudrions, mon cousin et moi, voir quelque chose sur le registre des naissances. Est-ce possible ?

— Mais rien ne s'y oppose, répondit l'instituteur.

Très-aimable et plein de complaisance, il introduisit les visiteurs dans la salle des archives de la commune. Il tira d'un casier un carton de forte dimension, le plaça sur une table et l'ouvrit en disant :

— Vous trouverez là les actes de naissances de l'état civil depuis cinquante années. Excusez-moi si je vous quitte; mais, si vous avez besoin de moi, vous n'aurez qu'à m'appeler.

Et il sortit.

Morlot eut bien vite trouvé le cahier qui contenait les naissances de l'année 1850 à l'année 1855. Il le mit de côté. Et comme le paysan avait les yeux fixés sur lui, il eut l'air de chercher dans les registres de dates antérieures.

— Pour détourner son attention, il faut que je l'occupe à quelque chose, pensa Morlot.

— Tenez, cousin, dit-il, en lui mettant un cahier dans la main, vous allez m'aider.

— Je ne demande pas mieux. Qu'est-ce qu'il faut que je fasse ?

— Lire les noms de chaque acte de naissance; mais vous ne me signalerez que ceux des individus qui ont quitté la commune depuis quelques années.

— Je comprends.

Et le brave homme se mit en devoir de faire consciencieusement ce qui lui était demandé.

Alors, d'une main fiévreuse, Morlot prit le cahier qu'il voulait consulter et l'ouvrit par le milieu. Il tomba sur le mois de juin de l'année 1853. Il tourna rapidement quelques pages et arriva au mois d'août. La première naissance était du 5.

— C'est une fille, se dit Morlot, passons.

Naissance d'un garçon le 9; mais rien d'intéressant pour l'agent de police. Il tourna la page. Cette fois le nom de Coulange et la date du 20 août lui sautèrent aux yeux. Il lut avidement et avec une émotion facile à comprendre.

L'acte disait : « Il nous a été présenté un enfant du sexe masculin, né ce jour, à cinq heures du matin, au château de Coulange, de Charles-Edouard, marquis de Coulange, et de dame Louise-Eugénie-Mathilde de Perny, marquise de Coulange, son épouse, auquel on a déclaré donner les prénoms de Eugène-Charles. »

Au bas de l'acte, Morlot ne voulut voir qu'une seule signature, celle de Sosthène de Perny, au milieu d'un superbe paraphe.

Puis, comme s'il eût craint de s'être trompé, d'avoir mal lu, ses yeux se reportèrent sur la date. C'était bien celle du 20 août 1853. Il lui semblait qu'elle était écrite en lettres de feu ; elle brûlait ses yeux.

Il referma le registre.

Au bout d'un instant, le fermier acheva d'examiner le cahier qu'il tenait. Voyant que Morlot était debout, les bras croisés sur sa poitrine :

— Cousin, lui dit-il, avez-vous trouvé ?

— Non, et vous ?

— Aucun des enfants qui sont inscrits là et qui sont grands aujourd'hui, à l'exception pourtant de ceux qui sont morts, n'a quitté la commune.

— En ce cas, cousin, ce que j'avais soupçonné est vrai.

— Qu'est-ce que vous aviez soupçonné?

— Que l'individu en question, un mauvais drôle, un voleur, n'est pas né à Coulange.

— Ma foi, j'en suis bien aise, répliqua le fermier; ce coquin-là ne déshonorera pas notre commune.

Morlot replaça les registres dans le carton.

— Maintenant, dit-il, nous n'avons plus rien à faire ici.

— Eh bien, cousin, allons-nous-en.

— Votre instituteur va probablement nous demander si nous avons trouvé ce que nous voulions voir. Vous lui répondrez oui, et vous lui direz que nous désirions simplement consulter l'acte de naissance de votre fille. Comme cela il sera content de ne pas s'être dérangé pour rien.

— Vous avez raison, cousin. Quelle tête vous avez!.. Je n'aurais pas eu cette idée-là, moi...

Comme l'avait prévu Morlot, l'instituteur leur demanda s'ils étaient satisfaits. Le fermier lui fit la réponse convenue.

— C'est parfait, se dit l'agent; il ne faut pas qu'on puisse avoir un doute sur ce que je suis venu faire à Coulange.

Après le dîner, il dit au fermier :

— Cousin, je vous laisse à vos occupations ; moi, je vais aller jusqu'au château où j'ai une commission à faire au jardinier.

— N'oubliez pas que vous soupez avec nous.

— J'avais l'intention d'aller souper à Miéran.
— Du tout, vous souperez ici.
— Soit. Mais je vous quitterai de bonne heure pour aller coucher à Miéran, chez Blaisois.
— Je mettrai un cheval à ma charrette, cousin, et je vous mènerai à Miéran.
— Eh bien, c'est entendu.

Morlot sortit et, tout en réfléchissant, se dirigea vers le château, qui n'est qu'à quelques minutes de distance du village. Comme il s'y attendait, la grille et les deux autres portes d'entrée étaient fermées. Il sonna à l'une de ces portes. Au bout de deux ou trois minutes la porte s'ouvrit et il se trouva en présence d'un petit garçon d'une douzaine d'années qui lui demanda ce qu'il voulait.

— Je désire voir le jardinier du château, répondit Morlot.

— C'est mon père, monsieur ; il est occupé dans le parc à sabler les allées ; mais je vais aller le chercher.

— Non, dit vivement Morlot, je verrai d'abord votre maman.

Il venait de faire cette réflexion que le hasard le servait à souhait, et qu'il lui serait infiniment plus facile de faire causer la femme que le mari.

L'enfant referma la porte et, se retournant vers Morlot, lui dit :

— Venez.

Tout en suivant l'enfant, Morlot promena de tous côtés ses yeux ravis.

— C'est superbe ! se disait-il émerveillé ; quelle délicieuse résidence !

De la magnifique façade du château, dont toutes les fenêtres étaient ouvertes, ses yeux retombaient sur les pelouses vertes coupées de rivières sinueuses, sur les massifs d'arbustes, dont la plupart étaient déjà fleuris, et sur les larges allées qui se croisaient et s'enfonçaient sous les arbres à perte de vue.

Annoncé par le petit garçon, la femme du jardinier vint le recevoir sur le seuil de sa porte.

— Madame Burel, lui dit-il, je vous souhaite le bonjour; je vous apporte les compliments affectueux d'un ancien serviteur de la maison de Coulange, M. Pastour.

— Ah! vous connaissez M. Pastour? fit-elle.

— Beaucoup.

— C'est un bien bon homme. Soyez le bienvenu, monsieur. Mais entrez donc; voilà un siège, asseyez-vous.

Ils se mirent à causer, et avec une adresse de diplomate ou de juge d'instruction, l'agent de police amena la conversation sur le sujet qui l'intéressait. Et quand il vit que la femme, sans défiance, ne demandait pas mieux que de répondre à ses questions, il commença par lui demander si elle connaissait le médecin qui avait été appelé près de la marquise au moment de la naissance de son fils.

— Ce n'est pas un médecin, mais une sage-femme qui a assisté madame la marquise, répondit madame Burel. C'est M. de Perny, le frère de madame la marquise, qui l'a amenée de Paris.

— Vous l'avez vue cette sage-femme?

— Sans doute; elle est restée cinq ou six jours au château.

— N'était-ce pas une femme jeune encore, grande, assez jolie, ayant les cheveux noirs, les joues colorées, de grands yeux très-brillants, et entièrement vêtue de noir?

— C'est parfaitement cela, monsieur. Je vois que vous la connaissez.

L'agent venait de retracer, d'après ses notes, le signalement de la dame Trélat, c'est-à-dire de Solange, la complice du crime d'Asnières.

Enchantée de causer avec un monsieur de Paris, et sans songer à s'étonner qu'il fût si curieux, la femme du jardinier raconta à Morlot tout ce qu'elle savait.

Après avoir entendu ce récit, il ne pouvait plus exister le moindre doute dans l'esprit de Morlot. Il avait acquis la certitude complète.

Cet enfant, qui était né soi-disant au château de Coulange, était bien l'enfant de Gabrielle Liénard, l'enfant volé à Asnières dans la nuit du 19 au 20 août.

Il n'avait pas seulement une preuve, il en possédait un monceau. Et toutes, de la première à la dernière, liées ensemble, formant un tout, faisaient sortir de l'ombre l'éclatante vérité. Ce n'était, il est vrai, que des preuves morales basées sur des déductions; mais comme il était facile de les transformer en preuves matérielles !

— Pour cela, se disait l'agent de police, il n'y a que cette simple question à poser à la marquise ou à son frère : Quel est le nom de la sage-femme qui a été amenée au château de Coulange au moment de l'accouchement?

Vingt minutes plus tard, quand Morlot se retrouva seul sur le chemin au bord de la Marne, il se redressa fièrement. Dans son regard illuminé il y avait l'orgueil du triomphe.

— Enfin, s'écria-t-il d'une voix rauque, je tiens les coupables !

Et il respira bruyamment.

Au bout d'un instant, il lui vint tout à coup une pensée qui le fit tressaillir, et aussitôt son front s'assombrit.

On venait de lui faire encore l'éloge du marquis et de la marquise. Au château de Coulange comme à Paris, on appelait cette dernière la bonne marquise et la mère des malheureux.

L'agent de police sentait en lui une angoisse inexprimable.

Pensif, les yeux fixés à terre, il prononça lentement ces mots :

— Est-elle complice du crime ou bien est-elle aussi une victime ?

VI

LE DEVOIR

Le lendemain, vers deux heures de l'après-midi, l'agent de police était de retour à Paris.

Après tant de vaines recherches, après s'être donné tant de peine pour ne récolter que des déceptions, il voyait enfin sa longue patience récompensée et ses efforts couronnés par le succès.

Il n'était pas seulement sur la trace des coupables, ce qui déjà eût été beaucoup pour lui, il les avait découverts, non pas tous, mais les principaux, ceux qui avaient payé pour commettre le crime.

Et ce n'était pas tout : en même temps il venait de retrouver l'enfant de Gabrielle. Il n'avait qu'un mot à dire, une accusation à porter, et au bout de quelques jours, à la suite d'un double procès civil et criminel, qui aurait un immense retentissement, l'enfant volé à Asnières serait rendu à sa mère.

Morlot voyait tout cela, et la réputation que cette cause célèbre allait lui faire. Certes, jamais, dans ses pensées ambitieuses, il n'avait rêvé un pareil triomphe.

Le contentement de pouvoir se dire : Je suis habile, adroit, et la joie de son succès devaient l'éblouir.

Eh bien, non, ni ce contentement, ni cette joie n'étaient complets. Morlot avait longuement réfléchi, médité, et il était sous le coup d'une grande perplexité. Au lieu de rentrer à Paris avec l'air superbe d'un triomphateur, il était soucieux et plus sombre qu'il ne l'avait jamais été.

Homme du devoir, ce qu'il avait à faire était tout tracé ; mais devant lui se dressait une femme jeune et belle, la marquise de Coulange, la protectrice des pauvres, des orphelins, de tous les déshérités, dont partout, à Coulange, à Miéran et ailleurs, le nom était acclamé et béni.

Et en face de cette apparition, qu'il essayait vainement de repousser, l'agent de police restait indécis, ayant d'un côté le devoir impérieux qui le poussait, de l'autre une terreur inconnue qui s'emparait de lui et l'arrêtait.

A chaque instant il répétait :

— Est-elle coupable ? Est-elle victime ?

Il s'étonnait de sentir en lui de la pitié pour cette jeune femme riche, qu'il n'avait jamais vue, une pitié assez grande pour le rendre hésitant et empêcher de parler trop haut une voix intérieure qui lui disait : Gabrielle souffre, tu dois lui rendre son enfant, tu l'as promis !

Quand, avant de rentrer chez lui, Morlot passa devant

la préfecture de police, il s'arrêta et resta un moment immobile, les yeux mornes, ayant l'air de rêver.

— Non, murmura-t-il, pas encore.

Et il poursuivit son chemin.

Maintenant, cet homme intègre et juste, qui n'avait jamais transigé avec sa conscience, ce lutteur acharné contre le mal, cet homme avait des scrupules pour accomplir son devoir, comme un autre pour commettre une mauvaise action.

C'est dans cette situation, ayant dans la tête toutes sortes de pensées confuses et contradictoires, qui se heurtaient tumultueusement, qu'il arriva chez lui.

Il embrassa sa femme silencieusement, mit sa canne dans un coin, accrocha son chapeau à une patère, et s'assit sans avoir prononcé une parole.

Mélanie le regardait avec surprise. Elle s'était assise à côté de lui, mais elle n'osait pas l'interroger.

Cependant, au bout d'un instant, il lui dit :

— Ce sont de bons parents, ces Blaisois de Coulange; ils m'ont fait une véritable fête. J'ai couché à Miéran et j'y ai déjeuné ce matin. La famille va bien ; toutes les personnes que j'ai vues m'ont demandé de tes nouvelles.

— Sous ce rapport, tu es satisfait de ton voyage ?

— Très-satisfait.

— Et... pour le reste ? l'interrogea-t-elle d'une voix hésitante.

Il garda le silence.

— Ainsi, reprit-elle, c'est encore une déception.

Morlot fit un mouvement brusque. Puis, la regardant avec un air singulier :

— Mélanie, dit-il lentement, Gabrielle n'a pas été trompée par son cœur ; c'est bien son fils, l'enfant volé à Asnières, qui porte le nom d'Eugène de Coulange.

Mélanie parut interdite.

— Es-tu sûr, mon ami, es-tu bien sûr ? balbutia-t-elle.

— Comme je suis sûr que c'est en ce moment le jour qui nous éclaire.

— Ainsi, tu as des preuves ?

— Des preuves ! j'en ai trop et elles sont accablantes, terribles. Sous leur poids, continua-t-il avec un accent étrange, moi-même je suis comme écrasé. Ecoute : j'ai vu l'acte de naissance de l'enfant. Il est bien dit que l'enfant est né du marquis et de la marquise de Coulange. Cette déclaration constitue déjà, à elle seule, un petit crime qui vaudra à son auteur un certain nombre d'années de travaux forcés. Qui a fait cette fausse déclaration ? Sosthène de Perny, le frère de la marquise de Coulange. Cette déclaration dit encore que l'enfant est né le 20 août à cinq heures du matin, tu entends, Mélanie, le 2 août !

— Oui, j'entends bien ; mais cette date peut n'offrir qu'une coïncidence singulière.

— Certainement. Mais après avoir été à la mairie, je me suis rendu au château. J'ai eu la chance de trouver seule madame Burel, la femme du jardinier ; et avant l'arrivée de son mari, qu'on alla prévenir de ma visite, j'eus le temps de la faire causer. Comme on enlève une tache de boue avec de l'eau, ses paroles ont fait disparaître tous mes doutes. Voici, du reste, ce qu'elle m'a appris...

Et Morlot raconta à sa femme la conversation entière qu'il avait eue avec la femme du jardinier.

Mélanie tenait sa tête baissée. Elle était très-agitée.

— Eh bien ! lui dit Morlot, crois-tu ?

— Oui, je crois, répondit-elle d'une voix oppressée,

— Examinons ensemble comme les preuves s'accumulent pour faire jaillir la vérité.

Ainsi, au château de Coulange, comme à Paris, la marquise reste enfermée dans sa chambre, ne sort jamais, ne se montre à personne et ne parle même pas à ses domestiques. Appuyons surtout sur ce point qu'elle n'a pas de femme de chambre ; c'est madame de Perny, c'est sa mère qui joue ce rôle auprès d'elle. Il est évident que ne se montrant à personne, ne permettant à personne de l'approcher, elle se cache. Pourquoi ? Parce qu'elle simule une grossesse. Elle redoute qu'on ne s'aperçoive qu'elle n'est pas enceinte.

Le 19 août, dans la matinée, M. de Perny arrive au château à l'improviste. Que vient-il faire ? Il vient annoncer à sa mère et à sa sœur que la jeune fille d'Asnières est au moment d'accoucher. Il sait cela, puisque le 18, le soir, la sage-femme a été appelée au chevet de Gabrielle. Sa sœur et sa mère averties, M. de Perny retourne précipitamment à Paris. Pour tout le monde, il court chercher une sage-femme.

Dès que son fils est parti, que fait madame de Perny ? Elle appelle les domestiques et leur donne congé à tous pour le reste de la journée et toute la journée du lendemain. Ainsi, c'est au moment où plus que jamais on va avoir besoin de leurs services, que madame de Perny les envoie s'amuser à Paris.

Pourquoi donc, si la marquise de Coulange eût été réellement enceinte, aurait-on attendu au dernier moment pour appeler une sage-femme ? Pourquoi donc aussi une si grande dame n'aurait-elle pas recouru à l'assistance d'un médecin ? Il est établi que, pendant plusieurs mois, la marquise a été très-souffrante, malade même, et jamais aucun médecin n'a été mandé près d'elle. Sont-ce des preuves, cela ? N'est-ce pas limpide ? Ah ! les coupables pouvaient supposer leur secret bien caché et se croire pour toujours à l'abri du châtiment.

Oui, reprit Morlot après un moment de silence, il était bien caché, ce secret. Je le reconnais, ce n'est pas moi qui l'ai découvert, c'est Dieu qui me l'a montré du doigt, en faisant dormir Gabrielle.

— C'est vrai, dit Mélanie, qui avait écouté son mari avec la plus grande attention et sans l'interrompre.

Morlot s'était levé et marchait fiévreusement dans la chambre.

— Et maintenant, mon ami, que vas-tu faire ? lui demanda Mélanie.

Il s'arrêta brusquement, et, se rapprochant de sa femme :

— Je n'en sais rien, répondit-il d'un ton presque farouche. Je ne sais ce qui se passe en moi ; depuis hier je ne suis plus le même homme. Mélanie, il me semble que je n'ai plus le sentiment de mon devoir. Je suis comme un voyageur égaré, perdu dans la nuit sombre. Je connais les coupables, je les tiens ; je n'ai qu'à étendre la main pour qu'ils soient écrasés. D'un autre côté, il y a cette pauvre enfant, Gabrielle... Après avoir tant souffert, elle ne demande pas vengeance, mais elle réclame son enfant. Et quand, après l'avoir si longtemps cherché, je le trouve enfin, j'ai peur de lui dire : Le voilà, prenez-le !

Voyons, qu'est-ce qui m'arrête ? Est-ce que je n'ai plus de cœur ? Est-ce que je deviens fou ?

Il resta un moment silencieux, serrant sa tête dans ses mains.

— Ah ! reprit-il d'une voix creuse, je suis épouvanté !

Mélanie se jeta à son cou et l'embrassa.

— Ah! comme je t'aime ainsi! s'écria-t-elle.
— Hein, que veux-tu dire? fit-il étonné.
— Je veux dire que tu es bon et généreux, Morlot, je te trouve grand, je t'admire! ajouta-t-elle avec enthousiasme.

Il secoua la tête et, la repoussant doucement :
— Je ne comprends pas, dit-il.

Mélanie se redressa les yeux étincelants de bonheur.
— Quoi! répliqua-t-elle, tu ne comprends pas que ta femme soit fière de toi?... Va, quand j'ai aimé l'agent de police Morlot, je savais quel noble cœur bat dans ta poitrine d'honnête homme! Tu parles de ton devoir? Ah! ce n'est pas le sentiment du devoir qui s'est éteint en toi, mais il y a dans ton cœur un autre sentiment qui t'émeut, qui parle à ta raison et bouleverse tout ton être.

Oui, tu as découvert les coupables, ils sont en ta puissance et tu peux les frapper. Mais tu es hésitant, tu t'arrêtes. Veux-tu que je te dise pourquoi? Ce n'est pas parce que tu manques de force pour accomplir ton devoir, c'est parce que tu es avant tout un honnête homme!

Morlot, si, prêt à livrer les coupables à la justice, tu t'arrêtes, c'est que tu as peur, en les frappant, de toucher à des innocents!

L'agent de police saisit une des mains de sa femme.
— Eh bien, oui, dit-il, tu as deviné, et tu viens de me dire ce qui se passe en moi. C'est elle qui m'arrête, la marquise... Sans cesse je m'adresse cette question : Est-elle innocente ou coupable? Mélanie, conseille-moi, guide-moi; je t'en prie, dis-moi quel est mon devoir, montre-moi le chemin que je dois suivre.

La jeune femme sourit, puis répondit :
— Cherchons-le.

VII

NE TOUCHE PAS A LA MARQUISE

La femme et le mari s'assirent en face l'un de l'autre.

— Il est certain, dit Mélanie, que tu as rassemblé des preuves accablantes, terribles. Que demain un des coupables, M. de Perny, par exemple, soit arrêté, tous les autres sont immédiatement livrés à la justice. Cette mystérieuse affaire aurait un immense retentissement, et ton amour-propre aurait lieu d'être satisfait. Assurément, ne consultant que ton devoir strict, tu as le droit de dénoncer les auteurs du crime ; nul ne pourrait te blâmer, tu recevrais au contraire des félicitations. Mais il s'agit ici d'une grande famille, de gens respectés et honorés. Je sais bien que la loi est égale pour tous et que, à quelque classe qu'il appartienne, le criminel doit être frappé par elle. Mais il faut considérer, mon ami, que c'est un secret de famille que tu as découvert d'une façon étrange et que tu ne te trouves pas, cette fois, en face de criminels ordinaires. Tu sais ce que ton devoir te dit de faire ; mais tu sens en même temps, dans ton âme honnête, que tu vas te charger d'une lourde responsabilité. C'est un grand nom, le nom de Coulange, c'est toute une famille que tu peux déshonorer. Et devant cette chose terrible tu t'arrêtes effrayé.

— C'est bien cela, Mélanie ; on dirait que tu lis dans ma pensée.

— Oui, je lis dans ta pensée, parce que je te connais.

Sais-tu pourquoi l'enfant a été volé? Quel a été le véritable mobile du crime?

— Il est facile à trouver, répondit Morlot. Madame de Perny et son fils n'ont pas de fortune ; le marquis de Coulange a épousé mademoiselle de Perny sans dot. La marquise n'ayant pas d'enfant, lorsque le marquis, malade et condamné par les plus grands médecins, pouvait être considéré comme un homme mort, il a été décidé entre la mère, le frère et la sœur, qu'on se procurerait un enfant, n'importe par quel moyen, afin de conserver à la marquise l'immense fortune de son mari.

— C'est certainement cela, approuva Mélanie.

— Sosthène de Perny est le principal coupable, reprit Morlot, et probablement l'instigateur du crime. Aussitôt la chose décidée, il s'est mis à l'œuvre. Il fallait trouver, à Paris ou ailleurs, une pauvre fille séduite et abandonnée, dans une position intéressante. La femme Trélat, une complice de M. de Perny, découvre, rue de Clichy, notre chère Gabrielle. Oh! comme je l'ai toujours dit, l'affaire a été admirablement combinée et conduite de main de maître. Ce Sosthène de Perny n'est pas un coquin ordinaire.

La marquise se dit enceinte et simule une grossesse. Le marquis est parti dans le Midi. On a dû l'éloigner, car sa présence rendait tout impossible. On est persuadé qu'il va mourir là-bas. Certes, les coupables sont loin de se douter qu'il est allé chercher la guérison. S'ils l'eussent pensé, le crime n'aurait pas été commis.

Malheureusement pour Gabrielle, jusqu'au jour où elle met son enfant au monde, la guérison du marquis n'est rien moins que certaine. M. de Perny n'hésite point, il vole l'enfant. La déclaration est faite à la mairie de Coulange, et, par un acte que seul un jugement du tribunal civil peut détruire, l'enfant de la pauvre Gabrielle devient le fils du marquis et de la marquise de Coulange.

Maintenant le marquis peut mourir, il a un héritier; sa fortune, ses millions ne peuvent plus être enlevés à la marquise; ils resteront entre les mains de Sosthène de Perny, qui déjà, commande en maître.

Il n'y a pas à en douter, ajouta Morlot, l'enfant de Gabrielle lui a été volé et introduit frauduleusement dans la maison de Coulange, pour que la fortune du marquis reste à sa femme. Ce qui sera aussi très-curieux et fort intéressant à savoir, c'est le marché honteux qui a dû être conclu entre la marquise d'une part, son frère et sa mère de l'autre. Ces derniers n'ont certainement pas travaillé pour rien. Le marquis a, dit-on, quinze millions de fortune; c'était un superbe gâteau à partager.

— Comme tu viens de présenter les choses, répondit Mélanie, ce n'est pas le frère de la marquise, mais la marquise elle-même qui serait la principale coupable.

— C'est vrai.

— Pourtant, dans ta pensée, tu la crois innocente?

— Mélanie, je voudrais qu'elle fût coupable!

— Ce que tu viens de dire est mal, très-mal, répliqua-t-elle tristement. Voyons, pourquoi la voudrais-tu coupable?

— Pourquoi? Parce que je ne suis pas content de moi. Je possède un secret de famille; mais je ne suis pas un bourgeois, un homme du monde, qui se déshonorerait en se faisant dénonciateur; je suis un agent de police, et pourtant j'hésite à faire mon devoir; j'hésite parce qu'il y a un doute dans ma pensée... Ah! si j'étais sûr qu'elle fût coupable!...

— Eh bien?

— Je n'hésiterais plus.

Mélanie se dressa debout.

— Morlot, dit-elle, d'une voix lente et grave ; j'ai écouté attentivement tout ce que tu m'as dit et j'ai en même temps interrogé mon cœur et ma raison. Maintenant, il y a en moi une conviction profonde. Morlot, la marquise de Coulange n'est pas coupable, la marquise de Coulange est une victime !

L'agent de police s'agita sur son siège, prononça quelques mots inintelligibles et baissa la tête.

— Quoi, reprit sa femme avec animation, tu voudrais qu'elle fût coupable, toi, un homme de cœur ! Ah ! Morlot, il y a dans le monde assez de misérables sans elle ! Fais ce que tu voudras, mais je te défends de toucher à la marquise de Coulange, je te le défends !...

Tu doutes de son innocence ; moi j'en suis sûre !

Comment, cette jeune femme, bonne et charitable, qui a toutes les vertus, qui est la protectrice des vieillards et des orphelins, qui soulage toutes les misères, qui vient en aide à tous les malheureux, cette jeune femme, malheureuse elle-même, serait une criminelle ! Allons donc, le penser seulement serait une monstruosité !

Je te le répète, Morlot, elle est innocente, elle est innocente !

— C'est bien ce que je me dis, balbutia Morlot.

— Oui, mais tu ne le crois pas.

Sous le regard de sa femme l'agent de police baissa de nouveau la tête.

— Qu'est-ce que t'a dit l'ancien concierge ? reprit-elle, que la marquise était opprimée par sa mère et son frère ; qu'après le départ du marquis madame de Perny et son fils étaient devenus les maîtres à l'hôtel de Coulange, qu'ils tenaient la marquise enfermée dans sa chambre comme dans une prison. Cela devrait t'ouvrir complètement les yeux et te faire voir que dans cette horrible affaire la marquise a été une victime.

Le marquis adore l'enfant de Gabrielle, qu'il croit son fils. Cela prouve qu'il ne sait rien. Si la marquise est coupable de quelque chose, c'est de n'avoir pas tout dit à son mari. Voilà le secret qu'elle veut garder, le secret fatal qui est le tourment de sa vie. Pourquoi le garde-t-elle, ce secret ? Pourquoi souffre-t-elle en silence ? La pauvre femme n'a pas voulu ou n'a pas osé révéler à son mari l'infamie des siens.

Sous la domination de sa mère et de son frère, opprimée par eux, un jour elle se révolte contre leur tyrannie et les chasse de sa présence. Ne pouvant faire davantage, c'est ainsi qu'elle se venge du mal qu'ils lui ont fait. Si elle était leur complice et coupable comme eux, elle n'aurait pas eu ce courage, cette hardiesse.

Mais il y a autre chose qui plaide en sa faveur plus éloquemment encore : loin de feindre d'avoir pour cet enfant, qui ne lui appartient pas et dont on a fait son fils, une affection qui n'est pas dans son cœur, pendant des années, il lui est indifférent, elle ne veut pas le voir, elle s'éloigne de lui, elle le repousse. Et cela au risque de faire découvrir la vérité à son mari.

Voyons, Morlot, si elle était coupable aurait-elle agi ainsi, dis ?

— Non, et je suis forcé de reconnaître que tu as raison.

— Alors, tu es convaincu, comme moi, qu'elle est innocente ?

Oui. Mais depuis quelque temps elle s'est mise tout à coup à aimer l'enfant : comment expliques-tu cela ?

— Sur ce point, mon ami, je pourrais facilement me tromper. Ce fait paraît exister réellement ; mais, pour l'expliquer, il faudrait connaître les pensées de la marquise de Coulange. L'enfant est bon, intelligent et beau comme un ange... Qui sait ? en pensant à la mère, à qui il a été volé, elle s'est dit peut-être qu'elle devait la remplacer près de lui.

— C'est possible, fit Morlot.

— Dans tous les cas, reprit Mélanie, je suppose bien qu'elle ne peut pas l'aimer autant que sa fille. Néanmoins, elle ne l'a pas éloigné, ce qu'elle aurait pu faire, il est resté constamment près d'elle.

— Avec tout ça, dit Morlot avec un peu d'aigreur, je suis toujours aussi embarrassé et tu ne m'as pas encore donné un conseil sur ce que je dois faire.

— Nous avons établi que la marquise était innocente, répondit la jeune femme, c'est déjà quelque chose.

— Soit ; mais il y a les coupables.

— Oui, j'en vois quatre : Sosthène de Perny, qui a conçu le projet du crime ; sa mère, qui l'a aidé dans l'exécution ; la dame Trélat et l'individu qui a loué la maison d'Asnières. Ces deux derniers n'étaient, vraisemblablement, que des agents de M. de Perny. Tu connais deux de ces quatre complices, les deux principaux. Malheureusement, mon ami, si tu fais arrêter M. de Perny, tu frappes en même temps la marquise.

— Elle prouvera facilement son innocence.

— Sans doute, mais avant qu'elle ait pu rien prouver, elle sera arrêtée, emprisonnée et mise au secret comme la plus vile des misérables ! Morlot, une pareille chose pour moi serait ma mort ; ce serait la mort de la marquise de Coulange ! Songe aussi que c'est l'honneur d'un grand nom jusqu'ici respecté, qui serait traîné dans la boue. Ah ! je me sens frémir en pensant seulement au bruit que ferait cet horrible scandale !

— Enfin, répliqua Morlot d'une voix sombre, tu me conseilles de ne rien faire du tout. Mais ce que tu veux, Mélanie, c'est l'impunité du crime !

— Morlot, répliqua-t-elle vivement, je ne voudrais pas peser sur ta conscience, et pourtant... Ecoute : si tu peux livrer à la justice M. de Perny et sa mère, sans toucher à la marquise, marche !... Si c'est impossible, arrête-toi et attends.

— Attendre, quoi ?

— Que l'heure du châtiment sonne pour les coupables. Tu ne connais pas encore M. de Perny. Quelle est la vie de cet homme? Avant tout, voilà ce qu'il faut que tu saches. Un pareil scélérat est capable de commettre plus d'un crime. Cherche dans sa vie, mets à nu son passé, et, à partir de ce moment, suis-le pas à pas sans le perdre de vue. Morlot, je me trompe fort si bientôt une nouvelle infamie ne te livre pas M. de Perny.

L'agent de police eut un tressaillement accompagné d'un regard sombre.

— Alors, continua la femme, je ne te dirai plus d'attendre et de retarder l'heure du châtiment; alors, tu pourras agir, alors tu seras content!

— J'ai saisi ton idée, dit Morlot ; tu veux que la punition du crime d'Asnières soit comprise dans le châtiment d'un autre crime ?

— Oui.

— Et si cet autre crime n'existe pas ?

L'objection était sérieuse.

— Nous aurons eu le temps de réfléchir, répondit la jeune femme avec un embarras pénible, nous examinerons de nouveau ce qu'il y aura à faire.

— Tout cela, ma chère femme, dit Morlot avec un sourire doux et triste, ce sont des compromis, des sentiers sinueux que nous cherchons à côté du chemin droit qui mène directement au but. Tu veux épargner la marquise, moi aussi je le veux. Mais comme je viens de te le dire, c'est l'impunité du crime. Va, il y a une chose qui vaut mieux que tout ce que nous cherchons.
— Laquelle ?
— C'est tout simplement de donner ma démission.
— Eh bien, donne-la.
— Je verrai, j'examinerai. En attendant, Mélanie, nous oublions complètement Gabrielle.
— C'est vrai.
— Il faut pourtant qu'on lui rende son enfant ! s'écria Morlot avec une sorte de colère.
— Oh ! mais on le lui rendra, dit Mélanie.
— Le crois-tu sérieusement ?
— Le contraire est impossible.
L'agent de police hocha la tête.
— Eh bien, moi, dit-il, j'en doute.
— Pourquoi ?
— Il y a l'acte de naissance. Du moment que je ne fournis pas les preuves que l'enfant a été volé, lorsque Gabrielle le réclamera, le marquis et la marquise lui répondront par ces mots : Vous êtes folle !
— Si la marquise faisait cela, Morlot, je serais alors la première à te crier de toutes mes forces : Sois sans pitié pour elle !
— Enfin, nous verrons. Devons-nous dire tout de suite à Gabrielle que le petit Eugène est son fils ?
Mélanie parut réfléchir.
— Non, répondit-elle au bout d'un instant ; tes appréhensions ont fait naître de l'inquiétude en moi ; nous

attendrons pour faire à notre pauvre amie cette importante révélation. Je crois, mon ami, qu'il sera nécessaire que tu voies d'abord toi-même madame la marquise de Coulange.

— Grosse affaire, se dit Morlot.

Il reprit à haute voix :

— Madame la marquise aura prochainement ma visite. Mais je veux suivre ton conseil, Mélanie ; il faut que je sache exactement ce qu'est madame de Perny, ce que Sosthène de Perny a fait autrefois et ce qu'il fait aujourd'hui.

VIII

CHEZ BLAIREAU

Assis devant son bureau, chargé de paperasses poudreuses, et enveloppé dans sa robe de chambre graisseuse, — toujours la même, — qui avait dû être bleue autrefois, l'homme d'affaires Blaireau lisait avec une grande attention un long article du *Droit*, journal des tribunaux.

Sa lecture devait l'intéresser beaucoup. Mais à voir certains plis qui s'étaient creusés sur son front, ses mouvements brusques, ses haut-le-corps, ses frémissements nerveux, l'éclair livide qui, à chaque instant, sillonnait son regard, il était facile de deviner qu'il éprouvait tout autre chose que du contentement.

— L'imbécile ! murmura-t-il sourdement quand il eut fini de lire, s'être laissé prendre, si bêtement !... Il est crâne tout de même, il a tenu ferme, il n'a rien dit, les *curieux* n'ont pu le faire parler. Personne de compromis... C'est égal, c'est raide, dix ans de travaux forcés ! C'est fâcheux, il marchait si bien... Intelligence, hardiesse, audace, discrétion, coup d'œil juste, activité dévorante, il avait des qualités que je ne retrouverai jamais dans un autre. Ah ! s'il n'avait pas eu un goût si prononcé pour le petit verre ! C'était là son grand défaut, son unique défaut. Hé, hé, on est toujours puni par où l'on a péché... S'il n'eût pas été ivre, il ne se serait pas laissé pincer comme un niais par un homme de la *rousse*.

Dix ans, dix ans, c'est long, continua-t-il ; il aura le temps de se corriger de son ivrognerie.

C'est ainsi que Blaireau, qui était certainement très-contrarié, s'apitoyait sur le sort de son ami Gargasse, après avoir fait son éloge.

L'article de journal qu'il venait de lire était le compte rendu d'une affaire qui avait été jugée la veille par la cour d'assises de la Seine. Et cette affaire n'était autre que le procès criminel de Gargasse, lequel avait été mis entre les mains de la justice par l'agent de police Morlot.

Il y a souvent, entre les plus vils coquins, un grand sentiment de solidarité et de fraternité. Gargasse en fournissait la preuve. A toutes les questions qu'on lui avait adressées au sujet de ses complices ou associés, il avait répondu par un silence obstiné. Était-il lié par un serment ou rendu muet par la promesse d'une récompense après sa libération ? C'est possible. Quoi qu'il en soit, il n'avait fait aucune révélation, ne voulant inquiéter ni compromettre ses complices, voleurs et recéleurs, qui participaient plus ou moins directement aux opérations ténébreuses de Blaireau, son ami et son patron.

Ce dernier n'était pas sans reconnaître la valeur de ce dévouement ; mais il s'en appliquait à lui-même tout le mérite. En effet, il était convaincu que si Gargasse s'était renfermé dans un mustisme absolu, il le devait uniquement à l'admirable esprit de discipline qu'il avait su introduire parmi les individus qui obéissaient à ses ordres et dont il était la volonté.

Cependant, bien qu'il eût lieu d'être satisfait de l'attitude que Gargasse avait eue dans sa terrible situation, Blaireau restait sombre et rêveur.

— Cette condamnation, dit-il, me produit l'effet d'un avertissement. Je ferais peut-être bien de m'arrêter, de ne pas aller plus loin. N'ai-je pas suffisamment tenté le diable comme ça ? Je me souviens du fameux proverbe qui dit : « Tant va la cruche à l'eau... » Qu'est-ce que j'étais il y a quinze ans ? Rien : un être chétif et laid perdu dans la foule qui grouille dans les bas-fonds ; je n'étais qu'un vermisseau que l'homme puissant écrase sous son pied. Oui, je n'étais rien ; mais j'avais ce qui est resté en moi, la volonté, mon génie ! Je suis sorti de l'ombre, et continuant à me faire humble et petit pour que nul ne fît attention à moi et ne m'empêchât d'avancer, je me suis frayé un chemin à travers tous les obstacles, et je me suis élevé, et j'ai grandi, et j'ai monté, et je monte, je monte toujours !... Mes rêves m'ont montré les sommets, je touche à une cime !

Je voulais être riche, je le suis. Aujourd'hui je possède plus de deux millions. Deux millions ! Autrefois, quand j'entendais prononcer ce mot magique « million », j'avais un éblouissement.

Et c'est moi, Blaireau, ex-ver de terre, atome, qui suis plus de deux fois millionnaire !

J'aime l'or, j'aime le bruit qu'il fait quand il sonne ;

il n'y a pas de musique comparable à ce tintement joyeux ; il charme, il enchante mes oreilles. Et quand il ruisselle dans mes mains, il réjouit ma vue, et je frissonne de plaisir quand, aux rayonnements de mon regard, il mêle ses jaunes éclairs !

Je suis riche, riche, continua-t-il d'une voix frémissante, assez riche pour pouvoir m'offrir toutes les jouissances... Oui, je pourrais m'arrêter, me donner enfin le repos que j'ai bien gagné...

Eh bien, non, s'écria-t-il avec un regard superbe, il me faut de l'or, toujours de l'or... Je veux monter encore !

A ce moment on frappa à la porte du cabinet.

Blaireau, qui oubliait rarement de prendre la précaution de s'enfermer, se leva et alla tirer le fort verrou qui défendait sa porte.

La domestique de Blaireau entr'ouvrit la porte, avança en même temps la tête et la main, et, sans rien dire, présenta une carte de visite à son maître.

Blaireau la prit, y jeta un coup d'œil, et aussitôt ses sourcils se froncèrent, en se rapprochant l'un de l'autre.

— Qu'est-ce qu'il me veut encore, celui-là ? se demanda-t-il d'un ton qui n'avait rien de gracieux pour le visiteur.

Puis, après un instant d'hésitation :

— Faites entrer ce monsieur, dit-il.

Son visage changea subitement d'expression et se couvrit de ce masque froid, fin et singulièrement ironique que Blaireau prenait habituellement quand il jouait son rôle d'homme d'affaires.

Sosthène de Perny entra dans le cabinet, dont Blaireau referma immédiatement la porte, sans oublier de pousser le verrou de sûreté.

— Vous êtes étonné de me voir ? dit Sosthène.

— Oui et non, cher monsieur, répondit Blaireau, en lui faisant signe de s'asseoir et en s'asseyant lui-même. Oui, parce que je ne m'attendais pas du tout à l'honneur de votre visite, ne vous ayant pas revu depuis cette belle nuit étoilée au milieu de laquelle vous m'avez laissé sur la route de Meaux. Non, parce que, connaissant un peu vos petites affaires, je suppose que vous venez me demander un petit conseil.

— C'est vrai, dit Sosthène, j'ai besoin de vos conseils et même de votre aide.

Blaireau fit une grimace expressive.

— Ainsi, reprit Sosthène, vous connaissez mes affaires ?

— Un peu. Quand j'ai eu quelques bons rapports avec un client, je m'intéresse toujours à lui et je me donne la satisfaction de savoir ce qu'il devient.

— Alors vous savez ?...

— Eh ! cher monsieur, je suis un homme discret, moi ; faut-il, pour vous être agréable, que je sache beaucoup ou que je ne sache rien ?

— Vous êtes toujours le même, monsieur Blaireau, répliqua Sosthène avec un faux sourire.

— On ne change guère à mon âge, dit Blaireau. Je ne peux plus me défaire de mes défauts. Du reste, monsieur de Perny, sous ce rapport vous me ressemblez un peu.

— Que voulez-vous dire ?

— Rien. Je n'ai nullement l'intention de vous être désagréable.

— Je vous comprends, monsieur Blaireau. Eh bien, pour répondre à votre question de tout à l'heure, je n'ai que ceci à vous dire : vous pouvez me parler franchement.

il n'y a pas de musique comparable à ce tintement joyeux ; il charme, il enchante mes oreilles. Et quand il ruisselle dans mes mains, il réjouit ma vue, et je frissonne de plaisir quand, aux rayonnements de mon regard, il mêle ses jaunes éclairs !

Je suis riche, riche, continua-t-il d'une voix frémissante, assez riche pour pouvoir m'offrir toutes les jouissances... Oui, je pourrais m'arrêter, me donner enfin le repos que j'ai bien gagné...

Eh bien, non, s'écria-t-il avec un regard superbe, il me faut de l'or, toujours de l'or... Je veux monter encore !

A ce moment on frappa à la porte du cabinet.

Blaireau, qui oubliait rarement de prendre la précaution de s'enfermer, se leva et alla tirer le fort verrou qui défendait sa porte.

La domestique de Blaireau entr'ouvrit la porte, avança en même temps la tête et la main, et, sans rien dire, présenta une carte de visite à son maître.

Blaireau la prit, y jeta un coup d'œil, et aussitôt ses sourcils se froncèrent, en se rapprochant l'un de l'autre.

— Qu'est-ce qu'il me veut encore, celui-là ? se demanda-t-il d'un ton qui n'avait rien de gracieux pour le visiteur.

Puis, après un instant d'hésitation :

— Faites entrer ce monsieur, dit-il.

Son visage changea subitement d'expression et se couvrit de ce masque froid, fin et singulièrement ironique que Blaireau prenait habituellement quand il jouait son rôle d'homme d'affaires.

Sosthène de Perny entra dans le cabinet, dont Blaireau referma immédiatement la porte, sans oublier de pousser le verrou de sûreté.

— Vous êtes étonné de me voir ? dit Sosthène.

— Oui et non, cher monsieur, répondit Blaireau, en lui faisant signe de s'asseoir et en s'asseyant lui-même. Oui, parce que je ne m'attendais pas du tout à l'honneur de votre visite, ne vous ayant pas revu depuis cette belle nuit étoilée au milieu de laquelle vous m'avez laissé sur la route de Meaux. Non, parce que, connaissant un peu vos petites affaires, je suppose que vous venez me demander un petit conseil.

— C'est vrai, dit Sosthène, j'ai besoin de vos conseils et même de votre aide.

Blaireau fit une grimace expressive.

— Ainsi, reprit Sosthène, vous connaissez mes affaires ?

— Un peu. Quand j'ai eu quelques bons rapports avec un client, je m'intéresse toujours à lui et je me donne la satisfaction de savoir ce qu'il devient.

— Alors vous savez ?...

— Eh ! cher monsieur, je suis un homme discret, moi ; faut-il, pour vous être agréable, que je sache beaucoup ou que je ne sache rien ?

— Vous êtes toujours le même, monsieur Blaireau, répliqua Sosthène avec un faux sourire.

— On ne change guère à mon âge, dit Blaireau. Je ne peux plus me défaire de mes défauts. Du reste, monsieur de Perny, sous ce rapport vous me ressemblez un peu.

— Que voulez-vous dire ?

— Rien. Je n'ai nullement l'intention de vous être désagréable.

— Je vous comprends, monsieur Blaireau. Eh bien, pour répondre à votre question de tout à l'heure, je n'ai que ceci à vous dire : vous pouvez me parler franchement.

— A la bonne heure, cela me met à mon aise.

— D'ailleurs, ajouta Sosthène, nous aurions tort de nous gêner entre nous.

Blaireau attacha ses petits yeux brillants sur Sosthène.

— Je ne peux pas vous dire, reprit-il, quelle est exactement aujourd'hui votre position, je n'en sais pas si long; mais je puis affirmer que la vie que vous menez depuis quelques années est celle d'un véritable fou.

Sosthène se mordit les lèvres.

— Vous aviez mieux à faire, cher monsieur, beaucoup mieux !

— Ah ! vous ne savez pas, vous ne pouvez pas savoir que c'est la colère, la rage, qui m'ont jeté dans cette existence atroce.

— La colère est un mauvais conseiller. Vous étiez admirablement bien dans la maison de votre beau-frère, vous y aviez une position superbe. Pourquoi ne l'avez-vous pas conservée?

— Vous ignorez ce qui s'est passé, je le vois. Eh bien, ma sœur, la marquise de Coulange, nous a chassés, ma mère et moi.

— En effet, on ne m'avait pas dit cela ; mais je l'avais deviné. Voyons, est-ce que vous ne vous attendiez pas à cela ?

— Non.

— Et pourtant il pouvait vous arriver pire. En ne disant rien à son mari, votre sœur a été pour vous d'une indulgence et d'une bonté extrêmes.

— Ah ! vous trouvez? fit Sosthène les dents serrées.

— Certainement, appuya Blaireau. Vous avez joué, avec l'aide de votre mère, un jeu qui dépasse tout ce qu'il y a de plus audacieux. Vous avez perdu, mais on

4.

ne gagne pas toutes les parties qu'on joue. Ah ! vous pouvez vous estimer bien heureux d'en avoir été quittes à si bon marché. Quand j'ai appris que le marquis, sur la mort duquel vous comptiez, était revenu presque guéri, je ne vous cache pas que j'ai eu peur pour vous.

— Ah ! s'il était mort, s'il était mort ! murmura sourdement Sosthène.

— Oui, mais il n'est pas mort; vous n'aviez pas prévu cela, cher monsieur. Heureusement, la marquise a gardé le silence; il ne sait rien et il ne saura probablement jamais rien. Je vous le répète, votre sœur a été indulgente et vous devez lui en savoir un gré infini.

— Je la hais ! dit Sosthène d'une voix creuse.

— Tant pis pour vous, riposta Blaireau, dont le regard frappa le visage de Sosthène comme une flèche.

Vous vous étiez donc imaginé, reprit-il, que, ne voulant pas vous livrer à la justice, pour une raison facile à comprendre, elle ne chercherait pas le moyen de vous châtier elle-même ? Mais la marquise de Coulange est une femme de cœur, une noble femme ! Comment, malgré elle, contre sa volonté, vous introduisez dans sa maison un enfant étranger, de cet enfant vous faites son fils, et vous avez pu croire qu'elle accepterait cela simplement, comme la chose la plus ordinaire du monde ! Vous étiez insensé, cher monsieur. Mais, même le marquis mort, elle ne vous aurait pas pardonné. Faire tout cela sans son consentement, c'était trop fort; voilà où votre audace me confond, moi, qui suis un audacieux ! Si j'eusse su que vous agissiez sans l'approbation de la marquise de Coulange, je vous le déclare, monsieur de Perny, j'aurais repoussé vos offres, je vous aurais refusé mon concours.

Sosthène regarda l'homme d'affaires tout ahuri.

— Est-ce sérieusement que vous me dites cela? demanda-t-il.

— Vous devriez savoir, monsieur, que ce que je dis est toujours sérieux, répondit Blaireau d'un ton sec.

Sosthène ne trouva rien à répliquer.

— Ah çà! pourquoi est-il venu ici? pensa Blaireau. Est-ce qu'il ne va pas me le dire bientôt?

Cher monsieur de Perny, êtes-vous toujours dans de bons termes avec votre beau-frère? demanda-t-il.

— Je ne le vois plus que rarement.

— Pourquoi?

— Ai-je besoin de vous le dire?

— Non, je le devine. Le marquis est un honnête homme, très-susceptible sur les choses qui touchent à l'honneur; la conduite un peu... bizarre que vous menez l'a mécontenté, disons le mot, indigné; il s'est permis de vous adresser les reproches que vous méritez, et comme vous n'aimez pas les leçons de morale, vous vous êtes éloigné de lui. Vous avez eu tort, cher monsieur.

— Je le reconnais.

— C'est déjà quelque chose. Votre beau-frère est aussi un homme très-généreux, je le sais, et son immense fortune lui permet de l'être largement. Comme le travail n'est pas précisément ce que vous aimez et que vous êtes pauvre, le marquis doit vous faire une pension.

Sosthène fut un instant embarrassé. Mais il répondit hardiment:

— Oui.

— Vous dépensez un peu plus, hein? fit Blaireau d'un ton bonhomme.

— Oui, un peu plus.

— Et parfois vous êtes gêné?

— Souvent.

— Je le vois venir, se dit Blaireau.

Il reprit tout haut :

— Maintenant, cher monsieur, vous plaît-il de me faire connaître le but de votre visite ?

— Comme je vous l'ai dit en entrant, monsieur Blaireau, je viens vous demander un conseil et en même temps votre aide, que vous ne me refuserez pas, car la chose dont il s'agit vous intéresse autant que moi.

— Ah ! fit Blaireau étonné.

— Ensuite, reprit Sosthène, je vous proposerai une association dans une nouvelle affaire.

— Oh ! oh ! le gaillard médite quelque nouveau crime ? pensa Blaireau.

Il inclina sa tête sur son bureau et, regardant Sosthène en dessous :

— Allez, cher monsieur, dit-il, allez, je vous écoute.

IX

LE CONSEIL DE BLAIREAU

— Bien qu'elle soit beaucoup moins âgée que son mari, dit Sosthène, la marquise de Coulange a peur, paraît-il, de mourir avant lui...

— Ah ! fit Blaireau avec un accent singulier.

— Poursuivie sans doute par cette idée, mon excellente sœur, cette femme que vous trouvez parfaite, monsieur Blaireau, s'est imaginé, dans ces derniers temps, d'écrire sa petite histoire.

— Il y a bien des femmes qui ne pourraient pas en faire autant.

— Elle a donc écrit cette déclaration, que le marquis a été trompé, que l'enfant n'est pas son fils, qu'il a été introduit dans la maison de Coulange frauduleusement, contre sa volonté, et, naturellement, elle raconte tout ce qui s'est passé à cette époque.

Or, cette déclaration est adressée au marquis, qui doit la lire un jour.

— Je comprends, dit Blaireau, votre sœur, par un reste d'affection pour vous et votre mère, a pris la résolution de ne rien dire au marquis tant qu'elle vivrait, afin d'éviter un grand scandale, d'abord, et ensuite pour ne pas se faire votre accusatrice devant la justice qui ne badine pas lorsqu'il s'agit d'une équipée du genre de la vôtre. Mais sa conscience doit lui reprocher vivement de ne pas révéler la vérité au marquis ; alors, pour apaiser le trouble qui est en elle, pour se tranquilliser, elle a dû se dire : « Il faut que plus tard, lorsque je ne serai plus, mon mari sache que cet enfant, qui doit hériter de son nom et de sa fortune, n'est pas son fils. » Et elle a écrit la déclaration dont vous me parlez. Est-ce qu'elle l'a confiée à un notaire ?

— Non. Ce manuscrit révélateur est enfermé avec les langes que portait l'enfant à son arrivée au château, dans un coffret de cuivre, dont elle a eu l'idée de faire souder le couvercle, lequel est lui-même placé dans le tiroir d'un meuble qui s'ouvre par un ressort secret.

— Tiens, tiens, fit Blaireau, tout cela ne manque pas d'originalité. Comment êtes-vous si bien instruit ?

— Qu'importe, du moment que je sais ?

— C'est juste ; je suis vraiment trop curieux.

— Maintenant, vous voyez le péril ?

Blaireau releva la tête.

— Je ne le vois pas du tout, répondit-il.

— Mais l'existence de ce manuscrit n'est pas seulement une menace terrible, c'est un effroyable danger ! s'écria Sosthène.

— Oui, s'il tombait entre les mains du marquis ; mais, d'après ce que vous venez de me dire, votre sœur a pris d'excellentes précautions contre cette éventualité. S'il y a un danger, cher monsieur, il est encore bien loin de vous.

— Mais dans six mois, dans deux mois, demain, la marquise peut mourir !

— C'est vrai, puisque nous sommes tous mortels ; néanmoins, cher monsieur, vous avez là une crainte chimérique. Je sais que, depuis quelque temps surtout, madame de Coulange se porte comme un charme. Rassurez-vous, votre sœur n'a pas envie de mourir.

— On ne sait pas, dit Sosthène, d'une voix creuse.

Blaireau plongea dans les yeux de M. de Perny son regard perçant.

— Enfin, reprit Sosthène, qu'il soit loin ou qu'il soit près, le danger existe ; il est donc urgent de se défendre contre lui. Pour cela, il faut que le manuscrit disparaisse, qu'il soit anéanti.

— La marquise en écrira un autre, répliqua Blaireau, et cette fois, mieux avisée, elle le remettra à un homme sûr, comme un notaire, dans une enveloppe cachetée.

— Le manuscrit peut être détruit sans qu'elle s'en doute jamais. Je vous ai dit qu'il était enfermé dans un coffret de cuivre dont le couvercle est soudé...

— J'y suis, interrompit Blaireau : vous enlevez le coffret, vous le videz après l'avoir dessoudé, bien entendu, ensuite vous rétablissez la soudure et vous le replacez dans le tiroir. J'aurais dû deviner cela tout de suite.

— Elle a donc écrit cette déclaration, que le marquis a été trompé, que l'enfant n'est pas son fils, qu'il a été introduit dans la maison de Coulange frauduleusement, contre sa volonté, et, naturellement, elle raconte tout ce qui s'est passé à cette époque.

Or, cette déclaration est adressée au marquis, qui doit la lire un jour.

— Je comprends, dit Blaireau, votre sœur, par un reste d'affection pour vous et votre mère, a pris la résolution de ne rien dire au marquis tant qu'elle vivrait, afin d'éviter un grand scandale, d'abord, et ensuite pour ne pas se faire votre accusatrice devant la justice qui ne badine pas lorsqu'il s'agit d'une équipée du genre de la vôtre. Mais sa conscience doit lui reprocher vivement de ne pas révéler la vérité au marquis ; alors, pour apaiser le trouble qui est en elle, pour se tranquilliser, elle a dû se dire : « Il faut que plus tard, lorsque je ne serai plus, mon mari sache que cet enfant, qui doit hériter de son nom et de sa fortune, n'est pas son fils. » Et elle a écrit la déclaration dont vous me parlez. Est-ce qu'elle l'a confiée à un notaire?

— Non. Ce manuscrit révélateur est enfermé avec les langes que portait l'enfant à son arrivée au château, dans un coffret de cuivre, dont elle a eu l'idée de faire souder le couvercle, lequel est lui-même placé dans le tiroir d'un meuble qui s'ouvre par un ressort secret.

— Tiens, tiens, fit Blaireau, tout cela ne manque pas d'originalité. Comment êtes-vous si bien instruit ?

— Qu'importe, du moment que je sais ?

— C'est juste ; je suis vraiment trop curieux.

— Maintenant, vous voyez le péril ?

Blaireau releva la tête.

— Je ne le vois pas du tout, répondit-il.

— Mais l'existence de ce manuscrit n'est pas seulement une menace terrible, c'est un effroyable danger ! s'écria Sosthène.

— Oui, s'il tombait entre les mains du marquis ; mais, d'après ce que vous venez de me dire, votre sœur a pris d'excellentes précautions contre cette éventualité. S'il y a un danger, cher monsieur, il est encore bien loin de vous.

— Mais dans six mois, dans deux mois, demain, la marquise peut mourir !

— C'est vrai, puisque nous sommes tous mortels ; néanmoins, cher monsieur, vous avez là une crainte chimérique. Je sais que, depuis quelque temps surtout, madame de Coulange se porte comme un charme. Rassurez-vous, votre sœur n'a pas envie de mourir.

— On ne sait pas, dit Sosthène, d'une voix creuse.

Blaireau plongea dans les yeux de M. de Perny son regard perçant.

— Enfin, reprit Sosthène, qu'il soit loin ou qu'il soit près, le danger existe ; il est donc urgent de se défendre contre lui. Pour cela, il faut que le manuscrit disparaisse, qu'il soit anéanti.

— La marquise en écrira un autre, répliqua Blaireau, et cette fois, mieux avisée, elle le remettra à un homme sûr, comme un notaire, dans une enveloppe cachetée.

— Le manuscrit peut être détruit sans qu'elle s'en doute jamais. Je vous ai dit qu'il était enfermé dans un coffret de cuivre dont le couvercle est soudé...

— J'y suis, interrompit Blaireau : vous enlevez le coffret, vous le videz après l'avoir dessoudé, bien entendu, ensuite vous rétablissez la soudure et vous le replacez dans le tiroir. J'aurais dû deviner cela tout de suite.

— Oui, et voilà ce qu'il faut faire le plus vite possible.

— Faites, faites. Ah çà! vous êtes donc bien effrayé?

— Est-ce que vous ne l'êtes pas, vous?

— Moi! Et pourquoi le serais-je?

Cette réponse rendit Sosthène inquiet.

— Il me semble, répondit-il, que le danger n'est pas moins grand pour vous que pour moi.

— Comment cela, cher monsieur?

— Vous savez bien que si la justice mettait le nez dans cette affaire...

— Oh! vous seriez un homme perdu!

— Votre position ne serait guère meilleure que la mienne.

Blaireau se mit à rire.

— Ah! ah! vous croyez cela, fit-il; eh bien, je ne peux pas vous laisser cette inquiétude, qui prouve combien ma tranquillité vous est chère. Je n'ai rien à craindre, moi. Tout ce que la justice pouvait apprendre concernant l'enlèvement de l'enfant, elle le sait. Un inconnu a loué à Asnières une maison, une femme a volé un enfant. Où est l'homme, où est la femme? Ils ont passé comme un nuage de fumée sans laisser une trace. La police les a inutilement cherchés; elle peut chercher encore et toujours sans obtenir un meilleur résultat.

A la vérité, vous pourriez me dénoncer comme votre complice dans cette affaire, ce qui, entre parenthèses, ne diminuerait en rien votre culpabilité; mais même dans ce cas, qui n'est qu'une supposition, je n'aurais rien à redouter. Il faudrait prouver, et vous n'avez pas de preuves. Je vous ai écrit trois billets très-laconiques, mais vous me les avez rendus et je les ai brûlés là, dans cette cheminée.

Ah! on voit bien que vous ne savez pas qui je suis... Si vous disiez, n'importe à quel magistrat du parquet de la Seine, que Blaireau, l'homme d'affaires, a été votre complice, immédiatement il vous rirait au nez ou il se contenterait de hausser les épaules avec dédain. Du reste, je n'ai pas besoin d'entrer dans tous ces détails. Il doit vous suffire de savoir que je ne redoute rien, que je n'ai rien à craindre.

Un jour, vous êtes venu me trouver, tout ce que vous m'avez dit, je l'ai cru ; et sans me renseigner autrement, ce qui était une faute, persuadé que vous agissiez avec le consentement de votre sœur, je vous ai prêté mon concours. Vous n'avez pas atteint votre but, ce n'est pas ma faute. Les évènements se sont mis en travers de vos calculs, de vos espérances, vous ne les aviez pas prévus, moi non plus. Vous avez été trop audacieux, cher monsieur, vous vous êtes embourbé, tant pis pour vous !

— Oui, comme vous le dites, je suis embourbé, répondit Sosthène, et voilà pourquoi je suis venu à vous. Ne voulez-vous pas m'aider à me tirer d'embarras ?

— Vous avez vos affaires, vos ennuis, monsieur de Perny, j'ai aussi les miens ; chacun mène sa barque comme il l'entend. D'ailleurs, je ne vois pas bien ce que je pourrais faire pour vous.

— Monsieur Blaireau, je réclame votre appui et votre aide, parce que l'un et l'autre me sont nécessaires.

— Alors expliquez-vous.

— Monsieur Blaireau, j'ai un besoin d'argent des plus pressants.

— Nous y voilà, pensa l'homme d'affaires.

— Dans trois jours il me faut douze mille francs, ajouta Sosthène.

— Ah! douze mille francs! Une dette de jeu ?

— Oui, une dette, une dette d'honneur.

Il n'osa pas dire à Blaireau que ces douze mille francs lui étaient absolument nécessaires pour retirer des mains d'un escompteur un billet à ordre portant une signature fausse imitée par lui.

— Monsieur Blaireau, reprit-il, je vous prie de vouloir bien me prêter cette somme.

L'homme d'affaires prit un air piteux.

— Je suis vraiment désolé, répondit-il avec l'accent de la sincérité, il m'est impossible, tout à fait impossible de vous être agréable. Je ne suis pas un prêteur d'argent, et je n'ai jamais une aussi forte somme disponible. D'ailleurs, je ne suis pas bien riche, et toute ma petite fortune est dans les affaires.

Sosthène était devenu très-pâle.

— Voyons, continua Blaireau, vous n'êtes pas sans connaître des banquiers, des hommes dont le métier est de prêter de l'argent?

— Hé, je me suis adressé à eux, répliqua Sosthène d'une voix sourde.

— Et ils vous ont refusé cette somme! s'écria Blaireau, à vous, qui avez un beau-frère je ne sais combien de fois millionnaire? Vous ne leur offrez donc pas une garantie sérieuse? Est-ce que vous n'avez plus de crédit, cher monsieur?

— J'avais compté sur vous, bégaya Sosthène.

— Je ne le remercie pas de la préférence, pensa Blaireau. Malheureusement, je ne peux pas, répondit-il. Au fait, continua-t-il, pourquoi ne demandez-vous pas cette somme à votre beau-frère? Douze mille francs pour lui, c'est une bagatelle, une misère!

Sosthène se leva brusquement et se mit à marcher dans le cabinet en proie à une agitation fiévreuse.

Blaireau le regardait en clignant fortement des yeux.

— Il a l'esprit bien troublé et sa conscience, s'il lui en reste une parcelle, l'est certainement encore davantage, se disait-il ; ce serait fort intéressant de connaître les pensées qu'il a dans la tête. En me parlant de ce fameux manuscrit, enfermé dans un coffret de cuivre, il croyait me menacer et m'effrayer pour me glisser ensuite sa modeste demande ; mais je m'y attendais et j'ai deviné l'intention.

Va, mon petit, continua-t-il, un sourire ironique sur les lèvres, tu n'es pas encore à ma hauteur ; quand tu voudras faire une dupe, il faudra t'adresser à un autre.

Sosthène s'arrêta en face de Blaireau, sombre, les traits contractés, une flamme dans le regard.

— Ah ! vous me conseillez de m'adresser au marquis de Coulange, dit-il d'une voix rauque, saccadée ; c'est vrai, il a des millions et il est mon beau-frère... Pourquoi ne le fais-je pas ? Pourquoi ? Parce que ma sœur est là et qu'il ne fait rien que par sa volonté. Eh bien, ma bonne sœur, cette femme de cœur, cette noble femme que vous avez l'air d'admirer, a défendu au marquis de me tendre la main dans ma détresse ! Elle m'a chassé de chez elle comme on chasse un domestique, en me prenant tout, en ne me laissant rien ! Et maintenant ce qu'elle veut, c'est que je sois misérable, humilié, bafoué par tout le monde, réduit à l'état de mendiant ! Elle me refuserait, à moi, la pièce de monnaie qu'elle laisse tomber, en passant, dans la sébile d'un aveugle ou d'un cul-de-jatte ! Sa joie suprême serait d'apprendre que je crève de misère dans un trou infect, repoussé et abandonné de tous comme une bête immonde !... Elle me hait, entendez-vous, elle me hait, moi, son frère ! Je suis pour elle moins qu'un chien !

Mais si grande que soit sa haine, la mienne, implacable, mortelle, la dépasse encore... Elle vit dans la splendeur, je vis comme je peux ; elle est dans la lumière, je suis dans l'ombre... Mais au milieu de cette ombre, debout, je guette et j'attends que sonne l'heure de la vengeance !

Avant tout, il faut que je m'empare du manuscrit, que je le détruise...

— Et après ? demanda Blaireau.

— Après ? je me vengerai !

Sosthène accompagna ces mots d'un regard sinistre tellement expressif, que Blaireau sentit comme un glaçon passer sur son dos. Et pourtant l'ami de Solange et du condamné Gargasse n'était pas un scélérat facile à émouvoir.

— Il est fou, le malheureux, il est fou ! grommela-t-il entre ses dents.

En effet, à voir l'expression sauvage de la physionomie de Sosthène, il y avait lieu de supposer qu'il était en proie à un accès de démence.

— Oui, je suis fou ! exclama-t-il, fou furieux, fou de rage !

Blaireau haussa les épaules.

— On le voit, répliqua-t-il froidement, les idées comme comme celles que vous avez ne peuvent germer que dans le cerveau d'un insensé. Vous vous êtes mis la corde au cou, si vous n'y prenez garde, elle vous étranglera. Croyez-moi, cher monsieur, renoncez à vos projets.

— Non, jamais, il me faut ma vengeance ! s'écria Sosthène avec fureur.

— Et pour vous venger vous voulez assassiner votre sœur !

Le regard de Sosthène devint effrayant.

— Je ne vous parle pas du châtiment, reprit Blaireau. Comme tous ceux qui méditent un crime, vous croyez pouvoir y échapper; mais quand vous l'aurez commis, ce crime, serez-vous plus avancé? Il y aura toujours là le marquis, les enfants...

— Je tuerai le marquis, je les tuerai tous! hurla le misérable, en jetant autour de lui des regards de sauvage.

— Une Saint-Barthélemy, un nouveau massacre des innocents, quoi! ricana Blaireau.

Sosthène avait de l'écume aux lèvres, ses yeux injectés de sang lui sortaient de la tête; grimaçant, grinçant des dents, il était hideux à voir. Ce n'était plus un homme, mais une bête féroce.

— Parbleu! reprit Blaireau toujours ironique, avec des idées comme les vôtres, je comprends que vous ne puissiez trouver douze mille francs à emprunter. Les prêteurs n'auront jamais d'argent pour un homme dont la tête peut tomber, d'un moment à l'autre, sous le couteau du bourreau!

Sosthène n'eut pas l'air d'avoir entendu.

Il se pencha vers Blaireau et lui dit d'une voix étranglée :

— Voulez-vous m'aider, voulez-vous être avec moi? Il y a des millions... nous partagerons!

Cette fois, Blaireau fut pris d'un tremblement nerveux qui le secoua des pieds à la tête.

Violet de colère, les yeux enflammés, il bondit sur ses jambes. Alors, le buste en arrière, frémissant, les bras tendus, les poings serrés, il eut un regard si terrible que Sosthène se sentit frappé comme d'un coup de dague.

Instinctivement, il recula de frayeur.

Mais si grande que soit sa haine, la mienne, implacable, mortelle, la dépasse encore... Elle vit dans la splendeur, je vis comme je peux ; elle est dans la lumière, je suis dans l'ombre... Mais au milieu de cette ombre, debout, je guette et j'attends que sonne l'heure de la vengeance !

Avant tout, il faut que je m'empare du manuscrit, que je le détruise...

— Et après ? demanda Blaireau.

— Après ? je me vengerai !

Sosthène accompagna ces mots d'un regard sinistre tellement expressif, que Blaireau sentit comme un glaçon passer sur son dos. Et pourtant l'ami de Solange et du condamné Gargasse n'était pas un scélérat facile à émouvoir.

— Il est fou, le malheureux, il est fou ! grommela-t-il entre ses dents.

En effet, à voir l'expression sauvage de la physionomie de Sosthène, il y avait lieu de supposer qu'il était en proie à un accès de démence.

— Oui, je suis fou ! exclama-t-il, fou furieux, fou de rage !

Blaireau haussa les épaules.

— On le voit, répliqua-t-il froidement, les idées comme comme celles que vous avez ne peuvent germer que dans le cerveau d'un insensé. Vous vous êtes mis la corde au cou, si vous n'y prenez garde, elle vous étranglera. Croyez-moi, cher monsieur, renoncez à vos projets.

— Non, jamais, il me faut ma vengeance ! s'écria Sosthène avec fureur.

— Et pour vous venger vous voulez assassiner votre sœur !

Le regard de Sosthène devint effrayant.

— Je ne vous parle pas du châtiment, reprit Blaireau. Comme tous ceux qui méditent un crime, vous croyez pouvoir y échapper ; mais quand vous l'aurez commis, ce crime, serez-vous plus avancé ? Il y aura toujours là le marquis, les enfants...

— Je tuerai le marquis, je les tuerai tous ! hurla le misérable, en jetant autour de lui des regards de sauvage.

— Une Saint-Barthélemy, un nouveau massacre des innocents, quoi ! ricana Blaireau.

Sosthène avait de l'écume aux lèvres, ses yeux injectés de sang lui sortaient de la tête ; grimaçant, grinçant des dents, il était hideux à voir. Ce n'était plus un homme, mais une bête féroce.

— Parbleu ! reprit Blaireau toujours ironique, avec des idées comme les vôtres, je comprends que vous ne puissiez trouver douze mille francs à emprunter. Les prêteurs n'auront jamais d'argent pour un homme dont la tête peut tomber, d'un moment à l'autre, sous le couteau du bourreau !

Sosthène n'eut pas l'air d'avoir entendu.

Il se pencha vers Blaireau et lui dit d'une voix étranglée :

— Voulez-vous m'aider, voulez-vous être avec moi ? Il y a des millions... nous partagerons !

Cette fois, Blaireau fut pris d'un tremblement nerveux qui le secoua des pieds à la tête.

Violet de colère, les yeux enflammés, il bondit sur ses jambes. Alors, le buste en arrière, frémissant, les bras tendus, les poings serrés, il eut un regard si terrible que Sosthène se sentit frappé comme d'un coup de dague.

Instinctivement, il recula de frayeur.

Mais, par un violent effort de sa volonté, Blaireau parvint à contenir sa colère prête à éclater. Il secoua la tête, ses bras se déraidirent et aussitôt son visage reprit son impassibilité, sa froideur habituelles.

Sosthène restait devant lui immobile, stupide, comme un homme qui n'a plus de pensée.

Blaireau le couvrit d'un regard superbe de dédain.

Il marcha vers la porte et l'ouvrit toute grande.

Puis, se rapprochant de Sosthène, il le prit par le bras et le poussa doucement hors de son cabinet.

Alors, son sourire ironique reparut sur ses lèvres et il dit à son ancien complice :

— Mon cher monsieur, vous êtes venu me demander un conseil, je vous le donne : Prenez des douches ! prenez des douches !

Et la porte du cabinet se referma au nez de M. de Perny, qui n'avait pas eu le temps de sortir de son ahurissement.

X

UN DÉCLASSÉ

Après être resté un instant immobile, frappé de stupeur, Sosthène se décida à se retirer. Il descendit l'escalier, ayant un bourdonnement dans les oreilles et un nuage devant les yeux.

Sorti de la maison, il se mit à marcher rapidement, mais d'un pas inégal et en zigzag, heurtant les passants, ne voyant et n'entendant rien.

Cependant, au bout de quelques minutes, il parvint à

se remettre et à ressaisir sa pensée au milieu du trouble de son cerveau.

Alors, marchant plus lentement, il se mit à réfléchir.

Le misérable se voyait repoussé de partout, complètement abandonné, acculé au fond d'une impasse sombre et poussé fatalement à commettre de nouveaux crimes. Il était descendu si bas, qu'il ne voyait plus la possibilité de remonter la pente. Jusqu'à ce jour, à force d'expédients, il était parvenu à se tenir debout et à faire encore assez bonne figure ; mais le gouffre s'ouvrait devant lui, profond, sinistre, et cette fois, malgré son imagination si fertile pour le mal, il ne trouvait plus d'expédients pour empêcher ou retarder sa chute. Tout s'effondrait autour de lui et menaçait de l'écraser.

Après avoir impunément bravé la justice des hommes et joué avec la loi, allait-il donc échouer misérablement, comme un faussaire vulgaire, faute de trouver cette somme de douze mille francs qui lui était nécessaire pour reprendre et anéantir le morceau de papier, preuve matérielle d'un de ses crimes.

Le matin, il avait regardé piteusement, l'œil morne, ce qui lui restait d'argent : onze louis. Il les avait sur lui. Sa main dans sa poche, il les touchait et ses doigts semblaient les compter.

— Ce soir, j'irai rue de Provence. Qui sait? murmura-t-il.

Et un sourire singulier crispa ses lèvres.

Il pensait probablement que, plus heureux qu'il ne l'avait été depuis quinze jours, il trouverait chez sa digne associée un fils de famille ou quelque riche étranger, ayant la bourse bien garnie, qui serait enchanté de faire avec lui une partie d'écarté.

Tout en se livrant à ses sombres réflexions, il marchait sans savoir où ses pas le conduisaient, passant d'un trottoir sur un autre.

Comme il allait entrer dans le passage Bourg-l'Abbé, un homme se plaça tout à coup devant lui et le força à s'arrêter.

Cet individu pouvait avoir quarante ans. Il était vêtu d'une redingote fripée et usée jusqu'à la trame ; des bottines trouées, aux talons écrasés, chaussaient ses pieds ; il avait sur la tête un chapeau à haute forme, d'un âge respectable et en parfaite harmonie avec le reste de l'accoutrement.

— Bonjour, monsieur de Perny, dit-il, en accompagnant ses paroles d'un mouvement de tête.

Sosthène fronça les sourcils et ne se donna pas même la peine de cacher sa mauvaise humeur.

— Je ne vous connais pas, que me voulez-vous? demanda-t-il brusquement.

Et il jeta autour de lui des regards rapides, comme s'il eût craint d'être surpris en si piètre compagnie par quelqu'un de sa connaissance.

— Vrai, vous ne me reconnaissez pas ? fit l'autre.

— Non, répondit Sosthène, en regardant fixement l'intrus ; qui êtes-vous?

L'inconnu se rapprocha, et, baissant la voix :

— Autrefois, dit-il, j'étais votre ami ; mais plus que vous encore, monsieur de Perny, j'ai vieilli. Depuis nos joyeuses nuits de la Maison-Dorée et du château de Madrid, quinze ans se sont écoulés. Eh bien, me reconnaissez-vous, maintenant?

— Pas encore.

— Je suis Armand Des Grolles.

Ce nom, qu'il avait oublié comme l'individu qui le

portait, rappela à la mémoire de Sosthène un certain nombre de souvenirs.

— Je vous croyais mort, dit-il.

— Je le suis pour beaucoup de gens, répondit Des Grolles ; du reste, continua-t-il en souriant, je suis un revenant de l'autre monde.

— Il peut m'être utile, pensa Sosthène.

Et son visage changea subitement d'expression.

— Je suis content de vous revoir, reprit-il tout haut.

Puis, jetant un regard de côté, il ajouta :

— Je serais charmé de connaître l'histoire d'un revenant, mais nous ne pouvons pas causer ici.

— Vous avez raison. Vous ne devez pas avoir le désir d'entrer dans un café où le contraste de nos costumes attirerait l'attention sur nous. Mais je demeure à deux pas, rue Saint-Sauveur ; s'il vous plaît de venir jusque chez moi, nous pourrons y causer librement.

— Allons, répondit Sosthène après un moment d'hésitation.

Ils furent bientôt rue Saint-Sauveur. Des Grolles introduisit son ancien ami dans la chambre ou plutôt le taudis qu'il habitait sous la toiture.

— Voilà mon palais, dit-il d'un ton amer, ce trou infect ne ressemble guère à l'appartement que j'occupais rue Vivienne et où vous êtes venu souvent fumer le cigare de l'amitié. Heureusement, je suis devenu philosophe. Je me contente de ce que j'ai, parce que je ne peux pas faire autrement. Voici toujours deux chaises pour nous asseoir. Le temps des gais soupers et des folles maîtresses est passé pour moi... je n'espère plus qu'il reviendra... Les amours sont des oiseaux du printemps, ils s'envolent dès que viennent les mauvais jours. Bah ! à quoi bon les regrets ? Si j'ai presque toujours la bourse plate, si je ne fais plus sauter les bouchons de champagne, si je bois plus souvent de l'eau que du vin, si je ne mange pas chaque fois que j'ai faim, je me console en me disant que j'ai la liberté, que je peux aller et venir au grand air, regarder le soleil le jour, et la nuit les étoiles.

Sosthène l'écoutait et le regardait curieusement.

— Est-ce que vous tenez réellement à savoir ce que je suis devenu depuis le jour où j'ai disparu de Paris? reprit Des Grolles.

— Certainement. N'est-ce pas pour cela que vous m'avez amené chez vous?

— En vous rencontrant tout à l'heure, monsieur de Perny, j'ai éprouvé un véritable plaisir et je n'ai pu résister au désir de causer avec un ancien ami. Je ne veux rien vous cacher, à vous; d'ailleurs, je sais que vous êtes incapable d'abuser de ma confiance. Plus d'une fois j'ai eu la tentation de vous faire une visite; mais, tel que vous me voyez, j'ai conservé une forte dose d'amour-propre; c'est lui qui m'a retenu. On n'aime pas à montrer sa misère aux gens heureux, ajouta-t-il en regardant sournoisement Sosthène.

— Je comprends cela.

— Vous savez comment, en quelques années, j'ai mangé mon patrimoine, puisque c'est de la même manière que vous-même avez dévoré le vôtre.

Sosthène fit une assez laide grimace.

— Complètement ruiné, reprit Des Grolles, je recueillis les épaves du naufrage, une vingtaine de mille francs, et avec cela je tentai le jeu de la Bourse, en me faisant cette illusion que je pouvais refaire ma fortune. D'abord, tout marcha assez bien. Ne connaissant pas parfaitement le terrain mouvant sur lequel je marchais,

5.

j'étais un peu timide, c'est-à-dire prudent. Je réalisai pendant quelque temps d'assez jolis bénéfices pour pouvoir briller comme par le passé, et rétablir mon crédit. Qu'il soit réel ou factice, le luxe est toujours le luxe. Dans une infinité de cas, c'est la poudre d'or jetée aux yeux des imbéciles. Ces derniers sont nombreux; il y en a partout ; j'en rencontrai quelques-uns, de petits capitalistes et de petits rentiers, qui me confièrent l'un vingt mille francs, l'autre trente, d'autres un peu plus ou un peu moins, afin de s'associer aux bénéfices de mes opérations. Alors je me lançai tout à fait dans l'agiotage, et je devins un des héros de la coulisse. J'avais perdu ma timidité et en même temps ma prudence.

Un jour une baisse imprévue m'enleva cent mille francs en moins d'une heure. — Je me rattraperai sur la baisse, me dis-je. Et le mois suivant la baisse, qui pouvait tout réparer, la baisse maudite me jeta définitivement sur le carreau, sans me laisser même l'espoir de me relever. Mon déficit était énorme ; j'allais être exécuté, je compris que j'étais perdu !

Je ne m'amusai pas à pousser des plaintes inutiles. Je pris la décision la plus sage, selon moi : je filai en Angleterre.

— Je me souviens de cela, dit Sosthène ; vous êtes parti, n'emportant que vos effets... et tout ce qui restait entre vos mains des sommes qu'on vous avait confiées : deux ou trois cent mille francs, le chiffre n'a pu être exactement connu. Vous avez abandonné votre mobilier, vos chevaux dans l'écurie, votre voiture sous la remise ; dans une lettre qu'on a trouvée chez vous, vous déclariez qu'ayant tout perdu, votre argent et celui des autres, vous aviez pris la résolution de vous suicider.

— Tout cela est vrai.

— Seulement, on n'a pas cru à votre suicide; les braves gens qui vous avaient confié leur petit avoir ont porté plainte contre vous et vous avez été condamné en police correctionnelle à deux ans de prison.

— Oui, j'ai appris cela plus tard, dit Des Grolles d'une voix creuse ; c'était inévitable.

— Etes-vous resté longtemps en Angleterre ?

— Quelques jours seulement. Grâce au passeport d'un de mes camarades, qui portait assez exactement mon signalement, je pris passage à bord d'un navire anglais, sous le nom de Jules Vincent, et je fus transporté en Amérique. Depuis, en attendant que je puisse reprendre mon véritable nom, j'ai toujours gardé celui de Jules Vincent.

— Et votre ancien camarade ne s'y oppose point?

— Non, et pour cause... il est mort.

— Enfin, vous n'avez pas fait fortune en Amérique?

— Vous le voyez. Il y a encore des gens qui s'imaginent qu'on peut s'enrichir facilement dans le nouveau monde ; c'est absurde. On rencontre partout les mêmes difficultés, surtout quand on est poursuivi, comme moi, par la mauvaise chance. J'arrivai à New-York avec cent quatre-vingt mille francs, pas davantage. — Dans quelques années, me disais-je, j'aurai gagné un million. Je croyais encore à ces fortunes fabuleuses faites en Amérique. J'étais animé de fort bonnes intentions. Je me proposais de revenir en France avec mon million et de rendre jusqu'à un sou tout l'argent que j'avais emprunté. Je pensais sérieusement que je pouvais redevenir un honnête homme.

— Sérieusement ! fit Sosthène d'un ton railleur.

— Quand on est en train de forger des illusions, on

en fabrique de toutes les espèces. Je fis du commerce, de l'exportation, enfin tout ce que je pus pour m'enrichir ; et, comme à la Bourse de Paris, j'eus de nombreuses oscillations entre la hausse et la baisse. Je louvoyais. Un jour, une affaire magnifique se présenta ; je saisis la balle au bond. Cette fois, je tenais mon million. Mais le diable s'en mêla. L'affaire, qui s'annonçait superbe, eut pour résultat un épouvantable désastre. Ruiné une seconde fois, dégoûté du commerce et ayant pris en haine l'Amérique et ses habitants, je revins en France pauvre comme Job. Il y aura bientôt deux ans de cela, monsieur de Perny, et me voilà, peu satisfait de la vie, content, néanmoins, de me retrouver à Paris, qui est et restera toujours la première ville de l'univers.

— Ce que vous venez de me raconter est fort intéressant, dit Sosthène. Maintenant, que faites-vous ?

— Le nez en l'air, je regarde d'où vient le vent. Malheureusement, je crains la lumière trop vive ; je ne me cache pas, mais je ne me montre guère. Après avoir sombré, j'attends qu'une occasion, n'importe laquelle, me fasse revenir sur l'eau.

— Ah ! fit Sosthène.

— En attendant, comme le bon Jérôme Paturot, je suis à la recherche d'une position sociale.

— On ne vit pas de l'air du temps, et moins encore de la vue du soleil et des étoiles. Quels sont vos moyens d'existence ?

— Vous êtes curieux, monsieur de Perny, vous voulez tout savoir ; mais je ne veux rien vous cacher. Peu de temps après mon retour à Paris, le hasard m'a fait rencontrer une ancienne amie qui connaît beaucoup de gens. A l'époque de ma splendeur, Joséphine Charbonneau...

— Joséphine Charbonneau, répéta Sosthène, ayant l'air de chercher dans sa mémoire.

— Vous ne la connaissez pas, monsieur de Perny, reprit Des Grolles, et c'est pour cela que je n'ai pas vu d'inconvénient à la désigner par son nom.

Donc, au temps où je menais joyeuse vie, Joséphine n'avait guère que vingt ans... C'était une très-belle fille, qui avait les plus jolies dents du monde. Ah ! elles n'étaient pas seulement fines et blanches, ses dents ; solidement plantées, elles croquaient à merveille ; chacune d'elles m'a bien grignoté trois mille francs, et comme elle devait en avoir trente-deux, comptez...

Bref, Joséphine ne m'avait pas oublié ; elle eut à cœur de me prouver une reconnaissance que peut-être elle ne me devait point. Grâce à sa recommandation, je fais partie aujourd'hui d'une société... de secours mutuels... non reconnue par le gouvernement.

— Je crois comprendre, fit Sosthène. Qu'est-ce que cela vous rapporte ?

— C'est selon ce qu'il y a dans la caisse ; mais en général peu, très-peu, pas même le nécessaire, juste ce qu'il faut pour ne pas mourir de faim.

Le front de Sosthène se rembrunit.

— Oh ! ne vous effrayez pas, reprit l'autre vivement ; je ne vous ai pas attiré dans un guet-apens pour vous crier : La bourse ou la vie ! Je n'ai nullement l'intention de vous emprunter quelques louis que peut-être vous ne pourriez pas me prêter. J'ai entendu dire que vous n'étiez pas, actuellement, dans une situation très-brillante. On prétend même qu'il y a chez vous, rue Richepanse, des feuilles de papier timbré qui prouvent combien y sont rares les billets de banque.

— Comment savez-vous cela ? s'écria Sosthène stupéfié.

— C'est très-simple, j'écoute ce qu'on dit autour de moi. Par exemple, il ne faut pas m'en vouloir de ma franchise ; je vous ai dit que je n'aurais rien de caché pour vous. Mais pour que vous soyez tout à fait à votre aise avec moi, comme je le suis avec vous, je vous préviens que je connais à peu près toutes vos petites aventures.

Sosthène tressaillit.

— Que voulez-vous dire ? demanda-t-il.

— Ainsi, reprit Des Grolles, un sourire singulier sur les lèvres, je sais la merveilleuse histoire d'une jeune et belle marquise, laquelle a donné un fils à son mari sans avoir été enceinte.

Sosthène s'agita sur son siège avec inquiétude.

— Un jeune Américain, que j'ai connu à New-York, continua Des Grolles, est venu passer à Paris l'hiver dernier, lesté de trente mille dollars. Un jour je l'ai rencontré. Il m'a parlé d'une maison rue de Provence où il est allé plusieurs fois et où l'on s'amuse beaucoup. — « Je n'y retournerai plus, me dit-il ; il y a là un M. Sosthène de Perny qui a au jeu une chance incroyable ; il ne perd jamais. » Et il ajouta : — « On m'a dit qu'il était Français, mais je crois plutôt que c'est un Grec. »

Sosthène bondit sur ses jambes, blême de colère.

— C'est une infamie ! exclama-t-il d'une voix frémissante ; monsieur Des Grolles, vous m'insultez !

Celui-ci haussa les épaules et répliqua froidement :

— Ce n'est certes pas mon intention ; je vous répète ce qu'on m'a dit, voilà tout.

— C'est une lâche calomnie ! Enfin, où voulez-vous en venir ?

— Asseyez-vous, monsieur de Perny, je vais vous le dire.

XI

AUX ABOIS

La colère de Sosthène se calma subitement.

— Je vous écoute, dit-il, en s'asseyant.

— Vous devez bien penser, reprit Des Grolles, que je n'aurais pas été assez bête pour vous arrêter dans la rue, me faire reconnaître et vous amener ici, si je n'eusse été sûr d'avance que nous pouvions nous comprendre et nous entendre.

Mais je m'empresse de vous déclarer que vous n'avez rien à redouter de moi. J'ai contre vous des armes terribles ; je ne veux pas m'en servir. Du chantage? fi donc ! Je laisse cela à d'autres. Je préfère rester votre ami. Cela vous va-t-il ?

— Oui.

— Alors vous ne m'en voulez plus de vous avoir parlé trop franchement?

— C'est oublié.

— A la bonne heure.

Ils échangèrent une poignée de mains.

— Eh bien, mon cher Sosthène, reprit Des Grolles, je vous avoue, — vous n'aurez pas de peine à me croire, — que je mène une vie qui ne me plaît pas du tout, je donnerais de grand cœur ma démission de la société mystérieuse et ténébreuse dont je fais partie pour entrer dans une autre association, qui me promettrait un plus bel avenir

Je me dis que, du moment qu'on court le risque de

se faire pincer par la police et d'aller au bagne, il faut au moins que ce soit pour quelque chose qui en vaille la peine.

Palsembleu! Ventre de biche! comme nous disions autrefois, je me sens de force à jouer un autre rôle que celui de comparse.

Mon esquif a chaviré, je voudrais le remettre à flot. Pour cela, comme je vous l'ai dit, je suis à l'affût d'une occasion. Je flaire de tous les côtés. Eh bien, mon cher Sosthène, — vous me direz si je me trompe, — j'ai pensé que vous pourriez m'être utile, que vous m'aideriez à trouver cette occasion que j'attends.

— Oui, peut-être, fit Sosthène.

Et une lueur sombre traversa son regard.

— Vous êtes un homme d'imagination, reprit Des Grolles, vous cherchez les grandes conceptions. Sosthène de Perny peut ne pas réussir toujours dans ses entreprises; mais il ne se noiera jamais. Pour vous dire toute ma pensée, mon cher Sosthène, je voudrais être quelque chose près de vous, en un mot m'attacher à votre fortune; la partager si elle est mauvaise; prendre ce que vous me donnerez si elle est bonne.

— C'est une proposition très-nette, répondit Sosthène; j'en prends bonne note. Dans un temps qui n'est peut-être pas éloigné, je pourrai avoir besoin de vous.

— Bravo! s'écria Des Grolles, je savais bien que nous nous entendrions.

Sosthène reprit:

— J'ai conçu un vaste projet; mais pour qu'il réussisse il faut attendre certaines circonstances ou les faire naître au moyen d'un enchaînement de combinaisons que je n'ai pas encore trouvées. Je ne vous dis rien de plus aujourd'hui. Mais, puisque vous voulez me servir, je compterai sur vous. Je vous préviens d'avance qu'il faudra être résolu, hardi, ne reculer devant rien.

— Vous me connaissez.

— Sans doute; c'est pour cela que, l'heure venue, je vous appellerai. Si nous réussissons, votre part sera assez belle pour que vous puissiez remettre votre esquif à flot.

— En me parlant ainsi, vous ferez de moi tout ce que vous voudrez.

Sosthène eut un sourire nerveux.

— Alors, dit-il, les dangers à courir ne vous effrayeront point?

Des Grolles répliqua, en se redressant :

— « A vaincre sans péril, on triomphe sans gloire ! »

On connaît ses classiques, ajouta-t-il avec un faux sourire.

Sosthène se leva et prit son chapeau.

— C'est bien convenu? dit Des Grolles.

— Oui.

Avant de se quitter ils se serrèrent la main.

— A bientôt, dit Sosthène.

Et il sortit du taudis.

— Oui, se disait-il, en se dirigeant rapidement vers les boulevards, Des Grolles pourra me servir, je ne suis pas fâché de l'avoir rencontré. Il sait bien des choses... Qui donc a pu lui dire?... Si ce n'est pas Blaireau, c'est la femme... Après tout, que m'importe? il n'a aucune preuve entre les mains. Ah! ce n'est pas lui qui est redoutable; c'est un autre danger qui me menace... Trois jours, je n'ai plus que trois jours !... A tout prix il me faut ces douze mille francs, il me les faut !

Il employa inutilement tout le reste de la journée à les chercher. Partout on lui répondit par un refus plus ou moins nettement formulé.

Il pensa à aller trouver le marquis ; c'était ce qu'il avait de mieux à faire ; mais pour que celui-ci consentît à lui donner la somme, Sosthène savait qu'il faudrait lui dire la vérité. Avouer, à son beau-frère surtout, qu'il était un faussaire, jamais ! Du reste, il avait encore trois jours devant lui. Et s'il lui répugnait de s'adresser au marquis, d'un autre côté, il conservait l'espoir que le jeu pouvait encore le tirer de son mauvais pas.

A six heures et demie il se rendit rue de Provence. Son associée vivait comme lui d'expédients et n'était pas, pour le moment, dans une situation meilleure que la sienne.

— Nous aurons du monde ce soir, lui dit-elle avec un regard qui signifiait : il y aura peut-être quelque chose à faire.

Ils dînèrent ensemble, et, tout en fumant un cigare, Sosthène attendit.

A huit heures et demie, les habitués de la maison, des demoiselles de *Saint-Chic* à chignons jaunes et autres dames déclassées, portant des noms de guerre plus ou moins sonores, commencèrent à arriver, flanquées chacune de son élégant cavalier brun ou blond, jeune ou vieux.

Dans le salon, dans la chambre à coucher et dans une autre pièce contiguë, les tables de jeu préparées à l'avance attendaient les joueurs.

A neuf heures, plusieurs des tables de jeu étaient déjà occupées. Sosthène ne s'était approché d'aucune ; il restait dans un coin, sombre, les sourcils froncés, promenant d'un groupe à l'autre son regard dédaigneux.

Évidemment, aucun de ces joueurs ne lui semblait digne de se mesurer avec lui.

Cependant, un autre couple venait d'arriver.

C'était une jeune fille assez jolie, à peine âgée de vingt ans, aux lèvres roses souriantes, au nez retroussé, au regard hardi, à l'air effronté, qui portait une toilette à grand fracas. L'homme qui l'accompagnait pouvait avoir quarante ans. Il était vêtu avec une extrême recherche, et sur son gilet blanc s'étalait une grosse chaîne d'or ornée de deux médaillons entourés de superbes brillants. Il avait le teint bistré, le regard clair, dur, l'attitude sévère et hautaine.

— Chère madame, dit la jeune fille à la maîtresse de la maison, je vous présente le senor don José, comte de Rogas, un grand de Portugal.

Le noble portugais s'inclina profondément.

— Soyez le bienvenu, monsieur le comte, lui dit la dame ; j'ose espérer que vous passerez une soirée agréable et que vous nous ferez l'honneur de revenir.

— Certainement, madame, répondit don José avec un accent étranger très-prononcé.

Et il salua une seconde fois.

Sosthène s'était levé. Les yeux ardents, fixés sur le noble étranger, il semblait faire l'inventaire de ses poches. Satisfait de son examen, sans doute, son front s'éclaira subitement.

Pendant ce temps, la compagne de don José s'était approchée de la maîtresse et lui avait dit à l'oreille :

— Il a de l'or et un portefeuille bourré de billets de banque.

Cette intéressante communication fut aussitôt transmise à M. de Perny. Son regard devint lumineux.

Alors la maîtresse du tripot s'avança vers le Portugais et lui dit :

— Monsieur le comte de Rogas veut-il faire comme ces messieurs ? N'a-t-il pas le désir de savoir si la fortune lui est favorable ?

— Oh! je jouerai volontiers, répondit don José. Mais, madame, ajouta-t-il, en se tournant gracieusement vers sa jeune compagne, vous avez un proverbe qui dit : « Heureux en amour, malheureux au jeu. »

— Les proverbes ne sont pas toujours vrais, monsieur le comte, et ce soir vous allez probablement faire mentir celui-ci.

— Je le souhaite, madame.

— Voici M. le comte Sosthène de Perny qui veut bien faire votre partie.

Les deux hommes se saluèrent en échangeant un regard rapide.

Puis ils s'approchèrent d'une table et s'assirent en face l'un de l'autre.

— Est-ce le matador, l'écarté? demanda Sosthène.

— L'écarté, si cela vous fait plaisir, répondit le Portugais.

— En cinq points?

— Comme vous voudrez, monsieur.

— Quel sera l'enjeu?

— Fixez la somme.

— Cinq louis?

— Soit, cinq louis.

Les adversaires mirent chacun cinq pièces d'or sur le tapis vert.

Tout d'abord la chance favorisa Sosthène ; ce fut lui qui donna les cartes le premier, en tournant le roi. Il fit la vole et marqua trois points.

A son tour son adversaire tourna le roi et fit également la vole.

A la troisième donnée Sosthène gagna la partie.

Le jeu continua. Le Portugais gagna la deuxième partie, Sosthène la troisième, l'autre la quatrième. La cinquième fut pour Sosthène. Il conservait toujours sa première position ; mais le jeu serré de son adversaire commençait à l'agacer horriblement.

— Nous continuons, n'est-ce pas, monsieur ? dit le Portugais.

— Oui, nous continuons, répondit Sosthène d'un ton bref.

— Je donne.

— Encore le roi ! fit Sosthène avec dépit.

— Chacun son tour, répliqua l'étranger, qui conservait toute sa gravité.

Il gagna la sixième partie, et, par un nouveau tour d'adresse, où Sosthène ne vit que du feu, il gagna encore la suivante.

Cette fois, Sosthène fut forcé de comprendre qu'il avait affaire à un joueur plus fort que lui.

Leurs regards se rencontrèrent, tranchants et froids comme l'acier.

Ils savaient à quoi s'en tenir l'un et l'autre.

— Monsieur, dit le Portugais avec le plus grand calme, je suis à vos ordres.

Sosthène se dressa sur ses jambes, livide, les traits contractés, le front couvert de sueur.

— Alors, nous ne continuons pas ? fit l'autre.

— Non, répondit Sosthène d'une voix creuse.

— Quand cela vous fera plaisir, dit don José, vous me trouverez toujours prêt à vous offrir votre revanche.

— J'ai l'espoir de vous revoir, répliqua Sosthène.

— Et moi aussi, monsieur.

Et se tournant vers la maîtresse de la maison, qui s'était avancée pour suivre les péripéties du jeu :

— Charmante dame, lui dit le Portugais, en laissant errer sur ses lèvres un sourire singulier, ce soir j'ai fait mentir le proverbe.

Et toujours impassible, le noble comte ramassa les pièces d'or qui étaient sur la table et les glissa dans la poche de son gilet.

Sosthène s'était éloigné la rage au cœur, grinçant des dents.

Ce n'était point la perte de cinq louis qui le rendait furieux. Mais après avoir caressé l'espoir que le jeu viendrait à son secours, il éprouvait une cruelle déception. En effet, le coup qu'il venait de recevoir était rude. Où il avait cru trouver une victime prête au sacrifice, il venait de rencontrer un maître.

Ainsi tout lui manquait, tout était contre lui; c'est en vain qu'il regardait de tous les côtés, cherchant un point d'appui, il lui était impossible de le découvrir.

Il avait beau faire de violents efforts pour se contenir, pour montrer un visage souriant, pour paraître gai, il ne pouvait échapper à l'amertume de ses pensées, ni chasser les sombres terreurs qui étaient en lui.

Le misérable se sentait vaincu, écrasé.

Pendant quelques minutes encore il resta dans le salon, puis il s'approcha d'une porte, souleva une portière et disparut.

XII

LES RENSEIGNEMENTS

Morlot ne restait pas inactif. Il s'était dit :
— Avant de me présenter devant la marquise de Coulange, je veux savoir quelle est l'existence de sa mère et de son frère, il faut que je sois complètement édifié sur leur passé.

Et, immédiatement, il s'était mis en campagne.

Nous connaissons Morlot : une fois lancé il y allait de tout cœur et ne s'arrêtait plus.

Il découvrit facilement que madame de Perny demeurait aux Ternes, rue Laugier, après avoir occupé, précédemment et pendant près de quatre années, un très-bel appartement au premier étage, dans une maison de la rue de Moscou. Il apprit en même temps que M. Sosthène de Perny n'habitait pas complètement avec sa mère et qu'il avait à Paris, rue Richepanse, son appartement de garçon.

Pourquoi madame de Perny avait-elle quitté son appartement de la rue de Moscou pour aller habiter aux Ternes?

Morlot le comprit lorsqu'il sut que Sosthène dépensait beaucoup d'argent et que sa mère avait trouvé très-lourd un loyer de trois mille francs.

Rue de Moscou, madame de Perny avait trois domestiques : une femme de chambre, un valet de chambre et une cuisinière. Rue Laugier elle n'avait plus qu'une bonne à tout faire et seulement un loyer de mille francs.

— Si le marquis de Coulange lui fait réellement des rentes, se dit Morlot, il me paraît certain qu'elle se prive et cherche à faire des économies pour que son garnement de fils puisse continuer à mener joyeuse vie.

Il n'eut plus aucun doute à ce sujet lorsque quelques-uns des fournisseurs de madame de Perny lui eurent dit qu'ils étaient forcés de lui faire crédit. Cependant elle payait assez régulièrement tous les mois et toujours en changeant des billets de mille francs; mais au bout de quelques jours, l'argent ayant probablement disparu, le crédit recommençait.

Dans de semblables circonstances, les boutiquiers et les concierges sont généralement au courant des choses. C'est à eux, naturellement, que Morlot s'adressait pour obtenir des renseignements.

On lui apprit encore que madame de Perny sortait très-rarement, qu'elle recevait peu de visites, qu'elle était souvent plus de huit jours sans voir son fils, lequel, d'ailleurs, n'avait pas précisément pour elle le respect qu'un fils doit à sa mère.

Tous les quinze jours à peu près, son gendre, le marquis de Coulange, venait la voir: Il restait souvent plus d'une heure avec elle. Quant à la marquise de Coulange, elle n'avait jamais fait une visite à sa mère. On ne comprenait pas cela, et pour beaucoup de gens du quartier c'était un sujet d'étonnement.

La personne qui parlait ainsi à Morlot ajouta :

— Madame de Perny est une femme très-fière, très-hautaine, qui ne parle jamais à personne; c'est à peine si elle daigne répondre par un mouvement de tête quand on la salue. Elle a parfois, dans le regard, quelque chose d'effrayant. Elle paraît jouir d'une assez bonne santé; cependant elle est toujours très-triste, comme si elle souffrait d'un mal inconnu. On devine qu'elle a eu de grands chagrins, qu'elle n'a jamais eu à se louer beaucoup de ses enfants. Tout de même, c'est triste, à son âge, après avoir connu l'opulence et s'être sacrifiée pour ses enfants, de vivre ainsi seule, comme une abandonnée.

Son gendre, M. le marquis de Coulange, est, dit-on, un grand seigneur immensément riche ; il lui donne certainement de l'argent, peut-être beaucoup ; mais, comme je viens de vous le dire, la vieille dame est fière ; bien sûr, elle ne dit pas tout à son gendre. M. de Coulange ne sait pas qu'elle a vendu ou porté au Mont-de-Piété ses bijoux et presque toute son argenterie, que son fils ne lui laisse rien et qu'il ne la quitte pas d'une minute tant qu'il lui sent un peu d'argent. C'est ce qui fait qu'elle est obligée, presque toujours, d'acheter le pain, la viande et le reste à crédit.

Enfin, voilà la vérité : sa fille, qui est marquise et riche, l'abandonne tout à fait ; et son fils, qui ne pense qu'à courir et à s'amuser, ne s'est même pas aperçu que l'hiver dernier elle manquait de bois pour se chauffer.

— Cela ne m'étonne pas, pensa Morlot.

Il se trouvait, sur ce point, suffisamment renseigné.

Mais l'agent de police était un homme prévoyant. Comme il pouvait y avoir nécessité de surveiller madame de Perny et son fils, il crut devoir examiner d'avance comment une surveillance pourrait être établie autour de leur habitation. C'est ce qu'il fit avant de quitter les Ternes. La chose lui parut très-facile. En effet, madame de Perny occupait une petite maison, un pavillon si l'on veut, à un seul étage, qui avait été construit au fond d'un jardin.

Ce pavillon était une dépendance d'une assez belle

maison élevée sur la rue Laugier et en était éloigné d'environ trente mètres. On entrait dans le jardin, planté de grands arbres et de massifs d'arbustes, par une porte vitrée qui s'ouvrait sous le porche de la grande maison. Une allée large et droite conduisait au pavillon. Mais on pouvait également entrer dans le jardin et arriver chez madame de Perny en ouvrant une petite porte percée dans le mur de clôture et donnant sur une sorte de ruelle parallèle à la rue Laugier.

Il était donc facile de se placer en observation dans la ruelle ou dans un terrain à vendre, qui se trouvait juste en face du pavillon.

Grâce aux renseignements qu'il avait recueillis, Morlot, ne voulant rien négliger, traça assez exactement sur une feuille de papier le plan de l'habitation.

Rez-de-chaussée : deux pièces de chaque côté d'un assez large corridor ; à droite, en entrant, la salle à manger ; au fond la cuisine ayant une porte de sortie sur le jardin avec quelques marches de pierre à descendre. A gauche, une chambre où couchait la domestique, une autre petite pièce servant de débarras et d'office, puis l'escalier.

A l'étage : un salon et les deux chambres de la mère et du fils, séparées par un double cabinet de toilette. La chambre de Sosthène était sur le devant. Celle de madame de Perny avait deux fenêtres, dont l'une s'ouvrait directement au-dessus de la porte de service de la cuisine.

— Maintenant, se dit Morlot, passons à un autre exercice. Il s'agit de savoir à quoi M. de Perny emploie son temps et comment il dépense son argent et celui de madame sa mère.

Il apprit d'abord que Sosthène n'avait pas d'emploi,

qu'il ne faisait absolument rien, et bientôt après que c'était un homme sans cœur, sans dignité, de mœurs dissolues ; un viveur, un joueur, un coureur de filles, un débauché de la pire espèce, faisant avec cynisme l'apologie des vices les plus honteux ; enfin, un être dégradé, misérable, abject, capable de tout pour arriver à satisfaire ses passions viles.

Une autre personne dit à Morlot :

— M. de Perny va très-fréquemment rue de Provence, chez une dame qui donne des soirées et reçoit une nombreuse société, composée généralement de jeunes gens et de femmes galantes. Souvent, M. de Perny passe la nuit chez cette dame.

— La dame en question est évidemment la maîtresse de mon débauché, se dit l'agent de police. Cela est bon à savoir.

Et il mit sur son carnet le numéro de la maison de la rue de Provence, accompagné de cette note : à voir plus tard.

Il ne lui vint pas à l'idée que la maîtresse de Sosthène, qui recevait des jeunes gens et des femmes galantes, pouvait être, en même temps qu'une femme galante aussi, l'aimable directrice d'un tripot.

Malgré son habileté et son flair, l'agent de police ne pouvait pas tout deviner. S'il eût seulement soupçonné la vérité, il ne serait pas allé plus loin dans ses recherches, car, surprendre Sosthène de Perny volant au jeu, c'était trouver ce qu'il cherchait : le moyen de le mettre entre les mains de la justice.

Morlot connaissait à Paris plusieurs huissiers. Le premier qu'il vit le dispensa de se présenter chez les autres. Il lui parla des nombreuses poursuites judiciaires dont M. Sosthène de Perny était l'objet.

— Il serait difficile d'établir, même approximativement, le chiffre de ses dettes, dit l'huissier, et ses ressources, que je ne connais pas, sont évidemment insuffisantes pour le genre de vie qu'il mène. Quand, contraint et forcé, il arrive à payer un de ses créanciers, je suis persuadé qu'il bouche un trou en en faisant un autre.

Pour ma part, je l'ai déjà poursuivi cinq ou six fois et je le poursuis encore. En ce moment, sa situation paraît être plus difficile que jamais. Plus il avance, plus il s'enfonce.

Il avait, il y a deux ans, une maîtresse qui demeurait rue de Ponthieu. Il a dépensé pour elle des sommes considérables ; c'est de là que viennent en partie les dettes qu'il a aujourd'hui. Il avait alors un certain crédit, car dans les moments critiques le marquis de Coulange, son beau-frère, venait à son secours. Mais il paraît que le marquis a fini par se lasser. Il a probablement reconnu l'inutilité de ses efforts pour combler un gouffre sans fond.

Dans le quartier Beaujon, M. de Perny a une réputation déplorable. Il devait à tous ses fournisseurs. A un seul, un marchand de vins fins, qui est mon client, il devait plus de six mille francs ; il est vrai que sur cette somme mon client avait eu la faiblesse de lui prêter trois mille francs. Je l'ai poursuivi à outrance, et, grâce à mon énergie, le marchand de vins a été payé, non par lui, mais par le marquis de Coulange, qui est venu ici lui-même m'apporter la somme.

Bref, M. de Perny ne doit plus savoir où donner de la tête ; c'est un homme embourbé et aux abois. Entre nous, — ceci est tout à fait confidentiel, — j'ai la conviction intime que M. de Perny finira mal.

— C'est aussi la mienne, dit l'agent de police, qui avait plus encore que l'huissier des raisons pour le croire.

Il voulut savoir ce qu'on pensait et ce qu'on disait de Sosthène de Perny dans le quartier Beaujon.

Comme le lui avait dit l'huissier, sa réputation y était des plus mauvaises. Il était encore le débiteur de plusieurs fournisseurs à qui ses grands airs avaient inspiré une trop facile confiance.

— Sa maîtresse et lui scandalisaient tous les honnêtes gens, dit à Morlot une marchande de comestibles de la rue de Ponthieu ; aussi a-t-on appris avec satisfaction que le propriétaire leur avait donné congé. Je vous assure qu'on les a vus partir avec joie ; ils n'en ont pas moins laissé de tristes souvenirs.

J'ai eu le malheur, moi aussi, de leur faire crédit, et ils m'ont fait perdre plus de deux cents francs.

— Pourquoi ne poursuivez-vous pas? demanda Morlot.

— D'abord, j'ignore ce que la femme est devenue ; quant à M. de Perny, rien à faire de ce côté : je sais d'avance que j'en serais pour les frais de poursuite en plus de ce qui m'est dû. On peut se laisser tromper quand on croit les gens convenables ; mais quand on les connaît et qu'on sait ce qu'ils valent, on aime mieux perdre que d'avoir encore affaire à eux.

— Au fait, vous avez peut-être raison, dit Morlot. Comment se nommait la maîtresse de M. de Perny?

— Oh! ces sortes de femmes changent de nom chaque fois qu'elles changent de logement. Ici elle se faisait appeler madame de Nève.

— Il est probable que M. de Perny vit toujours avec elle.

— Je crois, au contraire, qu'après l'avoir ruiné elle est en train d'en ruiner un autre. Du reste, déjà avant de quitter la rue de Ponthieu, voyant qu'elle ne pouvait plus entretenir son luxe, elle lui avait donné un successeur.

— M. de Perny le savait-il ?

— Sans aucun doute. Il était excessivement jaloux, et Juliette, la femme de chambre de madame de Nève, lui rapportait tout ce qui se passait chez sa maîtresse en son absence. Encore une pas grand'chose que cette Juliette. Je suis sûre qu'elle a mis un enfant au monde et qu'elle l'a fait disparaître. Comment ? Je n'en sais rien.

— Oh ! oh ! fit Morlot, ouvrant de grands yeux.

Voilà une chose qui m'intéresse énormément, ajouta-t-il ; voulez-vous me dire ce que vous savez ?

— Volontiers. Je m'étais aperçue que la femme de chambre était enceinte, et un jour je lui dis : « Mademoiselle Juliette, vous me faites l'effet d'être dans une position intéressante. » Là-dessus elle se récria très-fort, et me jura ses grands dieux que je me trompais. Je n'insistai pas. Six semaines ou deux mois plus tard, un matin, elle vint prendre chez moi je ne sais plus quelle chose. Je ne l'avais pas vue depuis quatre ou cinq jours. Elle était très-pâle et si faible qu'elle pouvait à peine se tenir sur ses jambes. — Tiens, lui dis-je en souriant, vous avez donc été malade ? Elle parut d'abord embarrassée, puis elle me répondit : — Oui, j'ai failli avoir une fluxion de poitrine. Je fis semblant de croire qu'elle me disait la vérité. Mais je voyais très-bien que sa taille n'était plus aussi épaisse.

Quelque temps après, quand j'appris qu'on avait donné congé à madame de Nève, je montai chez elle, un soir, espérant me faire payer ce qu'elle me devait.

Pendant que j'attendais dans l'antichambre, j'entendis un bruit de voix dans la pièce à côté. C'étaient M. de Perny et Juliette qui avaient ensemble une discussion assez vive. M. de Perny paraissait très-mécontent, il parlait haut. A moins de me boucher exprès les oreilles, j'étais forcée d'entendre.

Je compris que Juliette refusait ou ne pouvait pas lui dire quelque chose qu'il voulait savoir.

Alors M. de Perny s'emporta et j'entendis très-distinctement ces paroles :

— Tu dois me servir et m'obéir ; tu oublies donc ce que tu as fait, misérable ! Tu sais que si je disais un mot, demain tu serais arrêtée et traînée en prison ! J'ai tes lettres, je les garde ; tu m'appartiens, tu es mon esclave !

— Vous avez entendu cela ? s'écria Morlot.

— Parfaitement !

— Qu'avez-vous pensé ?

— J'ai pensé que la malheureuse fille avait tué son enfant et qu'elle avait déjà l'intention de commettre ce crime abominable, quand elle niait qu'elle fût enceinte et qu'elle mettait tant de soins à cacher sa grossesse.

— C'est certain, absolument certain, dit Morlot. Sachant cela, qu'avez-vous fait ?

— Rien.

— Comment ! vous n'avez pas prévenu le commissaire de police du quartier, vous n'avez pas dénoncé le crime ?

— J'ai eu l'intention de le faire, je ne vous le cache pas ; puis, après, j'ai réfléchi que cela ne me regardait point. Dame, c'est toujours très-grave de se mêler de ces sortes de choses, et, à vous dire vrai, je n'ai pas osé.

— Je comprends, répliqua l'agent de police ; mais c'est grâce à des craintes et à des scrupules semblables aux vôtres que beaucoup de scélérats échappent à la justice, restent longtemps à l'abri du châtiment qu'ils ont mérité et peuvent commettre de nouveaux crimes. Savez-vous ce qu'est devenue cette demoiselle Juliette ?

— Non. Je n'ai plus entendu parler d'elle. Peut-être est-elle restée au service de madame de Nève.

Malgré les recherches que Morlot fit encore dans le quartier, il lui fut impossible de découvrir la nouvelle demeure de la femme qui se faisait appeler, rue de Ponthieu, madame de Nève. Il ne fut pas plus heureux au sujet de Juliette.

XIII

MORLOT INQUIET

Les renseignements recueillis par l'agent de police devenaient nombreux ; mais il ne trouvait toujours point ce qu'il cherchait.

Ce que Morlot désirait, ce qu'il attendait, ce qu'il espérait, c'était de découvrir dans l'existence de madame de Perny et de son fils, en dehors du vol de l'enfant de Gabrielle Liénard et de la fausse déclaration à la mairie de Coulange, un acte quelconque qui fût de nature à faire lancer contre tous les deux, ou contre un seul, un mandat d'amener.

Faire cette découverte eût été pour lui une joie suprême, car alors il sortait de l'étrange situation dans laquelle il se trouvait ; il sentait que sa conscience serait satisfaite, s'il parvenait à livrer les coupables à la justice sans toucher directement à la marquise de Coulange.

Il continua ses recherches en fouillant audacieusement dans le passé de la mère et du fils.

Il apprit que de vingt à trente ans l'existence de Sosthène avait été également déplorable.

A peine sorti du collège, cherchant partout le plaisir, il s'était livré à tous les excès, à tous les désordres honteux. Loin de le maintenir et de lui reprocher sa conduite, sa mère, au contraire, paraissait l'applaudir. Elle ne s'était pas seulement montrée indulgente et faible, elle avait, en quelque sorte, encouragé ses vices et excité ses passions. Folle de son fils, trouvant toujours bien ce qui était blâmable, elle n'avait jamais senti la responsabilité qui pesait sur elle, elle avait manqué à tous ses devoirs de mère et de tutrice,

Aussi, ce qui était facile à prévoir arriva.

Après avoir payé plusieurs fois les dettes de Sosthène, elle se trouva complètement ruinée.

Morlot fut indigné quand on lui eut dit que cette mère coupable n'avait jamais aimé sa fille, qu'elle l'avait tenue constamment éloignée d'elle, et que sa part d'héritage sa dot, avait été livrée à son frère pour payer ses plaisirs.

Assurément, tout cela était bon à savoir. Mais l'agent de police n'était nullement satisfait. Il ne trouvait rien, pas plus après qu'avant le crime d'Asnières, qui lui permît de s'écrier :

— Cette fois, je les tiens !

Dans sa contrariété et son dépit il y avait de la fureur.

Il se dit :

— Quand je chercherais des renseignements pendant

quinze jours encore, je n'en apprendrais pas davantage. Il ne me reste plus, jusqu'à nouvel ordre, qu'à avoir l'œil sur M. de Perny.

Le soir, en rentrant chez lui, il dit à sa femme :

— Je suis suffisamment renseigné aujourd'hui sur les Perny ; j'ai un dossier complet. Je vais m'en tenir là pour le moment. En quelques mots, voici le résumé de tout ce que j'ai appris :

Madame de Perny a été de tout temps très-dure pour sa fille, qu'elle n'aime pas, qu'elle n'a jamais aimée. En revanche elle adore son fils, qui l'a ruinée autrefois, et qui lui prend encore aujourd'hui tout l'argent qu'elle reçoit du marquis de Coulange. Elle vit seule, tristement, presque dans la misère, son fils ne lui laissant rien. Elle paraît souffrir d'un mal inconnu, m'a-t-on dit ? Peut-être le remords du crime. Quant à M. Sosthène de Perny, c'est un homme taré, un être méprisable et vil, un gredin de la plus rare espèce. Il est couvert de dettes et n'a plus de crédit nulle part.

Maintenant, sachant ce qu'est la mère et ce que vaut le fils, je peux me présenter hardiment devant la marquise de Coulange. Demain elle aura ma visite.

— La démarche que tu vas faire est extrêmement délicate, mon ami, dit Mélanie ; tu ne dois agir qu'avec beaucoup de prudence et être très-circonspect. Il me semble qu'avant de te présenter à l'hôtel de Coulange tu devrais prévenir la marquise.

— A quoi bon ?
— D'abord, elle peut être sortie.
— Je l'attendrai.
— Il peut se faire aussi que, pour une cause ou pour une autre, elle ne puisse pas te recevoir.
— C'est vrai.

— Ensuite, le marquis peut se trouver là. Tu serais alors fort embarrassé, puisque c'est un entretien secret que tu veux avoir avec elle.

— C'est encore vrai, répondit Morlot. Ainsi, tu me conseilles de lui écrire pour lui annoncer ma visite?

— Oui, il faut qu'elle soit prévenue par une lettre.

— Qu'est-ce que je lui dirai, dans cette lettre?

— Que tu as à lui faire une communication très-importante, à lui parler de choses graves qui l'intéressent personnellement; tu la préviendras que tu désires lui parler sans témoin, et tu lui diras quel jour tu te présenteras à l'hôtel de Coulange.

— En effet, je crois que cela vaudra mieux.

— Ce sera surtout plus convenable. Tu pourrais encore la prier de te donner elle-même un rendez-vous à l'hôtel de Coulange ou ailleurs.

— Dans ce cas elle aurait à me répondre.

— Naturellement.

— Et si elle ne me répondait pas?

— Alors tu lui écrirais de nouveau pour lui annoncer ta visite.

— Tout cela demandera quatre ou cinq jours; du temps perdu!

— Tu n'as plus à le compter, après t'être livré pendant plus de six années à d'inutiles recherches, dit Mélanie en souriant. Du reste, continua-t-elle, il est possible que madame de Coulange puisse te recevoir et causer avec toi, en tête-à-tête, sans être gênée par son mari, ni par ses domestiques. Mais il y a des femmes qui ne sont jamais complètement libres, même dans leur maison. Je pensais à cela en te disant de prier la marquise de te fixer un rendez-vous.

— Que de précautions! fit Morlot.

— Dans cette circonstance, mon ami, tu ne saurais en prendre trop. La marquise de Coulange va se trouver vis-à-vis de toi dans une situation extrêmement difficile et pénible ; c'est pourquoi je te recommande encore de ne rien brusquer, d'être prudent et discret. Sache bien que tu obtiendras plus par la douceur qu'en employant la menace. Tu diras à la marquise ce que tu veux, ce que tu as le droit d'exiger d'elle, et tu verras ce qu'elle te répondra.

Il y eut un moment de silence.

— J'écrirai ce soir à la marquise, reprit Morlot, et demain matin je porterai ma lettre moi-même à l'hôtel de Coulange.

— Va, mon ami, dit Mélanie, tu rempliras dignement ta mission, je n'en doute point. Tu sais les égards que tu dois à cette noble jeune femme, et tu n'oublieras pas qu'elle est à Paris, à Coulange, à Miéran, partout où elle passe, la consolatrice des affligés, la protectrice de tous les malheureux.

— J'avais juré de découvrir les auteurs du vol de l'enfant et de les livrer à la justice qui venge et qui punit, prononça Morlot d'une voix lente et grave ; j'ai juré en même temps que je retrouverais l'enfant pour le rendre à sa mère... J'ai découvert les coupables, j'ai retrouvé l'enfant. Mélanie, je manque à mon premier serment, mais je serai fidèle à l'autre. Je tiendrai la promesse que j'ai faite à Gabrielle, je lui rendrai son enfant.

— Oui, et après cela tu auras fait beaucoup, tu auras fait assez.

Un éclair jaillit des yeux de Morlot.

— Après cela, j'attendrai, murmura-t-il sourdement.

Son visage changea subitement d'expression.

— As-tu vu Gabrielle aujourd'hui ? demanda-t-il.

— Non, répondit Mélanie.
— Ni hier, ni aujourd'hui, c'est singulier.
— Si je n'avais pas été très-occupée ce matin, je serais allée chez elle.
— Elle ne reste jamais deux jours de suite sans venir, reprit Morlot. Mélanie, elle est peut-être malade.
— Je ne le suppose pas. Si Gabrielle était indisposée au point de ne pouvoir quitter la chambre, elle m'aurait fait prévenir.
— C'est juste.
— Du reste, elle ne vient pas toujours me voir au retour de sa promenade habituelle ; nous aurons certainement sa visite tout à l'heure. En l'attendant nous allons dîner.
— C'est prêt ?
— Dans deux minutes.

Mélanie courut à sa cuisine et revint au bout d'un instant apportant le potage.

Ils se mirent à table, et, en mangeant, ils causèrent encore de la visite que Morlot allait faire à la marquise de Coulange.

Quand ils eurent achevé leur repas, Mélanie mit sur la table les tasses à café.

— Gabrielle prendra le café avec nous, dit Morlot.

La jeune femme s'empressa d'apporter une troisième tasse.

Morlot resta à table pendant que Mélanie allait et venait de la salle à manger à la cuisine, se livrant à ses occupations de ménagère.

Morlot regardait souvent l'heure à sa montre.

Il finit par perdre patience.

— Mais elle ne vient pas ! s'écria-t-il.
— Quelle heure est-il donc ? demanda Mélanie.

— Bientôt neuf heures.
— C'est étonnant ; elle n'arrive jamais aussi tard.
— Je ne suis pas tranquille, dit Morlot.
— Veux-tu que je te serve ton café ?
— Non, je m'en passerai ce soir.

Il se leva de table brusquement et se mit à marcher avec agitation. L'inquiétude était peinte sur son visage.

— J'en reviens à ma première pensée, reprit-il, Gabrielle est malade.

Mélanie commençait aussi à être inquiète.

— Je suis comme toi, dit-elle, je ne sais quoi m'imaginer. Veux-tu que j'aille jusque chez elle ?

— Non, répondit-il, j'y vais moi-même.

— Eh bien, je vais passer une robe et j'irai te rejoindre.

Morlot prit son chapeau, s'élança hors de chez lui et descendit rapidement l'escalier.

Avant d'entrer dans la maison où demeurait Gabrielle, il leva les yeux pour voir si l'une de ses fenêtres était éclairée. Il n'y avait de la lumière ni dans la salle à manger, ni dans la chambre à coucher.

Morlot sentit augmenter son inquiétude. Il traversa la rue d'un bond et entra dans la loge des concierges. Ceux-ci s'empressèrent de lui offrir un siège.

— Non, merci, dit-il, je ne veux pas m'asseoir. Je venais faire une visite à madame Louise ; j'ai regardé ses fenêtres, il n'y a pas de lumière chez elle ; est-ce qu'elle n'est pas encore rentrée ?

Le concierge et sa femme échangèrent un regard étonné.

— Non, monsieur Morlot, elle n'est pas rentrée, répondit la femme. Nous parlions d'elle à l'instant, mon homme et moi ; je lui disais que, bien sûr, madame

Louise était chez vous et qu'il ne fallait pas nous inquiéter? Ainsi, monsieur Morlot, vous ne l'avez pas vue?

— Non, et je ne vous cache pas que je suis très-inquiet.

— C'est tout de même bien étonnant! dit la femme.

— Très-étonnant! amplifia le concierge.

— A quelle heure est-elle sortie ce matin?

— Hier matin, monsieur Morlot.

— Comment, hier? fit Morlot avec stupeur.

— Oui, hier, monsieur Morlot; quelle heure pouvait-il être? demanda-t-elle à son mari.

— A peu près huit heures, répondit le concierge.

L'agent de police était devenu très-pâle.

— Et depuis hier matin vous ne l'avez pas vue? s'écria-t-il d'une voix frémissante.

— Nous ne l'avons pas vue, monsieur Morlot; c'est pour cela que nous étions très-surpris, mon homme et moi.

Morlot était consterné.

— Mon Dieu! mon Dieu! murmura-t-il, que lui est-il arrivé?

— Il ne faut pas encore vous effrayer, monsieur Morlot, hasarda la concierge.

— Ah! vous croyez que je peux rester calme, répliqua-t-il en proie à une agitation croissante, quand je suis tourmenté par toutes sortes de craintes? Non, je suis désolé, désespéré! Pourquoi n'êtes-vous pas venue me prévenir hier soir?

— Nous avons pensé que madame Louise était chez vous.

— En effet, vous avez pu le supposer; mais il fallait venir ce matin.

— Demandez à mon homme ce que je lui ai dit.

— Voici ce que ma femme m'a dit ce matin, monsieur Morlot : « Tiens, madame Louise n'est pas rentrée hier soir ; elle a encore couché chez son amie Mélanie comme l'autre nuit. »

— Vous le voyez, monsieur Morlot, vous ne pouvez pas me faire de reproches, reprit la concierge. Bien sûr, je serais allée vous trouver tout de suite, si je n'avais pas pensé que madame Louise fût chez vous.

— C'est vrai, dit Morlot, vous ne pouviez pas savoir.

Ainsi, elle est sortie hier matin vers huit heures. Est-ce qu'elle ne vous a pas parlé ?

— J'étais dans l'escalier quand elle est descendue ; comme toujours, elle avait son panier à son bras. Je lui ai demandé si elle allait faire ses provisions.

— Non, me répondit-elle, j'ai déjà déjeuné.

— Alors vous sortez ?

— Oui.

— Il est de bien bonne heure.

— C'est vrai ; mais le temps est superbe et j'ai envie de faire aujourd'hui une longue promenade. Et elle s'en est allée sans me dire autre chose.

Dites donc, monsieur Morlot, elle s'est peut-être égarée dans un quartier qu'elle ne connaît pas.

L'agent de police haussa les épaules.

— On ne reste pas perdu deux jours dans les rues de Paris, répondit-il.

Il resta un moment silencieux.

— Je vais rentrer chez moi, reprit-il ; mais je reviendrai à onze heures. Si madame Louise rentrait, — je veux encore l'espérer, — ne lui dites rien.

Morlot trouva sa femme habillée, prête à sortir.

— Gabrielle est malade ! s'écria-t-elle, voyant l'air effaré de son mari et la pâleur de son visage.

— Non, répondit tristement Morlot, Gabrielle n'est pas chez elle.

— Gabrielle n'est pas chez elle ! répéta Mélanie comme un écho.

— Elle est sortie hier matin à huit heures, tu entends bien ? hier matin, et depuis elle n'a pas reparu.

Mélanie resta immobile, comme pétrifiée, les yeux démesurément ouverts, fixés sur son mari, qui s'était affaissé sur un siège.

L'agent de police paraissait anéanti.

Vainement il essayait de réfléchir, il ne parvenait pas à ajouter une pensée à une autre ; il y avait une tempête dans son cerveau.

XIV

UNE LUMIÈRE QUI S'ÉTEINT

Au bout d'un instant, Mélanie parvint à se remettre de son émotion. Lentement elle s'approcha de son mari.

— Est-ce que les concierges ne savent rien ? lui demanda-t-elle.

— Rien, répondit-il.

— Elle ne leur a donc rien dit en sortant ?

— A la femme, qui s'étonnait de la voir sortir si tôt, elle a simplement répondu que, le temps étant très-beau, elle désirait faire une longue promenade. Ils ne se sont pas inquiétés, ils croyaient qu'elle était ici.

Mélanie baissa tristement la tête.

De grosses larmes roulaient dans les yeux de Morlot.

— Que supposes-tu ? demanda Mélanie, après un moment de silence.

— Que veux-tu que je suppose ? Je ne comprends rien à cela ; je suis terrifié, je n'ai plus ma tête à moi. Gabrielle a disparu : voilà le fait. Comment l'expliquer ? Je cherche, je ne trouve rien ; je ne peux pas deviner. Toutes sortes de pensées se heurtent confusément dans ma tête où il y a comme un brasier.

Mélanie laissa échapper un gémissement.

— Evidemment, un nouveau malheur lui est arrivé, reprit Morlot. Comment la secourir ? Je n'en sais rien, je ne sais rien... Et ne pouvant rien faire, impuissant, dévoré d'inquiétudes, je suis forcé de rester les bras croisés. On peut tout supposer, même les choses les plus affreuses. Si, prise d'un mal subit, il lui eût été impossible de rentrer chez elle, elle nous aurait fait prévenir. A-t-elle été victime d'un de ces terribles accidents qui arrivent journellement dans Paris ? Demain, je tâcherai de le savoir. Je ne veux pas admettre l'hypothèse du suicide.

— Oh ! non ! oh ! non ! s'écria Mélanie.

— Et pourtant, c'est possible.

— Gabrielle est incapable d'en avoir eu seulement la pensée, répliqua Mélanie avec force.

Morlot hocha la tête.

— Elle a tant souffert et elle est encore si malheureuse ! dit-il d'un ton douloureux.

La figure dans ses mains, Mélanie se mit à pleurer.

A onze heures, Morlot sortit pour faire aux concierges de Gabrielle la visite qu'il leur avait annoncée.

La jeune femme n'était pas revenue. Il rentra chez lui plus agité et plus anxieux encore.

Mélanie pleurait toujours.

— Il faut te coucher, lui dit-il.

— Et toi?

— Je me coucherai plus tard.

— Est-ce que tu vas écrire ta lettre à la marquise?

— Non, répondit-il d'un ton farouche ; j'attends.

Et il eut un regard qui fit frissonner Mélanie.

— Morlot, lui dit-elle, en le regardant fixement, tu médites quelque chose de terrible !

— C'est vrai.

— Que veux-tu faire? Dis-le moi, je veux le savoir.

— Tu veux le savoir? Eh bien, je vais te le dire : Si dans trois jours Gabrielle n'est pas revenue, si je ne sais pas où elle est, ou si j'apprends qu'elle est morte, je n'hésiterai pas à faire mon devoir ; oui, je serai sans pitié !... Si je me présente à l'hôtel de Coulange, j'y accompagnerai un commissaire de police, et ce sera pour arrêter la marquise.

Mélanie ne put retenir un cri d'effroi.

— Oh ! malheureux ! gémit-elle.

— L'agent de police sera un vengeur ! ajouta-t-il d'une voix sombre.

— Morlot, et l'enfant ? Tu ne penses pas à l'enfant ! s'écria la jeune femme ; que deviendra-t-il, lui ?

Morlot se redressa, les yeux étincelants.

— Nous l'adopterons ! répondit-il.

Mélanie comprit que, dans l'état de surexcitation où était son mari, il lui serait impossible de lui faire entendre raison.

Morlot avait prié les concierges de Gabrielle de l'avertir immédiatement, si la jeune femme rentrait entre onze heures et minuit, ou s'ils apprenaient d'une façon quelconque ce qui lui était arrivé.

Il attendit inutilement jusqu'à une heure.

Alors il se décida à se mettre au lit. Mais, en proie, comme il l'était, aux plus cruelles appréhensions, il ne lui fut pas possible de s'endormir.

Il se leva de bonne heure, courbaturé, brisé, le corps aussi malade que l'esprit. Avant de sortir il embrassa Mélanie, ce qui était d'ailleurs dans ses habitudes.

— Tu t'en vas déjà? fit-elle.
— Oui.
— Où vas-tu?
— Je n'en sais rien. Où le hasard me conduira. J'ai besoin de me trouver au grand air, de marcher, de me secouer.

Il partit et s'en alla au hasard, comme il l'avait dit, battant le pavé des rues. A huit heures il se trouvait rue de Babylone. L'idée lui vint de prendre un bol de café. Il entra chez madame Philippe. La crémière remarqua qu'il était préoccupé, soucieux, sombre.

— Vous n'avez pas l'air content, lui dit-elle d'un ton amical.

— En effet, répondit-il, je suis très-inquiet au sujet d'une jeune femme, d'une amie, que je considère comme ma sœur.

— Est-ce qu'elle est gravement malade?

— C'est pour une autre cause que je suis inquiet. Vous la connaissez peut-être pour l'avoir vue passer, cette jeune femme, car elle venait souvent rue de Babylone. Elle est assez grande, elle a de beaux cheveux noirs et, ce qui est particulièrement remarquable, elle a la figure blanche comme la neige.

— Oh! je l'ai vue plusieurs fois et avant-hier encore.

— Ah! avant-hier, fit Morlot; à quelle heure?

— Il pouvait être huit heures et demie. Elle est bien

restée un quart d'heure devant ma boutique, les yeux fixés sur l'hôtel de Coulange, ayant l'air d'attendre quelqu'un.

— Eh bien, depuis avant-hier matin, cette jeune femme a disparu de son domicile. Jugez si je dois être inquiet !

Un jeune homme d'une vingtaine d'années, qui se trouvait à la table voisine de celle où Morlot s'était assis, et qui avait entendu la conversation, prit tout à coup la parole.

— J'ai vu aussi, avant-hier, la dame dont vous parlez, dit-il.

Morlot se tourna vivement vers le jeune homme.

— Où l'avez-vous vue, monsieur ? demanda-t-il.

— Boulevard de Montrouge, devant le cimetière.

— Quelle heure était-il ?

— Un peu plus de neuf heures. C'est une pauvre femme qui est folle, n'est-ce pas ?

— La personne dont je parlais à madame n'est pas plus folle que vous et moi, répliqua Morlot. Ce n'est pas elle que vous avez rencontrée devant le cimetière du Mont-Parnasse.

— C'est possible. Mais alors celle que j'ai vue ressemble beaucoup au portrait que vous venez de faire. J'ai été frappé surtout de la blancheur extraordinaire de son visage, ce qui n'empêche pas qu'elle soit encore très-jolie. De plus elle est grande, elle a les cheveux noirs et de grands yeux très-brillants.

— La ressemblance est grande, en effet, dit Morlot. Pouvez-vous me dire comment elle était vêtue ?

— Je n'ai pas beaucoup remarqué son costume. Autant que je puis me rappeler, elle portait une robe de laine noire très-simple, et une longue pèlerine de soie.

7.

Je me souviens qu'elle avait à son bras un panier d'osier teint en noir.

Cette fois Morlot ne pouvait plus douter.

— C'est elle, c'est bien elle ! dit-il.

— En ce cas, monsieur, et d'après ce que vous venez de me dire, on a eu tort de la prendre pour une folle. Mais rien de fâcheux ne peut lui être arrivé, et je vais probablement vous tranquilliser en vous disant qu'elle a été emmenée par des agents de police.

Morlot se dressa sur ses jambes comme poussé par un ressort.

— Des agents de police ! exclama-t-il.

— Ils étaient deux.

— Et ils l'ont emmenée ? Pourquoi ? Qu'avait-elle fait ?

— Ils l'ont emmenée dans une voiture avec une autre femme.

— Une autre femme ? fit Morlot, je ne comprends pas.

— Je regrette de ne pouvoir vous renseigner complètement reprit le jeune homme, mais je vais vous dire tout ce que je sais.

— Je vous en prie, dites vite ; j'ai besoin de savoir...

— J'allais faire une course rue de la Tombe-Issoire ; étant pressé, je marchais très-vite. Comme je passais devant le cimetière, je vis un rassemblement d'une trentaine de personnes ; je m'en approchai, curieux de savoir ce qui se passait. J'arrivais juste au moment où les agents faisaient monter les deux femmes dans la voiture. Et j'entendis l'un d'eux qui leur disait : « Vous vous expliquerez devant le commissaire de police. » La voiture partit. Alors je demandai à une personne qui se trouvait là pourquoi on venait d'arrêter ces deux femmes. Elle me répondit :

« Elles se sont querellées et injuriées ; elles étaient prêtes à se prendre aux cheveux quand les agents sont arrivés. C'est la plus jeune, celle qui est si pâle, une pauvre folle, qui a attaqué l'autre, m'a-t-on dit. Du reste, je suis arrivée à la fin de la dispute et je n'en sais pas davantage. »

Je ne songeai pas à interroger d'autres personnes, ajouta le jeune homme ; je me contentai de ce qu'on venait de me dire et je poursuivis mon chemin.

— Je vous remercie, monsieur, dit Morlot, ce que vous venez de m'apprendre est d'un grand intérêt pour moi.

Cependant il n'était pas délivré de toutes ses craintes et son front restait sombre.

Il paya son bol de café, qu'il n'avait pris qu'à moitié, et sortit de la crémerie.

— Je ne comprends pas, se disait-il, en se dirigeant vers le haut de la rue de Babylone, non, je ne comprends pas... Je dois croire que Gabrielle a été arrêtée, ce jeune homme n'avait aucun intérêt à me mentir ; mais ce que je ne puis admettre, c'est qu'elle ait injurié l'autre femme, sans que celle-ci l'eût provoquée par une première insulte. Naturellement, Gabrielle s'est défendue. Les agents sont arrivés, ils les ont emmenées... Cela, je le comprends jusqu'à un certain point. Mais pourquoi les ont-ils fait monter en voiture ? Pourquoi a-t-on pris Gabrielle pour une folle ? C'est bien singulier. Ce que je ne comprends plus du tout, c'est qu'après s'être expliquée devant le commissaire de police, Gabrielle n'ait pas été mise immédiatement en liberté. D'ailleurs elle a dû se réclamer de moi. Comment se fait-il que je n'aie pas été prévenu ? Et, quarante-huit heures, deux jours et deux nuits se sont écoulés !

— Non, non, reprit-il s'arrêtant brusquement, en appuyant sa main sur son front brûlant, tout cela n'est pas clair, c'est tout à fait incompréhensible, je m'y perds.

Il se remit à marcher à grands pas.

Sur le boulevard, il trouva une station de voitures de place. Il prit un coupé et se fit conduire successivement chez cinq ou six commissaires de police, où il pouvait supposer que Gabrielle et l'autre femme avaient été conduites.

On lui fit partout cette réponse :

— Nous n'avons pas vu les deux femmes dont vous parlez ; nous n'avons aucune connaissance de cette affaire.

Morlot ne savait plus que penser.

Après avoir vu un instant la lumière, il se retrouvait dans les ténèbres.

Il se rendit à la préfecture de police. Il fut bientôt certain que ni l'avant-veille, ni la veille, ni le matin, aucune femme, répondant au signalement de Gabrielle, n'avait été amenée au Dépôt. Cependant il ne crut pas devoir s'en tenir là. Il compulsa les rapports de tous les commissaires de police de Paris et de la banlieue arrivés à la préfecture depuis deux jours.

Il ne trouva rien.

Il avait mis plus de deux heures à faire ce travail inutile.

Il était en face d'une énigme indéchiffrable. Ne sachant plus que faire, il se livrait à toutes sortes de conjectures aussi invraisemblables les unes que les autres. Une idée bizarre lui venait, il la repoussait aussitôt pour en accueillir une autre plus bizarre encore. Il ne voyait plus de clarté ni en lui, ni autour de lui. Il était dans la nuit, une nuit épaisse, lugubre. Il se sentait découragé ; il était affolé, désespéré.

XV

RENCONTRE IMPRÉVUE

Disons, maintenant, ce qui s'était passé devant le cimetière de l'Ouest ou du Mont-Parnasse.

Après s'être éloignée de l'hôtel de Coulange, devant lequel elle était restée environ un quart d'heure, comme madame Philippe l'avait dit à Morlot, le hasard seul avait conduit Gabrielle sur le boulevard de Montrouge.

Elle marchait le long du mur du cimetière, absorbée dans ses tristes pensées, les mêmes toujours, lorsque, tout à coup, dans une femme qui marchait d'un pas pressé et en sens inverse, également le long du mur du cimetière, elle reconnut sa fausse amie d'Asnières, Félicie Trélat, ou plutôt Solange, l'associée de Blaireau.

Gabrielle ressentit une forte commotion et il lui sembla que tout se retournait en elle. Un instant son cœur cessa de battre : son sang s'arrêta dans ses veines, la respiration lui manqua et elle chancela comme si elle allait tomber. Un tremblement nerveux la saisit et il lui fut impossible de faire un pas en avant. Mais ce ne fut qu'un moment de faiblesse causée par la violence même de son émotion.

Solange arriva près d'elle et allait passer sans la reconnaître, lorsque Gabrielle, le regard plein d'éclairs, se jeta devant elle et lui barra le passage.

Instinctivement, Solange fit deux pas en arrière.

L'œil enflammé, menaçant, Gabrielle marcha sur elle.

Solange, qui ne la reconnaissait pas encore, la regarda avec surprise et murmura :

— C'est une folle !

Elle voulut s'éloigner. Mais, avant qu'elle eût le temps de faire un pas, Gabrielle bondit sur elle et la saisit par le bras. Solange essaya de la repousser.

— Vous ne m'échapperez pas, misérable ! dit Gabrielle d'une voix rauque.

Solange tressaillit, et son visage se couvrit d'une pâleur livide. Au son de la voix, elle venait de reconnaître sa victime. Cependant, elle se remit promptement et voulut faire bonne contenance.

— Laissez-moi passer mon chemin, dit-elle ; je ne vous connais pas, que me voulez-vous ?

— Ah ! ah ! vous ne me connaissez pas ? riposta Gabrielle d'une voix frémissante. Regardez-moi donc ! Non, vous détournez les yeux, vous n'osez pas me regarder. Je suis la malheureuse que vous avez trompée par vos paroles menteuses. Voleuse, voleuse d'enfant !.. Je vous ai retrouvée, enfin, vous voilà, je vous tiens ! Oh ! vous ne m'échapperez pas !.. Infâme, qu'avez-vous fait de mon enfant ? Rendez-moi mon enfant ! rendez-moi mon enfant !

Solange commençait à sentir la peur s'emparer d'elle. Songeant à prendre la fuite, elle fit un violent effort pour se dégager. Mais la main de Gabrielle, crispée sur son bras, serrait comme des tenailles.

— Je veux mon enfant ! Je veux mon enfant ! criait la jeune fille.

La situation devenait dangereuse pour Solange, car

elle craignait de voir apparaître d'un moment à l'autre le képi d'un sergent de ville. Elle ne tenait nullement, on le comprend, à être menée au poste et à avoir à fournir des explications.

— En vérité, je ne sais pas ce que vous voulez dire, prononça-t-elle d'une voix mal assurée ; vous me prenez certainement pour une autre.

Et elle jeta autour d'elle des regards éperdus.

— Misérable femme ! reprit Gabrielle, en fixant sur elle ses yeux ardents, maintenant que je vous tiens, après vous avoir si longtemps cherchée, je ne vous lâcherai pas... Ah ! vous feignez de ne pas me connaître et vous dites que je vous prends pour une autre.. Non, vous êtes Félicie Trélat, la voleuse d'enfant ! Vous verrez, misérable, vous verrez... Il y a la justice, il y a les magistrats ; ils vous feront parler, eux ; il faudra bien que vous leur disiez ce que vous avez fait de mon enfant.... Ah ! voleuse, voleuse d'enfant !

Déjà, plusieurs personnes qui passaient s'étaient arrêtées près d'elles pour écouter.

Solange chercha à se tirer d'embarras en payant d'audace. Elle se tourna vers les témoins de la scène.

— Messieurs, dit-elle d'un ton très-calme en apparence, vous avez entendu les paroles de cette femme ; je n'en suis pas offensée, car elles sortent évidemment de la bouche d'une insensée. Je ne sais pas qui elle est, je la vois aujourd'hui pour la première fois, et elle crie que je lui ai volé son enfant ; c'est bien de la folie... Je passais tranquillement sur le boulevard, allant à mes affaires, lorsqu'elle s'est précipitée sur moi comme une furie. Je vous en prie, messieurs, aidez-moi à me débarrasser de cette malheureuse, qui est privée de sa raison.

— Ne l'écoutez pas, s'écria Gabrielle avec emportement, elle vous trompe... Elle me connaît très-bien ; c'est une coquine, elle m'a volé mon enfant !

Solange haussa les épaules.

— Vous voyez bien qu'elle est folle, dit-elle.

Et elle ajouta avec un accent plein de compassion :

— Pauvre femme ! je ne peux pourtant pas lui en vouloir. Qui sait ? Elle a eu probablement un enfant, qui est mort, et dans sa folie elle s'imagine qu'on le lui a volé...

— Ce doit être ça tout de même, dit une femme.

Et plusieurs voix répétèrent autour de Gabrielle :

— Pauvre folle !

Les paroles astucieuses de Solange obtenaient le résultat qu'elle avait espéré.

Gabrielle elle-même restait confondue de son incroyable audace. La stupéfaction était peinte sur son visage ; il y avait de l'égarement dans son regard plein de lueurs étranges.

Anxieuse, haletante, prise à chaque instant d'un frémissement nerveux, ses yeux cherchaient parmi les personnes présentes un défenseur, un protecteur ; elle interrogeait l'une après l'autre toutes les physionomies et semblait implorer aide et protection.

Les spectateurs, des ouvriers pour la plupart, s'intéressaient évidemment beaucoup à cette scène étrange qu'ils avaient sous les yeux, mais aucun ne paraissait décidé à prendre parti pour l'une ou l'autre des deux femmes.

Gabrielle reprit d'une voix étranglée par l'émotion :

— Oh ! ne m'abandonnez pas, protégez-moi !... Elle vous dit que je suis folle, ne le croyez pas, ne le croyez pas! Non, je ne suis pas folle, j'ai toute ma raison... Oui, cette femme est une misérable..... Je vous le répète, elle m'a volé mon enfant ! Il était tout petit, il venait de naître... c'est un garçon, un beau petit garçon... Il aura sept ans cette année après la Notre-Dame. Ah ! j'ai beaucoup pleuré.... Je suis la mère.... J'ai eu à peine le temps de le voir, je ne l'ai presque pas embrassé... C'est affreux, voyez-vous, c'est affreux ! Je me suis endormie, cette femme était là... Et pendant que je dormais, elle a pris mon enfant et elle est partie... Et quand je me suis réveillée, l'ange n'était plus dans son petit berceau...

Malgré l'inquiétude qui la dévorait, Solange gardait toute sa présence d'esprit,

— La pauvre malheureuse, dit-elle d'un ton contrit, comme elle divague !

— Je ne mens jamais, reprit Gabrielle, je jure que je dis la vérité. J'ai mis au monde un enfant, et la femme que voilà me l'a volé... S'il y a ici une mère, qu'elle réponde. On a pris son enfant à une pauvre mère, qui ne demandait qu'à l'aimer... Voyons, dites, est-ce qu'il ne faut pas qu'on le lui rende ?

Des larmes jaillirent de ses yeux.

Mais aucune voix ne s'éleva en sa faveur.

Elle ne voyait autour d'elle que des figures attristées, des gens qui paraissaient la plaindre.

Son étrange pâleur, l'éclat de son regard, son effarement, son air exalté, le décousu de ses paroles, tout cela, malheureusement, faisait croire aux gens à qui elle s'adressait, qu'ils se trouvaient réellement en présence d'une malheureuse atteinte d'aliénation mentale.

D'un autre côté, l'attitude résignée de Solange, sa tranquillité apparente semblaient justifier leur fatale erreur.

Depuis un instant, Gabrielle ne tenait plus le bras de Solange. Celle-ci pouvait s'éloigner, prendre la fuite ; mais, malgré ses craintes et le danger qui la menaçait, elle n'osait pas le faire brusquement. Elle restait immobile au milieu du groupe, attendant l'instant propice pour s'esquiver sans être trop remarquée. D'ailleurs, elle comprenait que Gabrielle s'élancerait sur ses pas et la poursuivrait de ses cris ; or, elle ne se souciait nullement de courir elle-même à la rencontre des sergents de ville qui, par un bonheur inouï pour elle, ne se montraient point sur le boulevard.

Ensuite, en s'éloignant, elle redoutait encore de faire croire qu'elle avait peur. N'interpréterait-on pas sa fuite, en effet, comme un aveu de sa culpabilité ? Alors, tous ces gens hésitants, qui ne voulaient pas intervenir, pouvaient prendre subitement fait et cause pour Gabrielle.

Dans ce cas, les conséquences de sa rencontre avec sa victime devenaient terribles.

Voilà les réflexions que faisait Solange. Elle avait réussi à faire passer Gabrielle pour une folle ; il fallait absolument que ceux qui étaient là en restassent convaincus. Là seulement était son salut.

Cependant sa situation devenait de plus en plus difficile et périlleuse, car Gabrielle était bien résolue à ne pas la laisser s'échapper.

Autour d'elles, des hommes et des femmes échangeaient des paroles rapides.

— Moi, dit un ouvrier, je ne vois qu'un moyen d'arranger cela.

— Lequel ?

— C'est de les mener tout simplement chez le commissaire de police.

— C'est juste, dit un autre ; il fera entendre raison à la folle, et il saura bien les mettre d'accord.

— Je ne demande que cela, dit vivement Gabrielle ; oui, allons chez le commissaire de police.

Solange sentit un frisson courir dans tous ses membres.

Les choses commençaient à prendre pour elle une mauvaise tournure.

— C'est comme un fait exprès, dit une femme, on ne voit pas un sergent de ville ; ils ne sont jamais là quand on a besoin d'eux.

— Eh bien, nous ferons leur service, répliqua l'ouvrier qui avait parlé le premier.

Qui veut accompagner ces dames avec moi au bureau du commissaire ? demanda-t-il.

— Nous irons volontiers, répondirent trois ou quatre voix.

Deux hommes vêtus en bourgeois venaient d'arriver sur le lieu de la scène et de se mêler au groupe des curieux.

Après avoir jeté un regard sur Solange et Gabrielle, qui se trouvaient en face l'une de l'autre, au centre du cercle formé autour d'elles, l'un de ces hommes, parlant avec une certaine autorité, se fit renseigner sur la cause du rassemblement.

— Vous avez parfaitement raison, dit-il aux ouvriers, cette affaire regarde le commissaire de police.

Solange tressaillit et tourna vivement la tête. Son regard rencontra celui de l'individu. Aussitôt ses yeux s'illuminèrent et un sourire singulier glissa rapidement sur ses lèvres.

L'homme se pencha vers son compagnon et lui dit tout bas quelques mots à l'oreille.

Pendant que ce dernier s'éloignait rapidement, l'homme reprit à haute voix :

— Je suis inspecteur de police ; je me charge de ces deux femmes, qui auront à s'expliquer tout à l'heure devant qui de droit.

— Je suis prêt à vous accompagner, dit un ouvrier.

— Et moi aussi, dit un autre.

— Moi aussi, dit un troisième.

— Merci, répondit l'homme ; mais c'est tout à fait inutile. Du reste, je ne suis pas seul. J'ai un camarade qui est allé chercher un fiacre.

Puis, s'approchant des deux femmes :

— Vous allez venir avec moi, leur dit-il d'un ton sévère, je vous arrête. L'une de vous deux a tort, je n'ai pas à savoir laquelle, ce n'est pas mon affaire.

— Comment, on m'arrête, moi ! s'écria Solange, qui parut très-indignée.

L'homme répliqua sèchement :

— Si vous n'avez rien à vous reprocher, vous n'avez rien à craindre.

— Monsieur, dit Gabrielle, je suis prête à vous suivre.

— J'aime mieux cela que d'être obligé de vous emmener de force.

— Vous êtes inspecteur de police, monsieur, laissez-moi vous dire...

— Vos affaires ne me regardent point, interrompit brusquement l'individu ; je n'ai rien à entendre ; vous parlerez quand on vous interrogera.

A ce moment, un fiacre s'arrêta à quelques pas.

— Allons, en route, dit l'homme. Voilà la voiture, on fait bien les choses.

Et il plongea à droite et à gauche un regard rapide, qui aurait pu paraître inquiet à un observateur.

— Vite, vite, reprit-il, nous n'avons pas le temps de nous amuser.

Solange eut l'air de lui résister, disant :

— C'est inimaginable, c'est ridicule ; on n'arrête pas ainsi les gens ; j'ai mes occupations, je suis attendue chez moi.

— On vous attendra plus longtemps, voilà tout, riposta l'homme.

Et il la poussa vers la voiture.

— On n'a pas idée de cela, reprit-elle : mais comprenez donc...

— Encore une fois, je n'ai pas à vous écouter ; vous vous expliquerez toutes les deux devant le commissaire de police.

L'autre individu avait ouvert la portière du fiacre.

Gabrielle y prit place la première. Solange, l'air renfrogné, enjamba à son tour le marchepied. L'homme, qui se disait inspecteur de police, se plaça en face d'elle sur le siège de devant et ferma la portière. Son camarade avait déjà grimpé à côté du cocher.

Celui-ci fouetta ses chevaux et la voiture roula bruyamment sur le pavé.

— Les voilà emballées, dit un ouvrier loustic.

Le loustic est un produit essentiellement parisien ; on le rencontre partout.

Tous ces honnêtes ouvriers, qui venaient de voir partir Gabrielle et Solange, s'éloignèrent persuadés qu'elles étaient emmenées par deux agents de police.

XVI

LE PIÈGE

Le fiacre, tournant à gauche, avait pris la rue de la Gaîté, puis la chaussée du Maine ; ensuite, après avoir suivi un instant la rue de Vanves, il s'était engagé dans un dédale de petites rues étroites, sales et mal pavées, se dirigeant vers le Petit-Montrouge.

Le cocher conduisait ses chevaux sur les indications que lui donnait l'individu assis à côté de lui.

Solange s'était blottie dans son coin, tournant le dos à Gabrielle et lui cachant son visage.

De temps à autre, elle échangeait un regard d'intelligence avec l'homme assis en face d'elle.

Gabrielle ne s'apercevait de rien. Elle éprouvait une satisfaction ineffable. Toute frémissante de joie, elle ouvrait largement son cœur à la douce espérance. Enfin, cette misérable femme, qui l'avait trompée, trahie, qui lui avait pris son enfant, que pendant des années elle avait cherchée partout, cette odieuse créature allait être obligée de répondre à son accusation.

— Il faudra bien qu'elle avoue qu'elle m'a volé mon enfant, pensait-elle ; il faudra bien qu'elle dise où il est, et mon enfant, mon fils, me sera rendu !

Pleine de confiance, elle s'attendait à se trouver bientôt en présence du commissaire de police. Elle ne voyait pas que la voiture s'éloignait de Paris.

— Monsieur l'inspecteur de police, dit-elle de sa voix douce et timide, connaissez-vous M. Morlot ?

L'homme se tourna brusquement de son côté.

— Qu'est-ce que c'est que M. Morlot? fit-il.

— C'est un de vos collègues, monsieur, un inspecteur de police.

— Morlot? oui, oui, je le connais très-bien.

— Eh bien, monsieur, lui et sa femme sont mes meilleurs amis.

— Tant mieux, je vous en félicite, répondit l'homme.

Gabrielle regarda à travers le carreau du fiacre. Elle vit des jardins et de grands terrains incultes dans lesquels séchait du linge étendu sur des cordes, puis, çà et là, de petites maisons basses, misérables, construites au milieu des champs.

Son regard exprima la surprise.

— Monsieur, arriverons-nous bientôt? demanda-t-elle avec un commencement de vague inquiétude.

— Dans un instant, répondit laconiquement l'homme.

Gabrielle laissa échapper un soupir.

Solange était restée dans son coin, sans faire un mouvement, sans prononcer une parole.

Maintenant la voiture avançait lentement sur un chemin abandonné où les roues des voitures de maraîchers avaient creusé de profondes ornières.

Enfin, au bout d'un instant, le fiacre s'arrêta.

— Nous sommes arrivés, dit l'homme.

— Ce n'est pas malheureux, fit Solange avec humeur.

L'autre individu, ayant sauté à bas du siège du cocher, vint ouvrir la portière.

L'homme mit pied à terre le premier, puis Solange, puis Gabrielle.

Le cocher, qui avait été payé d'avance, s'éloigna immédiatement.

Gabrielle regardait autour d'elle, ouvrant de grands yeux étonnés. Elle ne comprenait pas encore.

Elle vit un mur noir, crevassé, bombé par places, branlant, prêt à tomber, et dans ce mur une porte grossièrement fabriquée avec des planches mal jointes.

A droite, à gauche et derrière elle s'étendait la plaine coupée de murs, accidentée de monticules de pierres ou de sable, comme on en voit au bord des carrières. De loin en loin, une chétive habitation isolée, des arbres rabougris, des palissades, des haies, des buissons. Dans le fond, très-loin, un alignement de maisons à plusieurs étages.

Au milieu de la plaine, Gabrielle vit encore des femmes et des hommes courbés vers la terre, et, sur des chemins tracés à travers champs, quelques voitures de paysans.

Ce n'était pas la solitude complète ; mais cet endroit inconnu, où se trouvait Gabrielle, avait quelque chose de triste, de désolé, d'effrayant même. Elle ne put s'empêcher de frissonner, et son cœur se serra.

Elle ne pouvait se rendre compte de ses impressions; mais elle était anxieuse et elle éprouvait un malaise singulier.

L'un des hommes tira une clef de sa poche, l'introduisit dans la serrure de la porte dont nous venons de parler, et la porte s'ouvrit sur un terrain carré, clos de murs, couvert de hautes herbes, qui avait pu être autrefois un jardin.

A l'extrémité d'un sentier à peine frayé sur le sol envahi par les orties et les ronces, Gabrielle vit se dresser un petit bâtiment écrasé, sombre, aux murs lézardés, noircis par la pluie, à l'aspect sinistre, une sorte de ruine. Cette chose, qui ressemblait à une maison, lui apparut menaçante et lui fit l'effet d'être une caverne.

Aussitôt la porte ouverte, Solange s'était élancée dans le terrain et elle marchait rapidement vers la maison.

Gabrielle, saisie d'un effroi subit, se rejeta en arrière. Ses yeux hagards cherchèrent le fiacre. Elle ne le vit plus. Il avait tourné brusquement à l'angle du mur, ayant probablement découvert un chemin plus facile que celui par lequel il était venu.

La jeune femme se vit seule entre les deux hommes. Ils avaient changé d'attitude ; maintenant, ils avaient dans le regard quelque chose de farouche et de terrible.

Une pensée traversa le cerveau de Gabrielle, rapide comme l'éclair. Elle venait de comprendre, cette fois, qu'elle était tombée dans un piège.

— Où suis-je donc ici ? s'écria-t-elle éperdue.

L'un des hommes la saisit brutalement par le bras.

— Allons, venez, dit-il d'une voix rude.

— Non, non, laissez-moi ! cria-t-elle, je ne veux pas entrer là !

Elle fit un bond en arrière et voulut prendre la fuite.

Mais les deux hommes se jetèrent sur elle en même temps et la poussèrent dans l'enclos.

— Au secours ! appela-t-elle.

Elle vit aussitôt la pointe de deux couteaux menacer sa poitrine.

Elle n'eut plus la force de pousser un nouveau cri. Ce fut une sorte de râle qui sortit de sa gorge. Elle était paralysée par l'épouvante.

— Si tu jettes encore un cri, lui dit un des hommes d'une voix sourde et menaçante, je t'enfonce mon couteau dans la gorge.

Elle se mit à trembler de tous ses membres.

— Chauve-Souris, ferme vite la porte, reprit l'homme s'adressant à l'autre bandit.

Celui-ci se hâta d'obéir.

Alors ils voulurent faire marcher Gabrielle; mais ce fut en vain, elle ne put avancer. Ils s'aperçurent qu'elle défaillait et était prête à tomber. Rapidement, l'un d'eux lui enveloppa la tête dans sa pèlerine; l'autre, le plus robuste, la prit à bras-le-corps, l'enleva comme un paquet et l'emporta en courant vers la maison.

Pour Gabrielle, tout cela se passait comme dans un rêve, au milieu d'un lourd sommeil. Elle n'éprouvait plus aucune sensation; elle n'entendait plus, elle n'avait plus de pensée; elle ne savait pas si elle respirait encore, elle n'avait plus conscience de son être. L'âme semblait s'être séparée du corps.

Combien de temps resta-t-elle ainsi dans cette espèce de léthargie? Elle n'aurait su le dire.

Quand elle revint à elle, elle était seule dans une chambre, étendue sur le carreau. En s'aidant de ses mains, elle parvint à se soulever et à se mettre sur ses genoux. D'abord, elle regarda autour d'elle avec effarement.

— Où suis-je donc? se demanda-t-elle, en passant ses mains sur son front et sur ses yeux.

Tout à coup elle tressaillit. La pensée lui était revenue; elle se souvenait de sa rencontre avec Solange et de ce qui s'était passé ensuite jusqu'au moment où, après avoir été poussée violemment dans l'enclos, elle avait vu deux lames effilées sur sa poitrine.

Elle se dressa sur ses jambes en jetant un grand cri. Elle fit quelques pas et se mit à crier de toutes ses forces :

— Au secours ! au secours !

Sa voix resta sans écho. Autour d'elle tout garda un lugubre silence.

Elle se trouvait dans une petite pièce, plus longue que large, un boyau, sans fenêtre, qui recevait un peu de jour d'une sorte de lucarne percée dans la toiture.

Elle sentit un frisson courir dans tous ses membres.

— Un cachot ! murmura-t-elle.

Elle poussa un nouveau cri que lui arracha la terreur.

Elle vit une porte ; affolée, elle s'élança pour l'ouvrir. Mais la porte était épaisse, bien assise sur ses gonds rouillés et d'une solidité à toute épreuve. Au bout d'un instant d'inutiles efforts, Gabrielle dut renoncer à l'espoir qu'elle avait eu un instant de pouvoir s'échapper. Elle était épuisée, haletante ; son front ruisselait de sueur ; elle avait les ongles brisés, les mains saignantes.

— Oh ! les misérables ! s'écria-t-elle ; mais que veulent-ils donc faire de moi ?

Elle fit deux fois le tour de sa prison, frappant la muraille avec une clef, celle de son logement. Elle fut bientôt convaincue que si la porte était solide, les murs avaient une épaisseur suffisante pour empêcher sa voix d'arriver au dehors.

Elle n'en pouvait plus douter, elle était réellement enfermée dans une espèce de prison.

La pièce était complètement nue : pas un meuble, rien, pas même une poignée de paille sur laquelle elle aurait pu se coucher ou s'asseoir. Il n'y avait qu'un seul objet : son panier, qui était resté à son bras, et qu'elle retrouva à l'endroit où elle avait été jetée.

Appuyée contre la muraille, la tête penchée sur sa poitrine et les yeux à demi fermés, Gabrielle se mit à réfléchir profondément.

Tout à coup elle se redressa, les yeux hagards, fit trois pas en avant, puis recula épouvantée comme si une bête hideuse se fût dressée devant elle.

— Oh! oh! oh! fit-elle d'une voix étranglée.

Elle venait de s'expliquer pourquoi les deux hommes l'avaient enfermée, et elle avait cette horrible pensée que sa prison allait être son tombeau, qu'elle était condamnée à mourir de faim.

— Je suis perdue! gémit-elle.

Elle était oppressée, elle respirait avec peine; il lui semblait qu'un poids énorme pesait sur sa poitrine. De grosses gouttes de sueur perlaient sur son front, et cependant ses membres et son corps étaient glacés.

Machinalement elle marcha vers la porte massive, contre laquelle elle colla son oreille. Elle eut beau écouter, elle n'entendit rien, ni dans la maison, ni au dehors, ni même un bruit lointain.

C'était le silence de la tombe, le solennel et effrayant silence de la mort.

Tout son sang s'était précipité vers la tête et battait violemment ses tempes. Il y avait dans ses oreilles un bourdonnement sourd, un voile épais tomba sur ses yeux.

Chancelante, cherchant à s'appuyer contre la muraille, elle se réfugia dans le coin le plus sombre de sa prison.

A toutes ses terreurs se joignait un profond découragement. Enfermée vivante dans un sépulcre, elle comprenait qu'elle ne devait compter sur aucun secours humain.

Après avoir tant souffert, après avoir vu si souvent ses espérances détruites et subi successivement toutes les épreuves de la vie, elle n'avait même plus la force du désespoir. Mais de nombreux sanglots s'échappèrent de sa poitrine gonflée.

N'ayant plus rien à attendre des hommes, elle essaya de se détacher complètement des choses de la terre ; sa pensée s'élança vers le ciel, appelant Dieu.

— Ma triste destinée doit s'accomplir ! soupira-t-elle.

Au trouble de l'épouvante succédait la sérénité de la résignation.

XVII

DEUX BANDITS

Après avoir enfermé Gabrielle dans cette chambre, qui ressemblait à un cachot, les deux hommes avaient rejoint Solange dans une pièce du rez-de-chaussée de la maison où elle les attendait.

Cette maison, qui commençait à tomber en ruine, bien qu'elle eût été solidement construite, appartenait pour le moment à un marchand de bric-à-brac de Paris. Il l'avait recueillie dans un héritage. Il prétendait l'avoir louée à de petits rentiers, l'homme et la femme, mais la vérité est qu'il l'avait mise à la disposition de voleurs dont il était, lui, un des principaux receleurs.

La maison était à une distance de quatre ou cinq cents mètres des fortifications, sur la limite du territoire de Châtillon. Elle servait de dépôt provisoire pour les objets volés dans les communes et les maisons habitées au sud de Paris. Les rôdeurs de nuit s'y donnaient rendez-vous et c'est de là que sortait le mot d'ordre, chaque fois qu'une expédition d'une certaine importance avait été décidée.

Nous n'avons pas besoin de dire que le propriétaire de la maison et les deux hommes, qui avaient eu l'audace de se faire passer pour des agents de police, faisaient partie de cette bande de malfaiteurs, si admirablement organisée, qui agissait sous la direction occulte de Blaireau.

Le premier de ces hommes se nommait Princet. Deux fois déjà il avait été condamné pour vol. Non moins intelligent qu'audacieux, c'était un misérable excessivement dangereux. L'autre s'appelait Cholard, surnommé Chauve-Souris par ses camarades. A peine âgé de vingt-quatre ans, il n'avait eu qu'une condamnation en police correctionnelle à huit jours de prison pour rixe nocturne sur la voie publique.

— Il faut que je vous remercie tous les deux, leur dit Solange, vous m'avez sauvée d'un terrible danger.

— Hô, fit Princet, vous n'étiez pas à votre aise tout de même.

— Un moment je me suis vue perdue.

— Et d'autres avec vous.

— Non, moi seule, car on ne m'aurait pas arraché une parole. J'étais vraiment dans une vilaine situation. Fuir me paraissait impossible ; d'ailleurs la femme m'aurait poursuivie, ameutant le monde sur mon passage. Les gens qui étaient là paraissaient décidés à nous mener chez le commissaire de police ; j'avoue que je commençais à avoir grand'peur lorsque, heureusement, vous êtes arrivés.

— Tout en m'approchant, je vous ai reconnue, madame Solange, et je me suis dit aussitôt : « Il faut savoir ce qui se passe ; attention et ouvre l'œil. » J'ai interrogé les badauds, et quand j'ai su de quoi il retournait, j'ai tout de suite imaginé la bonne farce qui a si bien réussi. Je n'ai rien trouvé de mieux pour vous tirer d'affaire. Par bonheur, Cholard était avec moi ; il a su trouver un fiacre, ce qui était absolument nécessaire.

Ah! ah! ah! ajouta-t-il en riant, le tour a-t-il été assez crânement joué? Je vous assure que tous ceux qui étaient là n'y ont vu que du feu.

— Vous avez été très-adroits et vous avez fait preuve d'une grande présence d'esprit.

— Dans des cas comme celui-là il n'y a que la hardiesse qui sauve.

— Quand je verrai le maître, prochainement, je ne manquerai pas de lui parler du service que vous m'avez rendu, et je lui demanderai pour vous deux une bonne gratification.

— Elle sera acceptée avec reconnaissance.

— C'est moi qui vous suis reconnaissante, répliqua Solange en souriant.

— Dites donc, reprit Princet, c'est qu'elle n'est pas folle du tout, la femme pâle.

— Malheureusement.

— On lui a donc réellement volé son enfant?

— Oui. Vous n'attendez point que je vous conte la chose, n'est-ce pas? C'est un secret du grand maître. Du reste, l'aventure date de longtemps. Je n'en avais plus entendu parler et moi-même je n'y pensais plus, lorsque, ce matin, un hasard maudit m'a mise en présence de la femme que vous venez d'enfermer là-haut. Je ne l'ai pas d'abord reconnue, je n'ai pu l'éviter. Et puis, j'étais loin de songer à elle. Je la croyais morte ou folle, enfermée pour toute sa vie dans un hospice d'aliénés. Et elle est bien vivante, et elle n'est pas folle!

Quand elle s'est jetée sur moi, me réclamant son enfant, j'ai cru véritablement que c'était un fantôme, un spectre qui sortait du cimetière. Heureusement, je n'ai pas perdu mon sang-froid... Vivante, vivante !... Si seulement elle était folle, elle ne serait pas à craindre... Je ne vous le cache pas, je vais être maintenant dans une inquiétude continuelle.

— Pourquoi ?

— Elle s'est trouvée ce matin sur mon chemin, elle peut me rencontrer encore.

Princet eut un sourire singulier.

— Actuellement elle est en lieu sûr, dit-il.

— Vous ne pouvez pas la garder éternellement.

— C'est certain.

— Eh bien, je ne pourrai plus sortir sans avoir peur de rencontrer cette furie, de voir ce fantôme se dresser devant moi.

— La femme pâle me fait l'effet d'être fort compromettante pour nous tous, opina Cholard.

— Elle est à craindre, dit Solange.

Le front plissé et les yeux farouches, Princet paraissait réfléchir.

— Au fait, reprit Cholard, qu'est-ce que nous allons en faire ?

Après un moment de silence, Princet releva brusquement la tête.

— Dans la voiture, dit-il d'une voix creuse, elle m'a demandé si je connaissais un agent de police du nom de Morlot.

— C'est vrai, fit Solange.

— Je lui ai répondu que je le connaissais. Je le connais, en effet, bien que je ne l'aie jamais vu. Ce Morlot est un homme terrible et féroce pour nous autres : c'est lui qui a arrêté un de nos chefs, Gargasse, dans un cabaret de Charonne où il avait eu l'imprudence de boire un coup de trop. Je ne me soucie pas d'avoir Morlot à nos trousses, surtout s'il est l'ami de la femme pâle, comme elle le prétend.

Pas plus tard que cette nuit, nous enlèverons tout ce que nous avons encore en dépôt ici ; nous choisirons un autre lieu de rendez-vous et nous ne reparaîtrons dans cette maison que quand nous serons sûrs de pouvoir le faire sans danger.

— Pourquoi déménager? demanda Cholard ; je ne vois pas que nous soyons menacés.

Princet haussa les épaules.

— Tu es jeune, Chauve-Souris, dit-il, tu as besoin d'acquérir de l'expérience. Ce soir ou demain, Morlot saura que la femme pâle, qui est l'amie de sa femme et la sienne, a disparu. Naturellement il se mettra à sa recherche. Tu peux être sûr qu'il parviendra à savoir ce qui s'est passé sur le boulevard de Montrouge. Il cherchera deux jours, trois jours, quatre si tu veux. Comme il a du flair, — il l'a prouvé, — et qu'il doit connaître l'histoire de l'enfant volé, il devinera que la femme a été enlevée.

— Après ?

— Après ? il trouvera le cocher qui nous a conduits, — ça ne lui sera pas difficile, — et le cocher l'amènera ici.

— Diable, je n'avais pas songé à cela.

— Pour ta gouverne, ami Cholard, il faut toujours songer à tout.

— Si je t'ai bien compris, nous allons garder la femme ?

— C'est nécessaire.

— Qu'est-ce que nous en ferons ?

Princet regarda fixement Cholard sans répondre.

— Nous allons avoir là une prisonnière bien gênante, reprit Cholard. Est-ce que nous ne pourrions pas, en partant d'ici la nuit prochaine, lui donner la clef des champs ?

Princet secoua la tête et prit un air sombre.

— Dans l'intérêt de madame Solange, et pour notre sûreté à nous, répondit-il sourdement, il faut que cette femme disparaisse.

— Alors, vous voulez vous en aller en la laissant enfermée ici ? demanda Solange.

— Ça pourrait se faire ; mais je ne trouve pas que ce soit un moyen sûr de nous débarrasser d'elle.

— Vous voulez la tuer! s'écria Solange.

— Oui.

— Oh ! c'est grave !

— Nous y sommes forcés, notre sûreté l'exige.

— C'est vrai, approuva Cholard.

Princet se tourna brusquement de son côté.

— C'est toi qui lui feras son affaire cette nuit.

— Moi?

— Oui, toi. Tu n'as pas peur, je suppose.

— Peur? allons donc !

— A la bonne heure ; il faut que tu gagnes tes éperons.

— Est-ce que je serai seul ?

— Oui.

— Pourquoi ne seras-tu pas avec moi?

— Tu sais bien que j'ai affaire cette nuit du côté de Bourg-la-Reine.

— Alors un coup de couteau ?

— Non, le sang coule et laisse des traces. Tu l'étrangleras, d'abord ; une femme ! c'est l'affaire d'un instant.

— Ensuite ?

— Tu emporteras le cadavre et tu le jetteras dans le puits où il y a encore assez d'eau pour le cacher. Cela fait, pour qu'il aille au fond et s'enfonce dans la vase, tu trouveras facilement de grosses pierres que tu jetteras dessus.

— A quelle heure faudra-t-il faire la chose ?

— Aussitôt que nos camarades, qui auront été prévenus dans la soirée, auront tout enlevé.

Tu resteras ici le dernier ; les autres n'ont pas besoin de savoir la besogne que je te donne.

En parlant ainsi, le misérable avait un hideux sourire sur les lèvres.

Solange était d'une pâleur livide. La préméditation de cet horrible crime l'épouvantait. Cependant elle ne prit point la défense de Gabrielle ; elle regardait les deux scélérats avec terreur ; mais elle n'essaya point de les faire renoncer à leur abominable projet.

— Je n'ai plus rien à faire ici, dit-elle en se levant, je vais vous quitter.

— Avant de partir voulez-vous voir notre prisonnière ? lui demanda Princet avec son affreux sourire.

— Non, non, répondit-elle en frissonnant.

— N'oubliez pas la gratification promise.

— Soyez tranquille.

— Cholard, tu vas accompagner madame Solange ; tu lui ouvriras la porte sur la ruelle ; elle n'aura qu'à prendre le chemin à droite pour gagner la route pavée.

Solange s'en alla. Un instant après, les deux bandits quittèrent à leur tour la maison.

Gabrielle vit le jour de sa prison baisser peu à peu, puis

s'éteindre tout à fait. La nuit était venue. La malheureuse se persuadait de plus en plus qu'on l'avait enfermée avec l'intention de la laisser mourir de faim.

Il y avait au moins trois heures qu'elle était dans les ténèbres, lorsque le silence qui l'entourait fut troublé tout à coup. Il lui sembla qu'on marchait au-dessous et autour d'elle ; c'étaient des pas lourds, qui résonnaient également sur les marches de l'escalier.

Épuisée de fatigue, les jambes brisées, elle s'était accroupie dans un coin. Elle se releva et, à tâtons, suivant le mur, elle chercha la porte. Quand elle l'eut trouvée, elle tendit l'oreille pour écouter. Elle reconnut d'abord, au bruit des pas, qu'il y avait plusieurs personnes dans la maison. Elle entendit ensuite des voix d'hommes, de grosses voix rauques et enrouées. Mais elle eut beau concentrer son attention et toutes ses facultés auditives, il lui fut impossible de saisir une parole ayant un sens. Le bruit des voix arrivait à son oreille comme un bourdonnement. Elle eut l'intention de crier, d'appeler. Elle n'osa pas le faire. Elle sentait bien qu'elle n'avait rien de bon à espérer. Par les deux individus qu'elle connaissait, elle pouvait juger ce que valaient les autres.

Le bruit dura pendant une demi-heure ou trois quarts d'heure, puis la maison redevint tout à coup silencieuse.

— Ils sont partis, se dit Gabrielle.

Cependant elle resta debout, appuyée contre la porte, prêtant toujours l'oreille.

Un temps assez long s'écoula.

Soudain, Gabrielle entendit qu'on montait l'escalier. Les pas étaient presque légers et paraissaient hésitants. L'idée lui vint que la personne qui gravissait l'escalier venait la délivrer. Elle poussa un long soupir et son cœur se mit à battre très-fort.

Les pas se rapprochèrent, puis le bruit d'une clef mise dans la serrure de la porte se fit entendre.

Cette fois, Gabrielle ne pouvait plus douter. Sa prison allait s'ouvrir. Cependant elle recula jusqu'au fond de la pièce, saisie d'une angoisse inexprimable.

La porte s'ouvrit. Un homme entra. Dans sa main gauche il avait une corde de petite grosseur, ayant à son extrémité un nœud coulant. Sa main droite tenait un bougeoir de tôle dans lequel il y avait une chandelle. Une lumière blafarde, tremblotante, éclaira le cachot.

Gabrielle reconnut l'homme et laissa échapper un cri de frayeur. Certes, l'apparition de ce misérable n'avait rien de rassurant.

XVIII

L'HOMME ET LA CORDE

Cholard, dit Chauve-Souris, avait à ce moment une figure repoussante.

Pour se donner du courage, la force de commettre le crime, peut-être aussi pour s'étourdir, il s'était chauffé le corps et la tête en avalant plusieurs rations d'eau-de-vie. Il était à moitié ivre.

De ses petits yeux glauques, qui lui sortaient de la tête, jaillissaient des éclairs livides. Rien ne saurait rendre l'expression farouche et sauvage de sa face patibulaire.

La porte ne pouvant s'ouvrir que du dehors, il l'avait

laissée entr'ouverte. Évidemment, il ne craignait pas que sa victime pût lui échapper.

Ne trouvant rien pour poser sa lumière, il prit le parti de la mettre sur le carreau de la chambre.

La jeune femme le regardait, un froid glacial dans les membres.

Quand, après s'être débarrassé de son bougeoir, il s'avança vers elle, elle recula en frémissant.

— Ne m'approchez pas, lui cria-t-elle, vous me faites peur !

— Je comprends ça, balbutia-t-il d'une voix avinée.

— Venez-vous me rendre la liberté? demanda Gabrielle.

— Hein ! la liberté ? des bêtises !

— Que me voulez-vous, alors, dites, que me voulez-vous ?

— Ce que je te veux ! tu vas le voir.

Et le misérable se rua sur elle pour lui passer la corde autour du cou. Mais, rassemblant toutes ses forces, Gabrielle parvint à le repousser. Puis elle bondit vers la porte qu'elle voyait ouverte.

Cholard avait deviné son intention. Il eut le temps de la saisir au passage et il la poussa rudement jusqu'au fond de la pièce.

— Tu voudrais te sauver, dit-il, en ricanant; impossible ! A l'exception de cette porte, toutes les autres sont fermées. Il n'y a plus que nous deux dans la maison... les autres sont partis. Tu peux crier si tu veux, cela m'est égal, on ne t'entendra pas. Tu es en mon pouvoir, tu ne peux pas m'échapper.

— Et avec cette corde vous voulez m'étrangler? fit Gabrielle frissonnante.

— Voilà : il faut que tu meures !

— Oh! assassin! assassin! cria-t-elle.

— Pas encore, répliqua-t-il sourdement; mais je le serai dans un instant.

Le cynisme du misérable était plus épouvantable encore que lui-même. Gabrielle jeta autour d'elle des regards effrayés.

— Perdue! murmura-t-elle, je suis perdue!

— Si cela n'avait dépendu que de moi, reprit Cholard, je t'aurais laissé la vie.

La jeune femme entrevit dans ces paroles un rayon d'espoir.

— Alors, vous n'êtes pas tout à fait un scélérat, dit-elle; oui, vous êtes trop jeune encore pour être un monstre! Je ne veux pas vous parler de la justice des hommes, de celle de Dieu et du châtiment terrible qui, tôt ou tard, frappe le meurtrier... Mais vous avez une mère, une sœur, peut-être; eh bien, c'est en leur nom, au nom de la femme qui vous a mis au monde, au nom de ceux qui vous ont aimé dans votre enfance, de ceux que vous avez aimés, que je vous dis: Arrêtez-vous sur la pente du mal, ne devenez pas un assassin!

Ah! croyez-le, continua-t-elle tristement, ce n'est pas mon existence désolée que je défends; c'est vous, malheureux, c'est vous que je défends contre vous-même! Laissez-moi sortir d'ici!

Il secoua la tête.

— Impossible, répondit-il; ce serait trahir les autres.

— Les autres? vos complices, ceux qui m'ont volé mon enfant, n'est-ce pas?

Il garda un sombre silence, tournant la corde dans ses mains.

— Mais vous n'avez rien à craindre, vous, poursuivit Gabrielle: je ne sais pas votre nom, je ne vous connais pas... Laissez-moi partir ! Je vous promets de ne révéler à personne que j'ai été amenée dans cette maison, et j'oublierai ce qui s'y est passé.

Cholard, qui avait été un instant hésitant sous l'influence de la parole de Gabrielle, reprit soudain son air farouche.

— Non, prononça-t-il d'un ton guttural, tu es gênante, tu ne dois plus vivre !

Gabrielle pouvait encore l'implorer, essayer de l'émouvoir ; elle éprouva à le faire une répugnance invincible. Quelques heures auparavant elle avait fait le sacrifice de sa vie ; elle était prête pour la mort. Mais elle n'entendait pas se livrer sans défense à la corde de l'étrangleur. Elle se dressa en face de lui, les yeux étincelants, superbe d'énergie.

— Vous n'êtes pas encore tout à fait un scélérat, lui dit-elle, mais vous allez le devenir. Misérable, commettez donc votre crime, si vous l'osez !

Cholard était un peu tremblant. On comprend qu'il devait être troublé et inquiet au moment de commettre son premier meurtre. Mais ce ne fut qu'une émotion passagère. Du reste, dans sa tête, l'alcool produisait son effet de surexcitation. Se défiant de son vrai courage, il avait demandé à la liqueur forte de lui donner la férocité.

— Il faut en finir, dit-il d'une voix sombre.

Et d'un bond, comme un tigre qui saute sur sa proie, il se précipita sur Gabrielle et la saisit à la gorge.

La jeune femme fit un effort suprême et s'échappa de l'étreinte terrible. Il la ressaisit, elle put lui échapper encore. Il se jeta une troisième fois sur sa victime, en poussant un hurlement de colère et de rage.

Gabrielle était épuisée, haletante, hors d'haleine ;

elle ne put se dégager. Elle se trouva serrée dans les bras nerveux du misérable. Cependant la lutte n'était pas finie, Gabrielle se défendait vaillamment avec cette force extraordinaire que donne le désespoir et qu'on trouve toujours à l'heure d'un danger suprême.

Elle sentait bien qu'elle était perdue, qu'il lui était impossible de vaincre son lâche ennemi, son bourreau; mais elle voulait lutter jusqu'à épuisement complet de ses forces et vendre chèrement sa vie.

Elle se défendait sans pousser un cri. Lui criait, râlait et faisait entendre des hurlements de bête fauve chaque fois qu'elle repoussait la corde fatale qu'il voulait lui jeter autour du cou.

Enfin le misérable parvint à la terrasser et ils tombèrent ensemble. Pendant quelques secondes encore, ils roulèrent au milieu de la chambre, en se repliant, en se tordant comme des reptiles.

Gabrielle haletait affreusement, sa poitrine avait des soulèvement violents, et son cœur battait à se rompre. Il y avait dans ses oreilles un tintement sinistre. Elle sentit qu'elle allait perdre la respiration.

Elle cessa subitement de se défendre. Rassemblant le peu de forces qui lui restait, elle se souleva et se mit sur ses genoux.

L'homme se dressa debout en poussant un cri de triomphe. Son regard était effrayant. Ses yeux semblaient lancer des flammes; il avait sur les lèvres un sourire atroce.

Le moment était venu. Il prépara son nœud coulant.

Gabrielle avait joint les mains et tourné ses yeux vers le ciel.

Placée comme elle l'était, son pâle et beau visage était entièrement éclairé par la lumière pâle de la chandelle.

Au moment où Chauve-Souris se disposait à faire passer au-dessus de la tête de sa victime la terrible corde, Gabrielle parla.

— Mon Dieu, dit-elle, je vais quitter cette vie où j'ai tant souffert ; je vous remets mon âme.

L'étrangleur s'était arrêté tout interdit devant cette femme agenouillée, qui avait les mains jointes, le regard fixé au plafond, et qui semblait avoir oublié qu'il était là, menaçant, tenant dans ses mains l'instrument de mort.

Gabrielle continua :

— Mon Dieu, veillez sur mon fils !... Faites que les douleurs de la mère soient le prix du bonheur de l'enfant !

Que se passa-t-il alors dans le cœur et la pensée de Cholard ? De quelle clarté soudaine venait-il d'être frappé ? Nous ne saurions le dire. Mais un grand trouble était né en lui, et sa fureur sanguinaire s'était subitement calmée. S'était-il attendri ? Se sentait-il pris de pitié pour sa victime ? Pourquoi pas ? Mais qu'importe ! Par un regard qui regardait plus haut que lui, par une voix qui montait jusqu'à Dieu, cet homme, tout à l'heure rugissant, furieux, féroce, cet homme venait d'être dompté !

Devant une femme en larmes on a vu reculer le lion du désert !

D'autres femmes avant Gabrielle avaient déjà attendri des bêtes féroces !

Maintenant, ce n'était plus la victime, c'est le bourreau qui avait peur !

Tremblant, courbé, les yeux démesurément ouverts, fixés sur Gabrielle, Cholard se mit à reculer. Il recula jusqu'à la porte. En franchissant le seuil, sa main rencontra la clef qui était restée dans la serrure.

Sans le vouloir, sans doute, car il était incapable d'avoir une pensée, il tira la porte, qui se ferma sur lui.

Il se précipita dans l'escalier, comme s'il eût la faculté des oiseaux nocturnes de voir au milieu des ténèbres, sortit de la maison en courant, sauta par-dessus un mur et s'enfuit de toute la vitesse de ses jambes.

On aurait pu croire qu'il était poursuivi par une légion de diables ou plutôt par les gendarmes.

Quand Cholard eut disparu et que Gabrielle n'entendit plus le bruit de ses pas, elle se traîna jusqu'à la porte. Alors seulement elle s'aperçut qu'elle était entièrement fermée.

— Je comprends maintenant pourquoi il est parti, murmura-t-elle avec accablement, il s'est dit qu'il ne devait pas prendre la peine de commettre un meurtre inutile, quand lui et ses camarades... les autres, comme il dit, n'ont qu'à me laisser mourir de faim...

Il a eu l'attention de me laisser de la lumière, ajouta-t-elle avec un sourire navrant.

Elle s'assit. Le dos contre la porte et la tête dans ses mains, elle resta un instant absorbée dans de douloureuses pensées.

— Je n'ai plus à me faire aucune illusion, reprit-elle, je suis condamnée. Les gens qui m'ont pris mon enfant veulent ma mort, qui leur est nécessaire, et je suis en leur pouvoir. Ils avaient décidé que je mourrais étranglée; mais Dieu n'a pas voulu que le malheureux qui sort d'ici fût un assassin. Je mourrai d'une autre manière et aussi sûrement; seulement mon agonie sera plus longue et plus cruelle.

« Les autres sont partis. » Il m'a dit cela, l'homme à la corde. Je me rends compte maintenant de ces bruits que j'ai entendus. C'était un déménagement. Oui, ils sont partis... Et je reste seule, emprisonnée, dans cette maison isolée et abandonnée.

Oh! la faim! la faim!... Je la sens déjà, je la sens. J'ai entendu dire que c'était une effroyable torture; je vais la connaître, cette torture... Elle manquait à mon martyre. La faim! souffrance du corps pour laquelle l'âme ne peut rien. Ah! je me sens frissonner d'épouvante et d'horreur. Seigneur, mon Dieu, soutenez mon courage, donnez-moi la force de supporter de nouvelles souffrances.

A ce moment, ses yeux, qui erraient dans la chambre, tombèrent sur son panier. Aussitôt elle laissa échapper un cri, une sorte de cri de joie.

Elle se leva péniblement, fit quelques pas, et alla s'affaisser de nouveau près du panier. Elle le saisit par un mouvement brusque, l'ouvrit et plongea sa main au fond.

Elle retira un morceau de pain.

Elle l'avait mis dans son panier avant de sortir de chez elle. C'est une précaution qu'elle prenait quelquefois.

Elle n'avait fait qu'un repas léger, le matin. Est-il besoin de le dire? Elle avait faim, la pauvre Gabrielle. Pourtant, elle tenait le pain dans sa main, elle le regardait tristement, les yeux mouillés de larmes, et elle n'osait pas le porter à sa bouche.

Au bout d'un instant, cependant, elle partagea le morceau en deux parts à peu près égales.

— Pour deux fois, murmura-t-elle; maintenant et demain. Demain... Et après?...

Après? reprit-elle d'un ton intraduisible : ce sera la souffrance et la mort!

Et, en pleurant, elle se mit à manger.

XIX

LE DANGER DES CLOISONS MINCES

Le lendemain du jour où Sosthène de Perny s'était trouvé rue de Provence à une table de jeu, en face du magnifique étranger, qui se faisait appeler don José comte de Rogas, grand de Portugal, — cela seulement, — lequel lui avait démontré que, si habile qu'on puisse être à battre les cartes, on peut encore rencontrer de plus forts que soi; le lendemain de ce jour, disons-nous, vers trois heures de l'après-midi, Sosthène s'acheminait vers les Ternes. Il allait faire une visite à sa mère.

Il s'était mis dans la tête qu'elle devait lui donner la somme qu'il lui fallait absolument pour le surlendemain avant midi.

Il savait très-bien qu'elle n'avait pas d'argent chez elle. Quelques jours auparavant il avait fait main basse sur les derniers billets de cent francs qu'elle tenait en réserve. Mais il voulait la forcer à demander les douze mille francs au marquis de Coulange, ce qu'il n'avait pas le courage de faire lui-même.

Quand il arriva rue Laugier, n'ayant plus que vingt-cinq pas à faire, il s'arrêta brusquement. Il avait devant lui le coupé de son beau-frère. Le cocher, lui tournant le dos, était sur son siège.

Sa première pensée fut de rebrousser chemin pour revenir plus tard, car il ne tenait nullement à se trouver nez-à-nez avec le marquis. Celui-ci était avec sa mère ; cela n'avait rien d'extraordinaire. Mais, à tort ou à raison, il s'imagina que madame de Perny et M. de Coulange parlaient de lui ; que sa mère se plaignait et que le marquis ne se gênait point pour blâmer et flétrir sa conduite. Aussitôt, l'idée lui vint d'écouter ce qu'ils disaient. Après un moment d'hésitation, il tourna sur ses talons et se mit à marcher d'un pas rapide.

Il fit le tour d'un pâté de maisons, gagna le petit chemin parallèle à la rue Laugier, qu'avait visité Morlot, et arriva à la petite porte, remarquée par ce dernier. Il en avait une clef dans sa poche. Il l'ouvrit, pénétra dans le jardin, et, sans faire de bruit, marchant sur la pointe des pieds, en se glissant derrière les massifs, il arriva au pavillon. Il entra et monta l'escalier à pas de loup. Il ouvrit et referma doucement une porte, celle de sa chambre, qu'il traversa pour se glisser furtivement dans le cabinet de toilette.

La domestique, occupée dans sa cuisine, ne l'avait ni vu, ni entendu.

Nous savons, d'après le plan tracé par Morlot, qu'un double cabinet de toilette séparait les chambres de la mère et du fils. Du côté de la chambre de madame de Perny la cloison était très-mince. En s'en approchant seulement et en tendant l'oreille, Sosthène pouvait parfaitement entendre causer chez sa mère.

Le marquis était encore avec elle, et, dès les premières paroles qui arrivèrent à son oreille, il comprit qu'ils parlaient de lui.

— J'avoue mes torts, dit madame de Perny, répondant à son gendre ; mais que faire, maintenant ? Je ne peux plus que souffrir et me désoler. Si j'ai été faible, trop faible, j'en suis bien punie !

— Malheureusement, nous n'avons plus rien à espérer, reprit le marquis. Pour le ramener à des idées plus saines et lui faire quitter la voie dangereuse qu'il suit et qui le mène à sa perte, j'ai fait tout ce qui dépendait de moi. Je lui ai parlé comme on parle à un frère, à un ami. Paroles perdues. En présence de ses exigences, qui devenaient de plus en plus fréquentes et... brutales, j'ai dû lui fermer ma bourse, persuadé, d'ailleurs, que tout ce que je ferais pour lui serait inutile.

Madame de Perny soupira.

— Je suis très-riche, c'est vrai, continua le marquis ; mais quand j'ai autour de moi tant d'occasions pour faire le bien, je ne veux pas que ma fortune serve à encourager le mal. Je ne sais pas quel triste sort lui est réservé ; quel qu'il soit, il l'aura mérité. Je ne vous rapporte point, — je ne l'oserais pas, — ce qu'on m'a dit de lui et ce que j'apprends encore tous les jours. S'il y a de la honte pour Sosthène, il y en a aussi pour nous tous.

— Est-ce que Mathilde sait ?...

— Rien, heureusement ; je lui cache la vérité.

— Sosthène est jeune encore, monsieur le marquis ; il ouvrira les yeux, il verra l'abîme et s'en éloignera.

— Je veux vous laisser cet espoir, madame, vous en avez besoin.

— Oui, car il adoucit ma douleur.

— Croyez-vous que la mienne n'est pas grande! Croyez-vous que j'ai appris sans chagrin que Sosthène vous prenait tout votre argent, que pour lui vous aviez engagé vos bijoux, votre argenterie, et que, souvent, vous manquiez des choses les plus nécessaires à la vie?

Cela prouve, ce qui est plus douloureux encore que le reste, que votre fils n'a pas de cœur.

— Oh ! monsieur le marquis...

— Il ne le fait que trop voir. Tenez, j'ai fait une triste découverte.

— Laquelle, monsieur le marquis ?

— Non seulement Sosthène n'aime pas sa sœur, mais il a pour elle de la haine.

— Oh! monsieur le marquis, ne croyez pas cela ! s'écria-t-elle.

— Cela est, madame. Hélas ! je voudrais me tromper !

Madame de Perny baissa la tête. Elle était accablée.

Le marquis reprit :

— Je partage un peu l'opinion des gens que la conduite de votre fils scandalise et qui prétendent qu'il y a dans sa tête un grain de folie.

— Il m'arrange bien, mon cher beau-frère, pensait Sosthène, qui ne perdait pas un mot de la conversation.

— Mais laissons ce sujet aussi pénible pour vous que pour moi, continua le marquis. Vous m'avez fait l'amitié de m'écrire ; je me suis empressé de me rendre à votre invitation, pensant que vous aviez à me faire une communication pressante ou quelque chose à me demander. Veuillez me dire de quoi il s'agit.

Madame de Perny parut embarrassée.

— La mère de la marquise de Coulange ne doit pas craindre de parler devant le mari de Mathilde de Perny, ajouta le marquis avec son sourire plein de bienveillance.

— Je connais vos nobles sentiments, monsieur le marquis, répondit madame de Perny, et j'ai su apprécier depuis longtemps tout ce qu'il y a de bon et de généreux dans votre cœur ; cependant j'éprouve une gêne pénible...

— Je vous le répète, madame, vous pouvez parler sans aucune crainte.

— Vous m'encouragez, merci. Vous savez déjà pourquoi je vous ai écrit de venir me voir : j'ai quelque chose à vous demander.

— Dites, madame.

— Monsieur le marquis, sur la pension que vous voulez bien me faire...

— Madame, interrompit le marquis, ce n'est pas moi, c'est votre fille qui vous fait cette pension.

— Eh bien, sur cette pension, monsieur le marquis, je désirerais qu'une somme assez importante me fût avancée.

Le front de M. de Coulange s'assombrit.

Sosthène tressaillit, et il prêta l'oreille avec un redoublement d'attention.

— Est-ce possible, monsieur le marquis? demanda madame de Perny.

— Cela dépend, madame, répondit-il.

— Chaque mois, on pourrait me retenir la moitié.

— Grâce à Dieu, répliqua-t-il vivement, la marquise et le marquis de Coulange n'en sont pas à faire de ces calculs mesquins. D'ailleurs, en ce qui concerne votre pension, madame, c'est l'affaire de Mathilde. Ne parlons donc plus de la pension, qui vous sera servie régulièrement comme par le passé.

— Alors, monsieur le marquis, c'est un emprunt que je suis obligée de vous faire.

— Je ne suis pas un prêteur d'argent, madame; il m'arrive quelquefois, je pourrais dire souvent, de donner quand je crois bien faire. Quel est le chiffre de la somme dont vous avez besoin?

— Quinze mille francs.

L'air mécontent du marquis s'accentua.

— Pour votre fils? l'interrogea-t-il.

Les yeux de Sosthène étincelaient.

— Quinze mille francs ! murmura-t-il.

— Non, monsieur le marquis, non, répondit madame de Perny, ce n'est pas pour mon fils ; il ignore que j'ai besoin de cette somme.

Le visage de M. de Coulange se dérida.

— C'est bien, dit-il. Puis-je vous demander l'emploi que vous voulez faire de ces quinze mille francs ?

— Il y a quelques mois, monsieur le marquis, je me suis trouvée gênée, dans une situation difficile...

— Je comprends, une dette de votre fils à payer.

— Eh bien, oui, une dette à payer.

— Alors ?

— Une de mes anciennes amies m'a prêté ces quinze mille francs à l'insu de son mari. Comme vous le voyez, c'est une dette d'honneur que j'ai contractée. Aujourd'hui, pour ne pas se trouver elle-même dans une situation pénible, mon amie me réclame la somme et j'ai promis de la lui rendre.

— Et vous devez le faire, madame. Quel jour devez-vous rembourser les quinze mille francs ?

— Le plus tôt possible, aussitôt que je les aurai.

— Eh bien, madame, je vous enverrai cette somme ou je vous l'apporterai moi-même demain, dans l'après-midi.

— Demain ! répéta sourdement Sosthène.

— Oh ! monsieur le marquis, balbutia madame de Perny, comme vous êtes bon pour moi, que de reconnaissance !

— Demain, dans l'après-midi... quinze mille francs, se disait Sosthène, une lueur livide dans le regard.

— Vous reste-t-il encore un peu d'argent, madame ? demanda le marquis.

Elle ne répondit pas ; mais le rouge lui monta au front.

— Ainsi, il ne vous reste plus rien ? dit le marquis.
— Plus rien, soupira-t-elle.

Le marquis eut comme un mouvement de colère. Mais il reprit aussitôt, son bon sourire sur les lèvres :

— Je ne veux pas que vous restiez ainsi sans argent ; aux quinze mille francs, je joindrai une autre somme de cinq mille francs. Mais, je vous en prie, madame, que cet argent soit pour vous, pour vous seule ; que votre fils ne sache pas que vous le possédez !

Madame de Perny prit son mouchoir et essuya de grosses larmes qui roulaient dans ses yeux.

Le marquis s'était levé, et, avant de la quitter, il lui tendit la main.

Elle s'empara de cette main généreuse, sur laquelle elle s'inclina pour la toucher de ses lèvres. Puis elle fit entendre une sorte de gémissement. Elle était en proie à une émotion extraordinaire.

— Merci, monsieur le marquis, merci, prononça-t-elle d'une voix vibrante.

Elle se leva pour le reconduire.

— Ne vous dérangez pas, lui dit-il.

Elle l'accompagna jusqu'à la porte de sa chambre seulement.

Le marquis s'en alla en lui disant :
— A demain !
— Oui, à demain ! répondit la voix sombre de Sosthène.

Après avoir refermé sa porte, madame de Perny s'assit tristement, prit sa tête dans ses mains et pleura silencieusement.

Au bout d'un instant, Sosthène sortit de sa cachette,

puis de sa chambre. Il s'arrêta un instant sur le palier pour écouter. Un bruit qu'il entendit lui apprit que la domestique était encore dans la cuisine. Alors il descendit lentement, avec précaution, sortit du pavillon et gagna la petite porte par laquelle il disparut.

Une semaine s'était écoulée sans qu'il eût fait une seule visite à sa mère. Elle ne devait pas encore le voir ce jour-là.

Le lendemain, dans la matinée, madame de Perny reçut une lettre de Sosthène.

Il s'excusait de ne pas être allé la voir depuis plusieurs jours ; il la prévenait qu'il avait l'intention de se rendre aux Ternes le jour même, dans l'après-midi. Il la priait de l'attendre et lui recommandait de ne pas sortir.

Vers deux heures, un domestique du marquis de Coulange se présenta chez madame de Perny et lui remit de la part de son maître un pli cacheté.

— Monsieur le marquis vous a-t-il dit d'attendre une réponse ? demanda-t-elle.

— Non, madame, répondit le domestique.

Et il se retira.

Madame de Perny ouvrit l'enveloppe, qui contenait, avec quelques lignes écrites par M. de Coulange, vingt billets de banque de mille francs.

— Si je n'attendais pas Sosthène aujourd'hui, se dit-elle, j'irais porter tout de suite à mon amie ses quinze mille francs. Mais ce n'est qu'un retard d'une demi-journée ; j'irai demain avant midi.

Elle remit les billets dans l'enveloppe et les plaça dans un rayon d'une armoire qu'elle ferma et dont elle mit la clef dans sa poche.

Comptant sur la visite de son fils, elle avait averti sa

domestique, et celle-ci se mit en devoir de préparer un dîner un peu plus complet que d'habitude.

A sept heures, Sosthène n'était pas arrivé.

Madame de Perny voulut l'attendre encore, elle l'attendit jusqu'à huit heures.

— Allons, se dit-elle tristement, il a oublié qu'il devait venir ; ce soir, comme toujours, il s'est laissé entraîner.

Elle poussa un profond soupir. Puis elle se fit servir. La domestique, dont le poulet à la broche s'était desséché devant le feu, ne se gênait pas pour montrer sa mauvaise humeur.

Madame de Perny mangea à peine ; la contrariété lui avait enlevé l'appétit. Elle se leva de table et remonta immédiatement dans sa chambre.

La servante débarrassa la table, lava sa vaisselle et acheva son travail de la journée. Elle sortit ensuite pour aller causer dans la rue avec la concierge, sa fille et quelques voisines.

La soirée était très-belle. Le ciel se constellait d'étoiles scintillantes ; l'air tiède était déjà parfumé ; le rossignol chantait sa chanson amoureuse.

A neuf heures et demie, la petite porte du jardin s'ouvrit sans bruit et Sosthène se glissa dans l'ombre. Il savait sans doute que, pour le moment, sa mère était seule dans le pavillon.

Madame de Perny avait pleuré. Elle essuyait ses yeux lorsque, soudain, sa porte s'ouvrit brusquement. Elle vit entrer Sosthène.

XX

L'INFAME

A la vue de son fils, madame de Perny s'était levée. Elle n'eut qu'à le regarder pour s'apercevoir qu'il avait bu. Elle eut comme un mouvement de répulsion, et elle retomba sur son fauteuil en faisant entendre une plainte étouffée.

Sosthène, en effet, paraissait avoir fait un dîner copieux. Il avait dû absorber une certaine quantité d'absinthe et autres liqueurs non moins dangereuses.

Il avait une tenue débraillée, le visage fortement enluminé, les lèvres humides, la bouche baveuse ; de ses yeux s'échappaient des lueurs étranges ; son regard était sombre et ses mouvements fiévreux.

En s'avançant vers sa mère, il regarda autour de lui et jeta particulièrement sur l'armoire un coup d'œil singulier.

— Assieds-toi, lui dit madame de Perny. Je t'ai attendu toute la soirée, j'espérais que tu dînerais avec moi ; pourquoi n'es-tu pas venu ?

— Je n'ai pas pu. Au dernier moment j'ai été retenu.

— Par tes amis ! fit madame de Perny, appuyant sur le dernier mot.

— Oui.

— De tristes amis, reprit-elle, avec lesquels tu cours à ta perte, sans que tu voies dans quel horrible gouffre tu peux tomber.

Le regard de Sosthène devint plus sombre encore.

— Hé ! répliqua-t-il en frappant du pied avec colère, je ne suis pas venu te voir ce soir pour que tu me fasses de la morale. Il me semble que je suis assez grand pour marcher seul. Je te préviens que je ne veux entendre aucun reproche ; du reste, je n'ai pas à en recevoir de toi.

— Malheureux ! mais si tu me fermes la bouche, à moi, ta mère, qui donc aura le courage de te dire que tu manques à tous tes devoirs, que ta conduite est odieuse, un scandale pour tous les honnêtes gens ? Qui donc essayera de te rappeler au sentiment de ta dignité ?

— Je ne reconnais ce droit à personne, pas plus à toi qu'à d'autres, riposta-t-il avec dureté.

— Ah ! Sosthène, Sosthène, tu me fais payer chèrement toutes mes coupables faiblesses ! Oui, tu me forces à avoir le regret cruel de t'avoir trop aimé !

— Il ne fallait pas être faible, il ne fallait pas m'aimer, répondit-il froidement.

— Pas de cœur, pas de cœur ! murmura tristement madame de Perny.

— Ce que je suis, je le sais, reprit-il ; je n'ai pas besoin qu'on me le dise ; et ce que je fais, je le veux ! D'ailleurs, continua-t-il, en s'animant tout à coup, si j'ai une existence misérable, une conduite odieuse, comme tu le dis, c'est ta faute !

— Oh ! fit-elle, en courbant la tête.

— Oui, c'est ta faute, poursuivit-il d'une voix rauque ; tu prétends que je manque à tous mes devoirs, soit ; mais avant moi tu as manqué à tous les tiens... Comment m'as-tu élevé, dis ? M'as-tu donné de bons conseils ? M'as-tu seulement mis sous les yeux l'exemple de mon père ? M'as-tu montré ce qui était bien en me faisant voir ce qui était mal? J'ai marché seul, sans guide, et j'ai couru prêt à me casser le cou à chaque instant. Tu m'as laissé faire. Je n'avais plus de père, c'était à toi de me diriger ; c'est alors que tu devais me retenir pour m'empêcher de tomber ! Tu as été faible, tu ne devais pas l'être ; tu m'as trop aimé, je ne t'en demandais pas tant.

Aujourd'hui, tu me parles du gouffre où je peux tomber ; il est bien temps !... Je ne vaux pas grand'chose, c'est vrai. Mais voilà : je suis ce que tu as voulu que je sois !

Madame de Perny était anéantie. Elle leva vers le ciel ses mains tremblantes.

— Quel châtiment ! gémit-elle.

Sosthène reprit avec violence :

— Si tu avais été pour ta fille une bonne mère, si tu avais aimé Mathilde, tu n'aurais pas trompé le marquis en lui disant qu'elle était enceinte, tu ne lui aurais pas fait accepter de force l'enfant de la fille d'Asnières, elle ne nous aurait point chassés comme des misérables et je serais encore aujourd'hui chez le marquis.

— Mais, malheureux que tu es, tu oublies donc que c'est toi qui m'as forcée à commettre cette infamie, ce crime épouvantable ! s'écria-t-elle éperdue.

— Soit ; mais tu devais repousser mon idée, ton devoir était de me résister, tu ne devais pas te faire ma complice.

Il ajouta avec une ironie mordante :

— Dans toutes les circonstances, toujours, c'est ta faiblesse, c'est ton grand amour pour moi, qui m'ont fatalement perdu.

— Va, sois sans pitié pour ta mère, Sosthène, dit madame de Perny d'une voix déchirante ; frappe-la durement, à coups redoublés ; jette-lui au visage sa honte et son opprobre... Tu as raison, je n'ai pas le droit de te faire des reproches, car, comme toi, je suis une misérable !... Je souffre, je l'ai mérité. Depuis des années la douleur est en moi. Et mieux que toi, et plus cruellement encore, ma conscience réveillée me montre tout le mal que j'ai fait... Mais la justice de Dieu est inexorable ; pour qu'elle soit satisfaite, il faut que ma plus grande punition me soit infligée par toi !

Elle voila sa figure de ses mains, et, ne pouvant plus retenir ses larmes, elle se mit à pleurer.

Après un moment de silence, Sosthène reprit :

— Ce qui est fait est fait ; que tu le regrettes, je le comprends ; mais ce ne sont pas les larmes qui peuvent réparer quelque chose ; il me paraît donc bien inutile de s'attendrir. Du reste, ce n'est pas pour te voir pleurer que je suis venu ici ce soir.

— C'est horrible ! murmura-t-elle.

— Ridicule ! répliqua-t-il, en haussant les épaules.

— Ah ! tais-toi ! tais-toi ! s'écria-t-elle, tu es odieux.

— Je sais ce que je suis, je te l'ai déjà dit. Mais, pour le moment, ce n'est pas de cela qu'il s'agit. J'ai besoin d'argent.

Madame de Perny releva brusquement la tête.

— De l'argent ! fit-elle.

— Oui, il m'en faut.

Elle le regarda avec une sorte d'effroi.

— Mais tu sais bien que je n'en ai pas, répondit-elle ; il y a huit jours, tu as emporté les quelques cents francs qui me restaient.

— Aujourd'hui n'est pas il y a huit jours. Il me faut de l'argent.

— Je t'ai répondu.

— Tu en as.
— Non.
— Je le sais.
— Tu te trompes.
— Encore une fois, je te dis que je le sais! s'écria-t-il avec emportement.
— Où veux-tu donc que je l'aie pris ? Tu sais bien, trop bien, les jours que j'en reçois.
— Tu te donnes vraiment trop de peine pour mentir, répliqua-t-il, son mauvais sourire sur les lèvres. Tu as de l'argent ici, une forte somme même, que t'a donnée aujourd'hui le marquis de Coulange.

Madame de Perny tressaillit et se troubla.
— Comment sais-tu cela ? exclama-t-elle.
— Qu'importe, du moment que je le sais ?
— Eh bien, oui, dit madame de Perny, d'une voix très-émue, contrainte et forcée, j'ai dû m'adresser au marquis ; toujours généreux et grand, il n'a point repoussé ma requête et il m'a envoyé la somme que je lui ai demandée ; mais cet argent n'est pas à moi... Je l'ai emprunté au mois de novembre dernier ; tu le sais bien, puisque c'est pour toi que j'ai fait cet emprunt ; il faut que je rende demain les quinze mille francs.
— Tu les rendras plus tard.
— On attend, j'ai promis.
— On attendra, tu manqueras à ta promesse.
— Ce serait une infamie ; c'est une dette sacrée !
— Ma mère, j'ai besoin de cet argent, il me le faut.
— Jamais !
— Je le veux !
— Tu es un misérable !

Il se dressa debout, les yeux pleins d'éclairs.
— Prends garde ! cria-t-il d'un ton menaçant.

— Va-t'en, lui dit-elle, va-t'en, tu m'épouvantes !
Il devint blême de colère.
— Ma mère, donne-moi la clef de ton armoire, reprit-il d'une voix sourde, les dents serrées.
Elle se dressa en face de lui et répondit avec énergie :
— Non !
— La clef, donne-moi la clef ! dit-il d'un ton plus impérieux encore.
— Non ! non ! non !
— Une dernière fois, donne-moi la clef !
— Jamais ! j'aimerais mieux mourir !
Comme le fauve qui saute sur sa proie, Sosthène bondit sur sa mère et la renversa sur le fauteuil.
Elle poussa un cri.
— Si tu veux que je sois un assassin, lui dit-il, d'une voix creuse, tu n'as qu'à crier et à appeler. Tiens, tu vois ce pistolet : la première personne qui entre dans cette chambre, je la tue !
Il fit passer l'arme sous les yeux de sa mère et la jeta sur un guéridon.
La malheureuse, effrayée, n'osa plus appeler à son secours. Cependant elle faisait tout ce qu'elle pouvait pour se défendre... Mais, la saisissant à la gorge et tenant ses jambes serrées entre ses genoux, il parvint à la fouiller et à lui enlever la clef.
Alors, les yeux enflammés, il se redressa en jetant un cri de joie semblable à un rugissement.
Libre de ses mouvements, madame de Perny se releva. Elle était haletante, à demi suffoquée.
— Voleur ! Voleur ! prononça-t-elle d'une voix étranglée.
Sosthène n'eut pas l'air d'avoir entendu.
Il avait ouvert l'armoire, et, remuant le linge, ouvrant

les boîtes, fourrant ses mains dans tous les coins, il cherchait les billets de banque. Il ne voyait point l'enveloppe qui les contenait, laquelle, cependant, lui crevait les yeux.

Madame de Perny était incapable de lutter contre son fils ; toutefois, elle ne renonçait point à empêcher le vol. Elle vit le pistolet sur le guéridon ; elle s'en empara et le glissa dans sa poche ; puis elle s'élança vers la porte avec l'intention évidente de descendre dans le jardin afin d'appeler à son aide.

La malheureuse femme avait la tête perdue. Elle ne voyait pas qu'en appelant des étrangers elle dénonçait son fils et le mettait dans une situation des plus graves.

Mais Sosthène devina sa pensée. Les traits contractés, la fureur dans le regard, terrible, il se jeta entre elle et la porte.

— Tu ne sortiras pas ! hurla-t-il.

Madame de Perny recula, puis s'élança vers la fenêtre qu'elle ouvrit toute grande. Avançant la tête et la moitié du corps, elle reprit haleine pour crier. Elle n'eut pas le temps de le faire. Sosthène se précipita sur elle comme un forcené. A cette nouvelle et brutale agression, elle se retourna à demi.

Alors une lutte épouvantable, horrible, s'engagea entre la mère et le fils.

Sosthène serrait sa mère contre la barre d'appui de la fenêtre. Pour l'empêcher de crier, il lui faisait de sa main gauche un bâillon.

La barre n'était pas solidement scellée. Tout à coup, sous les secousses violentes qu'elle recevait, l'une de ses extrémités se détacha. Le corps de madame de Perny perdit son équilibre ; le buste emporta les jambes, et, la tête en avant, elle tomba dans le vide.

Un cri étouffé, suivi immédiatement d'un bruit sourd, se fit entendre.

Sosthène prêta avidement l'oreille ; il n'entendit plus rien.

— Bah ! c'est une culbute, murmura le misérable, elle se relèvera.

Et il courut à l'armoire. Cette fois, l'enveloppe lui sauta aux yeux. Il la prit et reconnut aussitôt l'écriture du marquis. Il regarda et vit les billets de banque.

— Enfin, je les tiens ! s'écria-t-il.

Il fourra enveloppe et billets au fond de la poche de sa redingote, referma l'armoire et s'élança hors de la chambre. Un instant après, sorti du jardin, il s'éloignait rapidement.

Il s'en allait, le monstre ! et il ne s'était même pas demandé si sa mère avait été blessée dans sa chute.

Un grand quart d'heure ou vingt minutes plus tard, quand la servante revint pour se coucher, elle trouva sa maîtresse étendue sans mouvement sur le sol, devant la porte de la cuisine. Elle jeta un grand cri, puis se baissa pour essayer de la relever. Elle s'aperçut alors que la tête et la figure de la malheureuse femme étaient couvertes de sang. L'endroit où reposait la tête, immédiatement au bas des marches de pierre, était rouge et formait une espèce de mare.

Affolée, épouvantée, la domestique appela au secours de toutes ses forces. La concierge, sa fille et trois ou quatre locataires de la maison accoururent aussitôt. Deux hommes relevèrent madame de Perny et la transportèrent dans la salle à manger où ils la couchèrent sur une chaise longue.

Elle était glacée. D'abord, on crut qu'elle était morte ; mais on s'aperçut qu'elle respirait encore, et au bout d'un instant elle poussa un faible gémissement.

— Ma fille, dit la concierge, cours vite chercher un médecin.

La jeune fille partit en courant.

— Il serait bon aussi, dit un locataire, de faire prévenir tout de suite son fils.

— C'est vrai, répondit la concierge ; mais je ne sais pas où il demeure.

La domestique ne connaissait pas non plus l'adresse de M. de Perny.

— Mais, dit-elle, on peut aller rue de Babylone avertir M. le marquis de Coulange du malheur qui vient d'arriver.

— J'y vais, dit un homme.

— Prenez une voiture pour arriver plus vite.

L'homme s'en alla.

Madame de Perny n'était pas tombée d'une grande hauteur ; malheureusement, sa tête avait rencontré l'angle aigu d'une marche de l'escalier de la cuisine. Choc épouvantable ! au-dessus de l'os frontal, la pierre avait enfoncé le crâne et fait un trou. Beaucoup de sang avait coulé par l'horrible blessure ; il coulait encore.

XXI

LE PARDON

Au bout d'une demi-heure, grâce aux soins du médecin, qui était venu en toute hâte, madame de Perny reprit connaissance. Elle se souvint aussitôt de ce qui s'était passé entre elle et son fils. Un frisson d'horreur courut dans tous ses membres. Elle se voyait entourée d'étrangers, et, les yeux hagards, elle regardait autour d'elle, ayant l'air de chercher quelqu'un, quelque chose. Une angoisse inexprimable était peinte sur son visage. Elle fit signe à sa servante de s'approcher.

— Que s'est-il donc passé? lui demanda-t-elle d'une voix faible et inquiète.

La domestique répondit en lui disant qu'elle était allée causer avec la concierge, et qu'en rentrant pour se coucher, elle l'avait trouvée étendue au bas de l'escalier, baignant dans son sang.

— Vous êtes tombée de votre fenêtre, madame, continua-t-elle; j'avais le pressentiment de ce malheur, car, je vous faisais remarquer que l'appui n'était guère solide.

— Ah! soupira madame de Perny.

Et elle respira avec force. Elle était délivrée de son horrible anxiété. Les paroles de la servante venaient de lui faire comprendre que Sosthène avait pu s'enfuir sans être vu ni entendu.

— Seule, je sais la vérité, pensa-t-elle; il n'y aura pas de scandale autour du nom du marquis et de la marquise de Coulange.

Elle reprit assez haut pour que tous ceux qui étaient présents pussent l'entendre:

— C'est vrai, je suis tombée de ma fenêtre; je me rappelle maintenant comment l'accident m'est arrivé: pour atteindre la persienne et la fermer, je m'appuyai fortement sur la barre d'appui. Tout à coup elle céda sous le poids de mon corps et je me sentis précipitée la tête la première.

— Ne sachant pas l'adresse de M. de Perny, dit la servante, je n'ai pas pu l'envoyer chercher; mais une personne de la maison est partie pour aller prévenir M. le marquis de Coulange.

— Monsieur le marquis? C'est bien. Demain on avertira mon fils, répondit madame de Perny.

Le médecin, ayant déclaré qu'il fallait absolument la mettre dans son lit, on la monta dans sa chambre.

La domestique et la concierge se mirent en devoir de la dévêtir. Elles commencèrent par lui ôter sa robe. La servante la prenait pour la jeter sur un meuble, lorsque madame de Perny allongea les bras et la lui arracha des mains avec une sorte de violence fiévreuse, en disant :

— Je veux l'avoir sur mon lit.

Et elle-même la plaça dans la ruelle du lit.

On ne fit aucune attention à cet incident, qui paraissait sans importance.

Un instant après, madame de Perny était couchée.

Le médecin indiqua les soins à lui donner pendant la nuit et se retira.

Les locataires étaient rentrés chez eux; la concierge s'en alla à son tour, laissant sa fille avec la servante.

Profitant d'un court moment où on la laissa seule, madame de Perny plongea sa main dans les poches de sa robe. Elle en sortit le pistolet chargé, puis deux lettres : celle du marquis, qui accompagnait l'envoi des vingt mille francs, et celle où Sosthène annonçait sa visite à sa mère. Elle cacha l'arme et les deux lettres sous son traversin.

Le marquis de Coulange était rentré depuis une demi-heure, et, avant de se mettre au lit, il examinait les mémoires de deux entrepreneurs, lorsque Firmin vint lui dire qu'un homme des Ternes demandait à lui parler.

— Un homme qui vient des Ternes? fit-il, envoyé par

ma belle-mère, sans doute ? Qu'est-il donc arrivé ?

— Je ne me suis pas permis d'interroger le messager, répondit le serviteur.

Le marquis se leva et suivit Firmin.

C'est avec une douloureuse surprise qu'il apprit le grave accident dont sa belle-mère était victime, lequel avait été occasionné, croyait-on, par la barre d'appui de la fenêtre, qui s'était détachée sous le poids du corps de madame de Perny.

— Est-ce que la blessure paraît dangereuse? demanda le marquis très-ému.

— Je ne saurais le dire; mais la fente est large et paraît profonde. Madame de Perny n'avait pas encore repris connaissance lorsque j'ai quitté le pavillon pour venir vous prévenir.

— A-t-on appelé un médecin?

— La fille de la concierge est allée le chercher, il doit être, en ce moment, près de madame de Perny.

Le marquis se tourna vers Firmin :

— La marquise et les enfants sont couchés, lui dit-il, il ne faut pas troubler leur repos. Je vais écrire un billet que tu porteras tout de suite chez le docteur Gendron et que tu remettras à lui-même. Pendant que je vais écrire, tu donneras l'ordre de mettre un cheval à mon coupé.

— Je vous remercie, monsieur, ajouta-t-il, en s'adressant au messager; vous êtes de la maison où demeure madame de Perny?

— Oui, monsieur le marquis.

— C'est bien, j'aurai l'honneur de vous revoir demain.

Et il le congédia.

Une heure plus tard, le marquis entrait dans la chambre de madame de Perny.

Elle lui tendit la main.

10.

— Ah! dit-elle, je savais bien que vous viendriez tout de suite; merci.
— Comment vous trouvez-vous?
— Oh! faible, bien faible!
— Est-ce que vous n'avez pas envoyé chercher Sosthène?

Elle lui fit signe de se pencher vers elle, et lui répondit tout bas :
— A quoi bon? On ne l'aurait pas trouvé chez lui.
— C'est vrai, pensa le marquis.

Il pouvait être deux heures du matin quand le docteur Gendron arriva. M. Gendron était alors un des plus savants médecins de Paris. Devenu grand praticien, son travail et sa science lui avaient donné la célébrité et la fortune. Il s'était marié peu de temps après la naissance de la petite Maximilienne. A cette époque, nous le savons, le jeune docteur était pauvre.

A l'occasion de son mariage, le marquis lui avait fait don d'un mignon portefeuille sur lequel il y avait ce mot en lettres d'or : *Souvenir*. Et, quand il ouvrit le portefeuille, il y trouva deux papiers : sur le premier, le marquis avait écrit: « Récompense des soins que vous m'avez donnés et de votre admirable dévouement. Témoignage de mon amitié et de ma reconnaissance, qui dureront toujours. » L'autre papier était un chèque de cent mille francs sur la Banque de France.

Tel avait été le commencement de la fortune aussi rapide que brillante du docteur Gendron.

Silencieusement, avec son regard profond et méditatif, il examina la malade et sa blessure, et approuva ce que son confrère avait fait et prescrit.

— Eh bien? l'interrogea le marquis.
— Attendons, je ne puis me prononcer encore.

Le marquis et le médecin veillèrent la malade.

La nuit s'écoula, le jour vint. Madame de Perny se sentait de plus en plus faible. Elle n'avait encore qu'un peu de fièvre ; mais par instants ses yeux avaient un éclat et une fixité de mauvais augure.

— La situation est grave, dit le médecin au marquis ; la fièvre ne se déclare pas encore, mais elle vient, elle vient lentement. Il y a épanchement de sang au cerveau, et une ou plusieurs lésions des artères cérébrales, dont je ne puis encore reconnaître la gravité. Toutefois, je ne crois pas me tromper en vous disant que, dans quelques heures, la fièvre deviendra intense ; nous aurons des syncopes qui seront suivies de délire et de transports au cerveau.

Un instant après, madame de Perny appela son gendre.

— Qu'est-ce que pense de moi M. Gendron? lui demanda-t-elle.

— Il espère vous guérir, répondit le marquis.

Elle agita doucement sa tête sur l'oreiller.

— Il ne vous a pas dit tout ce qu'il pense, reprit-elle. Je me sens très-mal, monsieur le marquis. Je crois bien que je n'ai plus que quelques heures à vivre. Oui, j'attends la mort, je la vois venir...

— Je vous en prie, madame, n'ayez pas cette affreuse pensée.

— Je me sens bien, allez, tout est fini !

Puis elle murmura :

— La mort! oh! elle me sera douce!

Monsieur le marquis, reprit-elle d'une voix oppressée, je voudrais bien vous demander quelque chose.

— Dites, madame, dites.

— Je ne voudrais pas mourir sans avoir revu ma fille.

Ses yeux s'étaient remplis de larmes.

— Mathilde viendra, vous la verrez, répondit le marquis d'un ton solennel.

Les yeux de la malade s'illuminèrent.

— Monsieur le marquis, reprit-elle, il ne faut pas qu'elle tarde longtemps à venir.

— Ma mère, je vais aller la chercher.

— Mon Dieu, elle ne voudra peut-être pas...

— C'est sa mère mourante qui l'appelle, répliqua le marquis vivement; mais, ne m'auriez-vous point témoigné le désir de la voir, Mathilde serait venue d'elle-même à votre chevet. Je vais vous quitter, madame, m'autorisez-vous à prévenir votre fils?

Les lèvres de madame de Perny se crispèrent et son regard eut un rapide éclair. Pourtant elle répondit:

— Monsieur le marquis, faites tout ce que vous jugerez convenable.

M. de Coulange avait renvoyé son coupé; mais il trouva heureusement, rue Bayen, une voiture de remise. Il se fit conduire d'abord rue Richepanse. Sosthène n'était pas chez lui. On apprit au marquis qu'il y passait rarement la nuit, et qu'on était souvent deux ou trois jours sans le voir.

Le marquis écrivit quelques mots sur une de ses cartes et la remit au concierge en lui recommandant de la donner à M. de Perny aussitôt qu'il rentrerait.

Il remonta dans sa voiture, qui le transporta chez lui.

La marquise venait de se lever. Elle avait près d'elle les deux enfants, elle ne savait rien, mais elle était très-inquiète. Firmin, qu'elle venait d'interroger, lui avait seulement répondu que son maître avait été obligé de passer la nuit dehors.

A la vue de son mari, elle laissa échapper un cri de joie et s'élança à son cou. Le marquis l'embrassa et ensuite les enfants. La jeune femme se disposait à l'interroger. Il alla au-devant de son désir et, en quelques mots, lui apprit la vérité.

La marquise devint très-pâle.

— Le docteur Gendron est près d'elle, continua le marquis ; il n'a pas cru devoir me cacher que la blessure qu'elle s'est faite à la tête pouvait être mortelle.

Elle restait debout, tremblante, les yeux fixés sur son mari.

Après un moment de silence, le marquis reprit :

— Mathilde, ta mère n'a peut-être plus que quelques heures à vivre, elle désire te voir. Quelques graves que soient ses torts envers toi, la mort doit faire oublier bien des choses ; est-ce qu'elle t'attendra et t'appellera en vain ? Ne veux-tu pas lui donner cette satisfaction suprême de t'avoir près d'elle à ses derniers moments ?

La marquise paraissait en proie à une vive émotion.

— Tu viens me chercher ? l'interrogea-t-elle.

— Oui.

— Eh bien, mon ami, je vais m'habiller.

— C'est bien, Mathilde, c'est très-bien, dit le marquis.

Elle appela Juliette, et le marquis sortit en disant :

— Je vais faire commander ta voiture.

La jeune femme partit, non sans avoir longuement recommandé aux deux gouvernantes d'avoir bien soin des enfants.

Le marquis entra le premier dans la chambre de madame de Perny. Elle l'interrogea du regard avec anxiété.

— Mathilde est là, lui dit-il.

— Ah ! fit-elle.

Presque aussitôt la marquise parut.

Les yeux de la malade étincelèrent. Son regard était rayonnant, son front irradié.

— Monsieur le marquis, dit-elle, soyez assez bon pour me laisser un instant seule avec Mathilde.

Le marquis prit le bras du docteur et ils sortirent de la chambre.

La marquise s'avança lentement vers le lit.

Malgré sa grande faiblesse, la blessée parvint à se soulever un peu et s'appuya sur son bras recourbé.

La jeune femme restait silencieuse. Elle examinait sa mère, une douleur profonde dans le regard.

— Madame la marquise, dit madame de Perny d'une voix faible et tremblante, vous avez bien voulu venir jusqu'ici, je vous remercie.

— Ma mère, répondit la marquise, en m'apprenant votre terrible accident, mon mari m'a dit que vous désiriez me voir ; j'ai senti que je devais cesser d'être impitoyable, et je suis venue.

— Et vous venez de m'appeler votre mère, Mathilde, vous me donnez ce doux nom dont je suis indigne !

Ma fille, continua-t-elle en s'animant tout à coup, je voudrais pouvoir me lever pour tomber à vos genoux et baiser vos pieds, en vous demandant pardon !

— Oh ! ma mère !

— Mathilde, je vais mourir ; mais je n'ai pas attendu ma dernière heure pour reconnaître tous mes torts envers vous et me repentir du mal que je vous ai fait. Vous êtes bonne, vous avez toutes les vertus, et je ne vous ai pas aimée, vous, qui méritiez seule toute ma tendresse... Ah ! je suis une misérable !... Ma fille, ayez pitié de moi, ne me laissez pas mourir désolée... Pardon, ma fille, votre mère vous demande pardon !...

La marquise s'inclina lentement et ses lèvres touchèrent le front de sa mère. Puis, d'une voix vibrante elle prononça ces mots :

— J'oublie et je vous pardonne !

Une joie infinie éclata dans le regard de madame de Perny.

Après un moment de silence elle reprit d'une voix entrecoupée :

— Mathilde, vous êtes l'ange de rédemption ; je ne mourrai pas désespérée, je ne mourrai pas comme une maudite !... Votre pardon me promet le pardon de Dieu !

Ma fille, donnez-moi votre main.

La marquise mit sa main dégantée dans celle de sa mère. La blessée la porta à ses lèvres et la couvrit de baisers, en pleurant. Puis, étant parvenue à calmer son émotion, elle reprit :

— C'était surtout pour vous demander pardon, ma fille, que je voulais vous voir. Je ne vous dirai pas tout ce qu'il y a maintenant, et depuis longtemps déjà, d'affection, de tendresse et d'admiration pour vous dans mon cœur ; non, je ne veux pas vous le dire... Il est trop tard !... Hélas ! c'est autrefois que je devais vous aimer !.......

Vous m'avez pardonné... Vous sachant généreuse et bonne, j'espérais ; et cependant, devant le mal si grand et si difficile à réparer que je vous ai fait, je craignais de vous trouver sans pitié. Eh bien, non... Je vous ai appelée, vous êtes accourue, j'ai senti sur mon front votre baiser et vous m'avez dit : « J'oublie et je pardonne ! » Et la joie qui est entrée en moi inonde mon cœur.

Mais il faut que je profite de ce moment, car les minutes sont précieuses. Dans un instant peut-être je ne pourrai plus parler... Ma fille, j'ai quelque chose de grave à dire et que vous seule devez entendre. Vous voulez bien m'écouter, n'est-ce-pas?

— Oui, ma mère, je vous écoute.

— Mathilde, Sosthène, votre frère, est un monstre!

— Hélas ! gémit la marquise...

— Vous avez le droit d'être sans pitié pour lui. Dès demain, quand je ne serai plus, ou même avant ma mort, si vous le voulez, vous pouvez révéler notre crime à M. de Coulange. Il a été assez longtemps trompé. Il faut qu'il sache ce que je vous ai fait souffrir, qu'il éloigne de sa maison cet enfant qui n'est pas le sien et que Sosthène a volé à sa mère !

— Après le crime commis à Asnières, répondit la marquise, cette pauvre mère est devenue folle ; aujourd'hui, tout me fait supposer qu'elle a cessé de vivre.

— Quoi! vous savez?...

— Tout ce que j'ai pu découvrir touchant le sort de cette infortunée. Plus tard, si je crois devoir le faire, je dirai tout à mon mari ; mais l'innocent qu'on a pris à sa mère ne sera pas orphelin ; je l'ai adopté, ma mère ; il restera dans la maison de Coulange.

— Ah! mon admiration pour vous grandit encore, répliqua madame de Perny avec exaltation ; votre conduite n'est plus seulement belle, elle est sublime! C'est sa bonté ineffable et sa grandeur même que Dieu a mises en vous.

Mais, n'importe, je dois parler ; il faut que vous sachiez... Mathilde, Sosthène est capable de commettre les crimes les plus horribles ; n'oubliez jamais mes paroles... Il vous hait, il vous poursuivra de sa haine, défiez-vous de lui !

Ma fille, ce n'est point accidentellement que je suis tombée hier soir du haut de cette fenêtre, ma chute est l'œuvre de Sosthène... Voleur et parricide, voilà ce qu'il est !...

— Oh ! fit la marquise frissonnante.

— Ma fille, vous devez tout savoir ; écoutez-moi.

Elle raconta d'abord à la marquise comment elle avait chez elle, pour payer une dette, vingt mille francs que M. de Coulange lui avait généreusement donnés.

— Ma dette, reprit-elle, n'est que de quinze mille francs ; mais sachant que j'étais absolument sans argent, votre mari avait cru devoir m'envoyer cinq mille francs de plus.

Ma fille, continua-t-elle, c'est à madame de Lorge que je dois ces quinze mille francs. Je vous demande comme une grâce de payer cette dette de votre mère.

— Aujourd'hui même madame de Lorge sera payée, répondit la marquise.

— Merci, ma fille. Je ne vous impose pas l'obligation de garder le secret ; si vous le jugez convenable et utile, dites à votre mari ce que je vais vous apprendre.

Alors elle fit à la marquise le récit exact de ce qui s'était passé la veille entre elle et son fils.

Elle continua :

— L'argent était là, dans l'armoire ; il n'y est plus, il l'a pris et il s'est enfui. Après l'assassinat, le vol !

La marquise tremblait de tous ses membres. Elle était frappée d'épouvante et d'horreur.

— Je vais mourir, tuée par mon fils, ajouta madame de Perny. Le ciel me réservait ce châtiment terrible !

— Ma mère, notre ami le docteur Gendron vous sauvera.

— Non, il ne l'espère point, il me l'a dit. Ma fille, la lettre du marquis, celle de Sosthène et son pistolet sont là, sous mon traversin ; il faut que ces objets révélateurs disparaissent, prenez-les pour en faire, avec ce que je viens de vous raconter, tel usage qu'il vous plaira.

La jeune femme glissa son bras sous le traversin où elle trouva le pistolet et les deux lettres qu'elle s'empressa de mettre dans une de ses poches.

La blessée était retombée haletante et anéantie sur son lit. Elle avait usé tout ce qui lui restait de force dans les violents efforts qu'elle venait de faire pour parler. Ses yeux, agrandis et fixes, brillaient d'un éclat étrange. La fièvre, annoncée par le docteur, commençait son action terrible.

— Ma fille, dit-elle d'une voix presque éteinte, mes yeux se couvrent d'un voile, un grand trouble se fait dans ma tête, la pensée m'échappe, c'est la mort qui s'avance... Ma fille, approchez votre front de mes lèvres.

La marquise se pencha sur sa mère. La malade l'embrassa.

— C'est le premier baiser maternel que je vous donne! dit-elle.

Puis, d'une voix à peine distincte, elle murmura:

— Ma fille, soyez à jamais bénie!

Presque aussitôt elle poussa un soupir étouffé et elle resta immobile, les yeux ouverts, mais éteints, ne respirant plus.

La marquise crut que sa mère venait de rendre son dernier soupir. Elle se redressa en jetant un cri et bondit vers la porte.

Le docteur et le marquis, qui causaient dans le salon, accoururent au cri de la jeune femme.

M. Gendron s'approcha précipitamment de la malade. Et, tout en lui donnant ses soins :

— C'est une première syncope, dit-il.

— Docteur, sauvez-la, dit la marquise d'une voix suppliante, je viens de lui rendre toute mon affection; docteur, sauvez ma mère!...

Le médecin secoua tristement la tête et répondit:

— Je ne suis qu'un homme, madame la marquise; Dieu seul est tout-puissant!

— Ainsi, il n'y a plus d'espoir?

Le docteur garda un morne silence.

La jeune femme se mit à pleurer et plaça son mouchoir sur sa bouche pour étouffer ses sanglots.

M. Gendron s'approcha de M. de Coulange et lui dit tout bas:

— Monsieur le marquis, depuis une demi-heure la fièvre a fait des progrès rapides, le délire va succéder à la syncope; madame la marquise n'a plus rien à faire ici, emmenez-la.

Le marquis prit la main de sa femme; elle se laissa entraîner, et ils sortirent de la chambre où, quelques heures plus tard, madame de Perny allait expirer.

XXII

DÉLIVRANCE

Le soir où Sosthène de Perny, voulant voler sa mère, la faisait tomber de sa fenêtre et devenait ainsi un parricide, une autre scène nocturne se passait au delà des fortifications de Paris, dans la maison isolée et depuis peu abandonnée où avait été enfermée Gabrielle.

Après avoir vainement essayé d'ouvrir la porte donnant sur les champs et l'autre porte, qui ouvrait sur une ruelle, comme nous l'avons dit, un homme se décida à pénétrer dans le jardin par une brèche qu'il trouva dans le mur.

Tout en regardant autour de lui et en tendant l'oreille avec une sorte de défiance, il se dirigea lentement et sans faire de bruit vers l'habitation dont il voyait la porte ouverte toute grande.

Nous connaissons cet homme. Il se nomme Armand Des Grolles ; mais, obligé de se cacher, il se fait appeler Jules Vincent..

Enrôlé depuis quelque temps dans cette bande de malfaiteurs qui a pour chef supérieur ou pour grand maître Blaireau, personnage mystérieux et invisible auquel tous obéissent sans le connaître, Armand Des Grolles vient prendre le mot d'ordre qu'il doit recevoir directement de Princet.

La bande a ses capitaines ; Gargasse en était un, Princet en est un autre. Chaque capitaine commande et donne des ordres aux hommes de sa compagnie. Il les fait travailler et il les paye. Des Grolles est sous les ordres de Princet. Il n'a plus d'argent ; il vient en chercher et demander en même temps quel travail il doit faire.

Des Grolles s'étonne de ne voir apparaître aucune lumière ; déjà il a été surpris de trouver fermées les deux portes du jardin. Il ignore que la maison est abandonnée ; il n'a pas été prévenu, il ne sait rien ; il est inquiet.

Cependant, après s'être arrêté et avoir hésité un instant, Des Grolles entre dans la maison. Il sait l'endroit où se placent d'habitude la lampe et le chandelier avec sa chandelle ou sa bougie ; il cherche à tâtons, au milieu de l'obscurité, et ne trouve ni la lampe, ni le chandelier. Il est de plus en plus étonné, et il devient perplexe. Il frissonne, comme s'il avait peur de se trouver seul dans les ténèbres. Mais il se souvient qu'il a dans sa poche des allumettes et un bout de rat-de-cave. Il l'allume. La bougie filée est peu longue; craignant qu'elle ne brûle ses doigts, il l'enveloppe dans un morceau de papier qu'il trouve aussi dans sa poche.

Maintenant qu'il peut voir autour de lui, il regarde. Son étonnement augmente encore. Il entre successivement dans les quatre pièces du rez-de-chaussée, et finit par se convaincre qu'il y a eu un déménagement complet.

Pourquoi? Qu'est-ce que cela veut dire?

Il se le demande. Il ne comprend pas. Il pense qu'il aura, au premier, le mot de l'énigme. Dans la chambre de Princet, il y a une planche, une espèce de tableau sur lequel le chef écrit ses ordres et indique des rendez-vous, quand il est forcé de s'absenter et qu'il sait que quelques-uns de ses hommes viendront lui faire une visite.

Des Grolles monte l'escalier, il entre dans la chambre et cherche partout. Le tableau n'est plus là; il a été enlevé comme le reste. Cette fois, il ne peut plus en douter, il faut qu'il se rende à l'évidence : Princet a changé de quartier, la maison est abandonnée.

Pourquoi n'a-t-il pas été prévenu? C'est un oubli sans doute. N'importe, il n'est pas content.

Il sort de la chambre et se dispose à descendre l'escalier. N'ayant plus rien à faire dans la maison, il ne songe qu'à s'en éloigner rapidement.

Soudain, il s'arrête en tressaillant. Il a entendu quelque chose. Quoi? Il n'en sait rien encore; mais un bruit quelconque a frappé son oreille. Il se penche, allonge le cou et écoute, retenant sa respiration.

Il y a une minute de silence. Puis il entend distinctement une plainte, une sorte de gémissement. Il pâlit et il lui semble qu'il commence à trembler. Cependant il reste immobile et écoute toujours. Il entend de nouveau un gémissement. Il se redresse, les yeux effarés. Que va-t-il faire? Il est prêt à prendre la fuite. Mais il hésite, il a son amour-propre, son orgueil, il veut se montrer hardi pour ne pas s'avouer qu'il est saisi par la peur.

Ses yeux se sont fixés sur une porte qui est devant lui. C'est de là que viennent les plaintes. Cette porte, il peut l'ouvrir, la clef est dans la serrure. Il fait un pas en avant, allonge le bras et saisit la clef; mais sa main tremble; il la retire vivement, comme s'il eût touché un fer rouge. Il ne sait pas ce qu'il va voir; il est effrayé d'avance.

Les plaintes et les gémissements continuaient à se faire entendre.

Comme pour se braver lui-même et se faire honte de sa faiblesse, Des Grolles se campa fièrement devant la porte. Il ne s'était pas rendu maître de son émotion; mais il se sentait plus hardi et plus fort. Il eut encore un moment d'hésitation, puis la curiosité finit par l'emporter sur la crainte.

Il tourna la clef dans la serrure, ouvrit brusquement la porte et entra dans cette pièce étroite et sombre, qui était devenue une prison et un tombeau.

Gabrielle était agonisante. Mais, grâce à un reste de force nerveuse que lui donnaient sans doute les tortures de la faim, elle s'était levée et se tenait debout, cramponnée à la muraille.

En voyant sa prison soudainement éclairée, elle tourna la tête du côté de la porte. Des Grolles s'était arrêté; il regardait autour de lui.

— Ce misérable vient voir si j'ai cessé de vivre, pensa Gabrielle.

Elle parut se détacher du mur, et, à petits pas, les jambes chancelantes et les bras en croix, elle marcha vers des Grolles.

— Assassin ! prononça-t-elle d'une voix sépulcrale.

Des Grolles crut voir un spectre menaçant et vengeur se dresser en face de lui. Saisi d'une folle terreur, son rat-de-cave s'échappa de sa main, il poussa un cri étranglé, et se sauva poursuivi par l'épouvante.

La petite bougie brûlait sur le carreau.

Gabrielle voyait devant elle la porte ouverte.

Elle avança péniblement et sortit de sa prison. Mais ses forces étaient épuisées ; ses jambes se dérobèrent sous elle et elle s'affaissa comme une masse sur le palier.

. . . .

Nous avons laissé Morlot découragé et désespéré, cherchant à s'expliquer l'étrange disparition de Gabrielle.

Convaincu qu'elle n'avait pas été menée devant un commissaire de police et que, par conséquent, elle n'avait point été arrêtée par des agents de la police de sûreté, il était forcé d'admettre qu'elle était tombée dans un piège. Pendant plusieurs heures il se creusa la tête, essayant de pénétrer le mystère.

Tout à coup, une pensée jaillit de son cerveau, et aussitôt la lumière se fit.

— J'ai trouvé ! j'ai trouvé ! exclama-t-il, en se frappant le front. Oh ! les misérables ! les infâmes !...

Ah çà ! reprit-il, où donc avais-je la tête ? Pourquoi n'ai-je pas tout de suite deviné la vérité ? Pourtant, c'est clair comme le jour ; le doute même n'est pas possible. Oui, oui, c'est bien cela : Gabrielle a rencontré la coquine qui lui a volé son enfant ; elle a dû se jeter sur elle, en l'appelant voleuse d'enfant.

Voilà la dispute qui a attiré l'attention des passants. Certes, la dame Trélat ne devait pas être à son aise. Mais deux individus qui la connaissent viennent à son secours, en ayant l'audace de se faire passer pour des agents de police. Ils disent qu'ils vont conduire les deux femmes devant le commissaire de police, où elles s'expliqueront ; ils prennent une voiture et ils les emmènent... Oui, voilà ce qui s'est passé, j'en suis sûr ; je vois la scène comme si j'en eusse été le témoin.

Tonnerre ! jura-t-il en serrant les poings, si je m'étais trouvé là !...

Maintenant, ce n'est pas tout, continua-t-il sourdement ; il faut retrouver Gabrielle. Où l'ont-ils menée, les misérables ? Qu'en ont-ils fait ?

Et à cette pensée que, pour se débarrasser de la malheureuse jeune femme, ils pouvaient l'avoir assassinée, Morlot sentit un frisson courir dans tous ses membres et son sang se figer dans ses veines.

Son regard eut un éclair terrible.

— Oh ! murmura-t-il avec un singulier accent de rage, s'il y a un nouveau crime, c'est toi, Sosthène de Perny, c'est toi qui payeras pour tous !

Allons, reprit-il, il faut agir avec rapidité ; il y a déjà beaucoup trop de temps perdu.

Il prit son chapeau, sa canne et sortit de chez lui. Mélanie était descendue pour faire quelques achats. Ils se rencontrèrent dans l'escalier.

— Je cours à la préfecture, dit Morlot.

— Il t'est donc venu une idée ?

— Oui.

— Laquelle ?

— Gabrielle a été enlevée par deux scélérats.
— Enlevée ! Et pourquoi, mon Dieu ?
— Tu vas comprendre. C'est la dame Trélat, la voleuse d'enfant, que Gabrielle a rencontrée sur le boulevard de Montrouge.
— Oui, oui, tu as raison, mon ami. Que vas-tu faire ?
— Continuer mes recherches. Pour savoir ce que Gabrielle est devenue, il faut d'abord retrouver le cocher de la voiture qui a servi à l'enlèvement.

Le soir même, une note de la préfecture de police était envoyée dans tous les dépôts de voitures de place et de remise de Paris.

Cette note invitait le cocher qui avait pris deux femmes et deux hommes sur le boulevard de Montrouge, devant le cimetière du Mont-Parnasse, à se présenter sans retard à la préfecture de police.

La note expédiée, il n'y avait plus qu'à attendre.

Le lendemain, dès six heures du matin, Morlot était à la préfecture. Il attendit avec une impatience fébrile. A midi, le cocher ne s'était pas encore présenté. L'agent de police revint chez lui pour déjeuner.

— Rien encore, dit-il tristement à Mélanie.

Ils se mirent à table et mangèrent silencieusement. A une heure, Morlot se leva, disant :

— Je suis sur des épines, je retourne à la préfecture.

Il avait son chapeau sur sa tête, il allait sortir, lorsqu'on sonna à la porte. Mélanie s'empressa d'ouvrir. Un homme entra. Il portait une blouse, ses pieds étaient chaussés de gros souliers ferrés couverts de terre ; il tenait sa casquette à la main.

— Monsieur Morlot ? demanda-t-il.

— C'est moi, monsieur, répondit l'agent de police en s'avançant ; qu'y a-t-il pour votre service ?

11.

— C'est mon maître qui m'envoie.
— Qui est votre maître ?
— Un cultivateur de Châtillon.
— Ah ! Qu'avez-vous à me dire ?
— Je viens vous prévenir qu'une jeune dame, au sujet de laquelle vous devez être très-inquiet, est en ce moment chez mon maître.

Ces paroles furent suivies d'un double cri de surprise et de joie.

Morlot prit la main du messager.

— Depuis quand est-elle chez votre maître ? demanda-t-il d'une voix oppressée par l'émotion.
— Depuis ce matin, monsieur.
— D'où venait-elle ? Pourquoi n'est-elle pas venue avec vous ?
— Elle est malade, monsieur.
— Malade ! exclama Mélanie.
— Oui, et bien faible, si faible qu'elle ne peut pas marcher. Il paraît qu'elle n'avait pas mangé depuis trois jours.

Mélanie se mit à sangloter.

— Continuez, mon ami, dit Morlot.
— De vilaines gens, des brigands l'avaient enfermée dans une chambre.
— Ah ! les misérables ! fit Morlot.
— On l'a couchée dans un lit, continua le messager, on lui a fait prendre un potage, un peu de vin ; on la soigne ; quand je suis parti pour venir vous trouver, elle commençait à se trouver mieux.
— Mélanie, dit Morlot, ce brave garçon est tout en sueur, il a besoin de se rafraîchir : apporte une bouteille de vin. Il va boire un coup et me conduira tout de suite près de Gabrielle.

— Morlot, je veux aller avec toi.

— Je ne demande pas mieux, habille-toi.

Sans se faire prier, le paysan avala un verre de vin rempli jusqu'au bord.

— Donc, reprit Morlot, la jeune dame était enfermée dans une chambre, et c'est votre maître, c'est vous qui l'avez délivrée ?

— Non, monsieur, mais je vais vous dire la chose : ce matin, à sept heures, mon maître, sa fille et moi nous étions occupés à couper de l'oseille dans un champ. Tout à coup nous entendons des cris ou plutôt des gémissements. Nous regardons tout autour de nous avec étonnement. D'abord, nous ne voyons rien ; mais au bout d'un instant nous apercevons une main et un bras qui s'agitent en l'air derrière un mur. Nous courons de ce côté et nous trouvons la jeune dame étendue sur un tas de pierres et essayant de se traîner pour passer par une brèche qu'il y a dans le mur. — « La pauvre malheureuse va mourir, dit la jeune patronne, il faut tout de suite la porter chez nous. » Là-dessus, je pris la dame dans mes bras et je l'emportai. Quand elle fut couchée et qu'elle eut pris un potage, elle put parler un peu. Elle nous remercia tous et nous raconta que des scélérats, qui voulaient d'abord l'étrangler, l'avaient emprisonnée dans une chambre où elle se croyait condamnée à mourir de faim.

Morlot ne put s'empêcher de frissonner. Des lueurs fauves passaient dans son regard irrité et terrible. Mélanie s'habillait. Elle n'entendait point ce sombre récit.

— Il n'y avait donc personne pour la secourir et la défendre contre ces brigands ? demanda Morlot.

— Dame, personne ne pouvait savoir cela. C'est dans une vieille maison isolée, au milieu des champs, et entourée de murs, qu'ils avaient emprisonné la jeune dame.

— A-t-elle dit comment elle est parvenue à s'échapper?

— Oui. Il paraît que, la nuit dernière, un homme est venu dans la maison et a ouvert la porte de sa prison. Elle suppose que cet individu a eu peur en la voyant. Quoi qu'il en soit, il s'est sauvé comme si le diable l'emportait, en oubliant de refermer la porte. Alors elle est sortie de la chambre et est restée jusqu'au jour couchée sur le carré. Comme elle ne pouvait pas marcher, elle s'est laissée glisser en bas de l'escalier ; puis, en se traînant, elle a pu sortir de la maison et arriver à l'endroit où nous l'avons trouvée. Heureusement, elle avait conservé assez de force pour se faire entendre.

Mélanie reparut. Elle était prête.

— Partons, dit Morlot; nous prendrons sur le quai une voiture à quatre places. A propos, as-tu de l'argent?

— J'ai mis cent francs dans ma poche, répondit Mélanie.

— C'est bien. Tu donneras cette somme à Gabrielle pour qu'elle puisse récompenser elle-même les braves gens qui l'ont secourue.

XXIII

UNE BONNE JOURNÉE

Deux heures plus tard, Gabrielle était dans les bras de Mélanie. Elles s'embrassaient comme deux sœurs. La scène était des plus touchantes ; on pleurait autour d'elles. Morlot lui-même se détourna pour essuyer furtivement deux larmes.

Grâce aux soins qu'on lui avait prodigués, Gabrielle sentait la vie et ses forces lui revenir.

Elle voulut raconter à Morlot ce qui lui était arrivé.

— Ma chère Gabrielle, ne vous fatiguez pas à parler, lui-dit-il ; je suis suffisamment instruit pour le moment ; dans quelques jours, quand vous serez tout à fait bien, je vous écouterai avec plaisir, car il est utile que je connaisse tous les détails de ce nouveau crime.

Pour l'instant, continua-t-il, j'ai une autre curiosité, je désire visiter cette maison dans laquelle vous avez été séquestrée et où vous avez failli mourir de faim.

— Morlot, dit Mélanie, tu es seul, tu peux tomber dans un piège, prends garde !

— Oh ! oui, prenez garde, appuya Gabrielle.

— Soyez tranquille, répondit-il en souriant, j'ai avec moi un compagnon qui ne se laisse pas facilement surprendre.

Et, ouvrant son paletot, il leur fit voir la crosse de son revolver.

— Mélanie va rester près de vous, Gabrielle, reposez-vous bien ; il faut que vous soyez assez forte ce soir pour que nous puissions vous emmener...

— Chez nous, ajouta Mélanie, je veux vous avoir près de moi pour vous soigner.

— A bientôt ! leur dit Morlot.

Et il sortit.

Il se dirigea en ligne droite, et à travers champs, vers la maison isolée qu'on lui avait montrée de loin. Il y arriva bientôt. En tournant autour de l'enclos, il découvrit facilement beaucoup de pas d'hommes. Ils étaient surtout très-nombreux dans la ruelle. Il pénétra dans le jardin en passant par la brèche du mur, puis il entra dans la maison où, comme nous l'avons dit, Princet et ses hommes n'avaient laissé que les quatres murs.

— Il est certain, se dit Morlot, que cette masure servait de repaire à une bande de malfaiteurs. L'avaient-ils louée ? ou était-elle complaisamment mise à leur disposition ? Voilà une chose importante à savoir. La propriété appartient à quelqu'un, bien qu'elle ne vaille pas grand'chose. Qui est le propriétaire ? Si les gens qui demeurent aux environs ne peuvent pas me le dire, j'irai le demander à Châtillon.

Les brigands ont senti le danger qui les menaçait, continua-t-il, et, dans la nuit qui a suivi l'enlèvement de Gabrielle, ils ont abandonné leur repaire, en se hâtant de tout emporter. Et ils laissaient ici une malheureuse femme qu'ils condamnaient à une mort épouvantable... Oh ! les scélérats !...

Ils s'attendaient à une visite de la police ; ils savent parfaitement qu'une femme ne disparaît pas ainsi sans qu'on la cherche. Il fallait déguerpir au plus vite pour ne pas se laisser pincer... Ils m'échappent, c'est dommage, toute une bande... ç'eût été un joli coup de filet ! Où sont-ils allés ? Un de ces jours on tâchera de les retrouver. J'ai dans l'idée que le propriétaire de cette bicoque m'y aidera.

Tout en se livrant à ses réflexions, Morlot furetait partout. On aurait dit qu'il espérait trouver un objet quelconque pouvant le mettre sur la piste des locataires disparus. Mais il eut beau ouvrir les placards, remuer les cendres de l'âtre, examiner de vieilles loques qui gisaient dans la poussière, chercher dans tous les coins, il ne trouva rien.

Ayant visité le rez-de-chaussée, il monta au premier.

Il vit une porte ouverte et il entra dans une petite pièce, qui recevait le jour par la toiture.

— Voici la fameuse prison, murmura-t-il.

Il s'avança à l'intérieur et regarda.

— Diable, diable, dit-il, cela ressemble un peu, en effet, à une cellule de Mazas.

Son pied heurta quelque chose. C'était le panier de Gabrielle. Il le ramassa et le mit à son bras.

— C'est encore ça de retrouvé ! fit-il.

Quand il eut bien examiné ce lieu, qui avait failli servir de sépulcre à Gabrielle, il reconnut qu'il se trouvait dans une espèce de tourelle inachevée, dont primitivement on avait eu l'intention de flanquer la maison pour essayer de lui donner l'apparence d'une demeure féodale du moyen âge.

Il songea à ces temps néfastes où les crimes les plus odieux se commettaient impunément au nom des droits du seigneur.

Machinalement il regarda à ses pieds, croyant qu'il allait voir une trappe cachant le trou sinistre des oubliettes.

Il ne vit ni trappe, ni trou ; mais ses yeux se fixèrent sur un morceau de papier, qui paraissait avoir été tordu avec les doigts.

— Qu'est-ce que c'est que ça? fit-il.

Il se baissa et saisit l'objet entre ses deux doigts.

C'était bien un morceau de papier tordu, et Morlot remarqua qu'il était brûlé.

Mince trouvaille ! Cependant Morlot ne jeta point avec dédain ce qu'il venait de ramasser. Il le garda dans sa main. Il pensait sans doute qu'un homme bien avisé doit faire cas des choses les plus minimes et les plus insignifiantes.

Il sortit de la tourelle tronquée, jeta un rapide coup d'œil dans les autres pièces de l'étage, descendit l'escalier et s'éloigna de la masure. Il se retrouvait au milieu des champs.

En face de lui, à environ cent mètres de distance, il aperçut, derrière un bouquet d'arbres, une assez grande maison, qui lui parut appartenir à des gens aisés. Il marcha de ce côté en se disant :

— Là, peut-être, on me donnera quelques renseignements.

A moitié chemin, Morlot s'arrêta brusquement.

Il venait de penser au morceau de papier qu'il avait ramassé dans la tourelle et qu'il tenait toujours dans sa main.

— Je ne suis guère curieux, dit-il, voyons donc un peu ce que c'est.

Il détordit le papier et reconnut que c'était une enveloppe de lettre. Malheureusement, comme il l'avait déjà remarqué, elle était à moitié brûlée.

Voici comment était disposé ce qui restait de la suscription :

 Monsieur
 Jules Vi
 18, rue Saint-
    Paris

L'enveloppe portait, en outre, le timbre du bureau de poste de Saint-Mandé avec la date du 22 avril.

Morlot restait immobile, les yeux fixés sur l'écriture.

— Ce doit être la main d'une femme qui a écrit cette adresse, se disait-il, la maîtresse probablement de l'individu ; mais, qu'importe ! celui-ci est évidemment un des malfaiteurs qui hantaient la masure, peut-être l'homme qui, hier soir, a délivré Gabrielle sans le vouloir.

Prénom : Jules ; c'est bien. Mais il est difficile de deviner le nom ; un v, un i, et après un fragment de lettre qui peut être le jambage d'un m, d'un n ou d'un u.

Adresse : 18, rue Saint qui? Saint quoi? Tous les saints du calendrier ont leur rue dans Paris. J'ai le numéro, c'est déjà quelque chose. Mais combien en faudra-t-il visiter de maisons portant le n° 18? Les recherches seront laborieuses, un vrai travail de patience. Tonnerre! le coquin sera difficile à trouver.

Morlot tira de sa poche son portefeuille, dans lequel il serra précieusement le morceau de papier.

— Un de ces matins on s'occupera du sieur Jules V..., murmura-t-il.

Et il se remit en marche.

Il arriva bientôt devant la maison qui avait attiré son attention. Comme la plupart des habitations isolées des environs de Paris, celle-ci était construite au milieu d'un jardin entouré de murs. La grille ouverte laissait voir la façade à l'extrémité d'une large allée bordée d'espaliers couverts de fleurs.

— C'est un bourgeois qui demeure ici, pensa Morlot.

Ne croyant pas utile de s'annoncer par un coup de cloche, il entra dans la propriété et se trouva en présence d'un vieillard qui arrosait des plates-bandes.

Après l'avoir salué et s'être excusé de la liberté qu'il prenait :

— Vous êtes sans doute, monsieur, le propriétaire de cette maison? lui demanda Morlot.

— Oui, monsieur, répondit le vieillard. Qu'est-ce que vous désirez?

— Un renseignement, que peut-être vous pourrez me donner.

— De quoi s'agit-il ?

— Connaissez-vous le propriétaire de cette vieille maison? demanda Morlot, en désignant la masure abandonnée.

— Le locataire pourrait vous renseigner mieux que moi.

— Assurément, monsieur; mais il faudrait qu'il y en eût un. Pour le moment, personne n'habite cette maison.

— Vous en êtes sûr?

— Je viens de la visiter.

— Alors il n'y a pas longtemps que le locataire a déménagé.

— Depuis quelques jours seulement, je suppose. Est-ce que vous le connaissiez, monsieur, ce locataire?

Le vieillard secoua la tête.

— J'ai pu le voir, de loin, plusieurs fois, dit-il; mais je ne sais pas son nom, et moins encore ce qu'il faisait. Nous vivons ici très-retirés, ne nous occupant guère de nos voisins qui, en raison de leur éloignement, ne peuvent être gênants. L'individu qui demeurait dans la maison en question m'a paru avoir des allures assez mystérieuses. Il ne vivait pas dans la solitude et l'isolement; chez lui, la nuit, il y avait souvent nombreuse compagnie. Vous m'apprenez qu'il a déménagé; eh bien, je l'avoue, je n'en suis pas fâché. Pour vous dire toute ma pensée, ce voisinage me causait des inquiétudes. Plus d'une fois, j'ai vu rôder par ici des hommes de mauvaise mine, qui ne devaient pas être des inconnus pour le locataire dont nous parlons.

— J'ai lieu de croire, monsieur, que vous n'aviez pas tort d'être inquiet.

— Ah! vous êtes de mon avis!

— Oui, car j'ai acquis la certitude que la maison était le lieu de rendez-vous d'une bande de malfaiteurs.

— J'ai eu cette pensée, monsieur; mais je l'ai repoussée, ne voyant rien qui fût de nature à justifier mon soupçon. Est-ce que vous voulez louer la maison?

— Nullement, répondit Morlot, en souriant. Je désire connaître son propriétaire parce que j'espère qu'il me mettra sur la trace des individus qui avaient transformé sa propriété en une caverne de voleurs.

— Ah! je comprends, vous êtes agent de police?

— Oui.

— Eh bien, monsieur, je ne connais pas plus le propriétaire que l'ancien locataire; cependant, je puis vous dire son nom : il se nomme Joblot. Je sais qu'il est marchand de meubles et de curiosités, et qu'il demeure rue de Bretagne; j'ignore le numéro de la maison.

— Avec l'indication que vous me donnez, je trouverai facilement. Je vous remercie, monsieur. C'est égal, ce M. Joblot laisse sa maison dans un triste abandon.

— Pour la remettre en état, il y a beaucoup de réparations à faire; il a probablement reculé devant la dépense.

— Et en attendant qu'elle s'écroule, ajouta Morlot, il la loue comme il peut, n'importe à qui.

— Quand on possède une maison de ce côté, on est obligé de l'habiter soi-même; c'est ce que je fais.

Morlot salua le vieillard et s'éloigna.

— Ce brave homme m'a fourni un renseignement précieux, se dit-il; j'ai bien fait de suivre mon inspiration. Joblot, marchand de meubles et de curiosités, rue de Bretagne... Oh! oh! cela sent le receleur en diable! Allons, la journée est bonne et me paraît pleine de promesses pour l'avenir.

Il avait pris un sentier frayé par les maraîchers. Et comme le soleil allait se coucher, il marcha rapidement pour aller retrouver sa femme et Gabrielle.

XXIV

AVANT L'ENTERREMENT

La mort de madame de Perny fut annoncée par un fait-Paris qui, ayant paru dans un journal du soir, fut reproduit le lendemain par tous les journaux. Cette mort était naturellement attribuée à un accident, comme l'avait déclaré la défunte.

Morlot lut le fait dans le *Constitutionnel*. Ce journal terminait son entrefilet par ces mots : « La cérémonie des obsèques aura lieu demain ; on se réunira à onze heures à la maison mortuaire, rue Laugier, aux Ternes. »

— Tiens, lis cela, dit Morlot, en plaçant l'article sous les yeux de sa femme.

— Voilà la justice de Dieu, dit Mélanie après avoir lu.

Le lendemain, à dix heures, Morlot arrivait rue Laugier. Il voulait assister au convoi. C'était pour lui une occasion de voir Sosthène de Perny, le marquis de Coulange et peut-être aussi la marquise et les enfants.

Les employés des pompes funèbres venaient de placer la bière au milieu d'une chapelle ardente. Deux religieuses, assises l'une à droite, l'autre à gauche du cercueil, lisaient les Psaumes de la pénitence. Cinq ou six femmes agenouillées avaient l'air de prier.

Après avoir fait tomber quelques gouttes d'eau bénite

sur la bière, Morlot entra dans le jardin, où il y avait déjà une vingtaine de personnes.

Cinq ou six hommes, formant un groupe, causaient devant le pavillon ; d'autres se promenaient silencieusement et à pas lents dans les allées.

Non loin des hommes qui causaient devant le pavillon, un autre personnage, ayant un large crêpe à son chapeau, se tenait debout, appuyé contre un arbre. La tête inclinée, regardant la terre à ses pieds, il paraissait plongé dans une rêverie profonde ou écrasé sous le poids d'une immense douleur. Morlot remarqua qu'il était d'une pâleur livide, que son regard sombre contenait de l'inquiétude mal dissimulée.

L'agent de police n'avait jamais vu Sosthène de Perny ; il devina que c'était lui. Alors il l'examina avec plus d'attention. Son visage tourmenté révélait un grand trouble intérieur et avait une singulière expression de terreur. A chaque instant une crispation nerveuse tordait ses lèvres, et son corps avait un tressaillement convulsif.

Morlot ne pouvait s'y tromper ; ce n'était point l'image de la douleur qu'il avait sous les yeux.

— C'est étrange, pensa-t-il, on dirait qu'il vient de commettre un crime.

A ce moment Sosthène releva brusquement la tête et promena autour de lui un regard farouche, plein d'anxiété.

— Il n'y a pas à en douter, se dit Morlot, sa conscience n'est pas tranquille, il est inquiet, il a peur! De quoi?

Comme il ne tenait pas à attirer sur lui l'attention de M. de Perny, il s'éloigna et s'approcha du groupe dont nous avons parlé. Parmi ces hommes se trouvaient Firmin, le vieux valet de chambre, et deux autres domestiques du marquis de Coulange.

Ils parlaient de la morte.

— La vie ne tient qu'à un fil, disait Firmin ; au moment où l'on s'y attend le moins, la mort frappe sans crier gare.

— Nous ne nous doutions guère, il y a deux jours, que nous serions obligés de porter le deuil cet été, dit un autre domestique.

— Nous n'aurons probablement aucune grande réception à Coulange cette année, dit le troisième.

— C'est certain, répondit Firmin ; on ne donne pas de fêtes quand on est en grand deuil. Madame la marquise est vraiment très-affligée de la mort de sa mère; après ce qui s'est passé autrefois, je n'aurais pas cru qu'elle pût éprouver un pareil chagrin. J'ignore quels étaient les torts de madame de Perny; du reste, M. le marquis lui-même n'a jamais su le fin mot de l'affaire; mais ils étaient certainement des plus graves, puisque madame la marquise avait complètement cessé de voir sa mère. Madame de Perny l'a appelée avant de mourir et lui a demandé pardon.

— Et madame la marquise a pardonné?

— Naturellement. N'est-elle pas toujours la bonne marquise?

— C'est égal, monsieur Firmin, une mort pareille est épouvantable.

— Madame de Perny ne pensait guère qu'elle mourrait ainsi, reprit l'autre domestique. Le jour même où elle est tombée de sa fenêtre, quelques heures avant, je l'ai vue, elle a causé avec moi; elle était assez gaie.

— En effet, c'est vous, Joseph, que M. le marquis a envoyé chez madame de Perny, dit Firmin.

— Pour lui remettre de sa part une enveloppe dans laquelle il y avait vingt mille francs.

Ces paroles frappèrent l'agent de police, et ses yeux se portèrent sur M. de Perny, qui était toujours à la même place, le regard sombre et inquiet.

Morlot ne put s'empêcher de tressaillir, et un éclair s'alluma dans ses yeux.

Un soupçon venait de traverser sa pensée.

Maintenant il écoutait distraitement la conversation des domestiques.

Soudain, un homme d'une figure distinguée et d'un grand air sortit du pavillon. Les domestiques s'écartèrent, se découvrirent et saluèrent respectueusement.

— Ce monsieur est sans doute M. le marquis de Coulange? demanda Morlot, s'adressant à Firmin.

— C'est lui, monsieur, répondit Firmin, en regardant l'agent de police avec une sorte de défiance; est-ce que vous ne le connaissez pas ?

— Je viens de le voir pour la première fois.

Le front du vieux domestique s'assombrit.

— Alors, dit-il d'un ton sec, vous êtes un invité de M. Sosthène de Perny.

Morlot sentit qu'il y avait du dédain et même de l'hostilité dans les paroles du vieillard. Il s'empressa de répondre :

— Je ne suis invité directement ni par M. le marquis ni par M. de Perny, que je ne connais pas. Un journal m'a appris la mort de madame de Perny, et comme j'ai pour M. le marquis et madame la marquise de Coulange un profond respect, je me suis fait un devoir d'assister à l'enterrement.

L'expression du visage de Firmin changea subitement.

— Si je n'ai pas l'honneur d'être connu de vos maîtres, monsieur Firmin, continua Morlot, je les connais, moi, depuis longtemps, par les nombreux bienfaits qu'ils répandent autour d'eux. Et vous ne vous étonnerez pas de me voir ici, quand je vous aurai dit que je me suis marié à Miéran, et que les Rouget et les Blaisois des villages de Coulange et de Miéran sont mes parents.

— Certes, non, je ne m'étonne pas, répliqua Firmin.

Et il tendit la main à Morlot.

Cela signifiait: Soyez le bienvenu, vous êtes des nôtres.

Morlot mit tout de suite à profit ces excellentes dispositions.

— Monsieur Firmin, dit-il, je viens de voir M. le marquis, aurai-je aussi le bonheur de voir la bonne marquise?

— Elle est ici depuis neuf heures, c'est elle qui reçoit les invités; elle ne suivra pas le convoi, parce que M. le marquis craint qu'elle ne soit trop vivement impressionnée; mais, en ne vous éloignant pas du pavillon, je pense que vous pourrez la voir dans un instant, lorsque les personnes qui sont avec elle sortiront.

— Madame la marquise a sans doute ses enfants près d'elle?

— Non, les enfants sont restés à l'hôtel. M. le marquis désirait les amener, mais madame la marquise s'y est opposée. Cela a donné lieu ce matin à une scène touchante; en y pensant, je suis encore tout ému.

— Si je ne craignais pas d'être indiscret, monsieur Firmin, je vous demanderais ce qui s'est passé.

— Oh! je veux bien vous le dire. Mais, pour que vous puissiez comprendre, je dois vous apprendre d'abord que madame la marquise a été pendant plusieurs années sans témoigner aucune affection à son fils.

— Je sais cela, monsieur Firmin; c'était, m'a-t-on dit, l'effet d'une singulière maladie qu'avait la bonne marquise et dont elle est heureusement guérie aujourd'hui.

— Du moment que vous savez cela, ce que je vais vous raconter vous intéressera.

— Vous pouvez en être certain, monsieur Firmin.

— Voici : hier soir, M. le marquis avait dit : « Eugène et Maximilienne assisteront avec moi aux obsèques de leur grand'mère. » Ce matin, à huit heures, M. Eugène était habillé, prêt à partir, et paraissait enchanté d'accompagner son père. A huit heures et demie, M. le marquis et son fils attendaient madame la marquise dans le grand salon. Elle parut.

« — Où donc est Maximilienne ? demanda M. le marquis.

« — Elle est avec sa gouvernante, répondit madame la marquise.

« — Est-ce que nous ne l'emmenons pas?

« — Maximilienne est trop jeune pour assister à cette triste cérémonie.

« En disant cela elle regardait M. Eugène d'une façon toute drôle. On voyait très-bien qu'elle était contrariée que M. le marquis emmenât son fils.

« — Puisque nous laissons Maximilienne, répondit M. le marquis, nous n'avons plus à attendre. Partons, ajouta-t-il, en prenant la main de M. Eugène.

« L'enfant sautait de joie. Madame la marquise devint subitement très-pâle.

« — Edouard, dit-elle tristement, crois-moi, laissons les enfants.

« — Du tout, répondit M. le marquis, j'emmène Eugène, je le lui ai promis.

« — Oui, oui, papa, emmène-moi! s'écria le petit garçon.

« Madame la marquise pâlit encore et je crus qu'elle allait pleurer.

« — Eugène, dit-elle alors de sa douce voix qui touche tous les cœurs, si vous ne restez pas avec votre petite sœur, vous me ferez beaucoup de peine.

« Sur ces paroles, l'enfant lâcha la main de M. le marquis et s'avança vers madame la marquise, sérieux et grave comme un petit homme.

« — Maman, répondit-il, je vous aime et vous respecte trop pour vouloir jamais vous faire de la peine; je resterai avec ma petite sœur.

« Aussitôt, la joie éclata dans les yeux et sur le front de madame la marquise.

« Elle se baissa, et, prenant dans ses mains la tête de l'enfant :

« — Tiens, je t'aime! s'écria-t-elle.

« Et à plusieurs reprises et avec force, elle l'embrassa sur le front et sur les joues. Pendant ce temps, l'enfant sanglotait et disait :

« — Oh! maman! Oh! papa! »

— En effet, monsieur Firmin, cette scène est fort touchante, dit l'agent de police.

— N'est-ce pas, monsieur? reprit le vieux serviteur. Comprenez mon émotion et celle de M. le marquis. Pour la première fois, madame la marquise tutoyait son fils et l'embrassait en présence de ses serviteurs.

Le jardin s'était peu à peu rempli de personnes qui venaient assister à la cérémonie funèbre. Il y avait également foule dans la rue.

Sosthène n'était plus près de l'arbre contre lequel il s'appuyait un instant auparavant. Morlot le chercha vainement du regard. Il avait disparu. Le marquis de Coulange rentra dans le pavillon. Un instant après, les personnes qui s'y trouvaient réunies, des dames principalement, commencèrent à sortir. Les voitures de l'administration des pompes funèbres étaient arrivées ; tous les employés étaient à leur poste. On se préparait à placer la bière sur le corbillard.

Firmin toucha le bras de Morlot.

— Vous désirez voir madame la marquise, lui dit-il ; regardez, la voilà.

La jeune femme, portant un vêtement de grand deuil, venait de paraître sur le seuil du pavillon. Son mari était près d'elle. La marquise serrait les mains qui se tendaient vers elle.

Son vêtement noir faisait ressortir la pâleur mate de son visage ; la tristesse répandue sur ses traits et la langueur de son regard ajoutaient à sa merveilleuse beauté quelque chose de suave et de mystérieux. Mais, ce qui frappa particulièrement l'agent de police, c'est l'expression de douceur et de bonté ineffables empreinte sur sa physionomie. Il ne pouvait la quitter des yeux.

— Venez-vous ? lui dit Firmin.

— Oui, oui, certainement, répondit-il.

Après avoir mis un baiser sur le front de la marquise, le marquis venait de la quitter, en lui disant :

— Ta présence n'est plus utile, dans un instant tu pourras retourner près des enfants.

Les domestiques suivirent leur maître. Morlot marcha derrière eux. La marquise était rentrée dans l'intérieur du pavillon.

Un instant après le convoi se mettait en marche.

A la suite de deux ou trois cents personnes, qui étaient à pied, venait une longue file de voitures de deuil et autres.

En se rendant aux Ternes, l'intention de Morlot était d'assister à l'enterrement de madame de Perny ; mais il avait subitement changé d'idée, et, au lieu de prendre place parmi ceux qui suivaient le cercueil, il se rangea de côté et les laissa passer devant lui. Sans attendre le défilé des voitures, Morlot rentra dans le jardin et se dirigea rapidement vers le pavillon.

XXV

L'AGENT DE POLICE ET LA MARQUISE

Pourquoi l'agent de police était-il rentré dans le jardin? Qu'allait-il faire?

Soupçonnant la vérité, il voulait voir comment madame de Perny avait pu faire cette chute qui avait causé sa mort.

Après avoir fait le tour du pavillon, il s'arrêta devant la porte de la cuisine, regardant les marches de pierre sur lesquelles madame de Perny était tombée. Bien qu'elles eussent été lavées à grande eau, on y voyait encore quelques taches de sang. Ensuite il leva les yeux vers la fenêtre du premier. Personne n'avait encore touché à la barre d'appui, qui restait à moitié détachée, comme au moment de la chute.

— Ce n'est pas très-haut, pensait Morlot; si la tête n'avait pas si malheureusement frappé l'angle de la pierre, madame de Perny en aurait été quitte pour quelques contusions. Enfin, c'est ainsi qu'elle devait mourir.

Tout en tourmentant sa moustache, il se mit à réfléchir. Le soupçon persistait.

Il ne parvenait pas à s'expliquer comment madame

de Perny avait pu tomber de sa fenêtre, et toujours cette idée lui revenait : Il faut qu'une main brutale l'ait poussée.

— Elle avait chez elle vingt mille francs, se disait-il, où est cette somme maintenant? J'ai bien regardé le Perny : il avait l'air sombre, le regard inquiet, la figure d'un homme qui vient de commettre un crime. J'ai deviné son agitation intérieure. Pourquoi était-il ainsi? C'est une révélation.

Ses yeux se fixèrent encore sur la fenêtre et la barre d'appui.

— Pour bien voir il faudrait que je fusse dans la chambre, murmura-t-il.

Après un moment d'hésitation, il eut un brusque mouvement de tête en arrière et prononça ces mots :

— Je veux voir !

Il revint devant la porte d'entrée du pavillon, qui était restée ouverte. Il tendit l'oreille, tout en jetant autour de lui un regard rapide. Il n'y avait personne dans le jardin, un profond silence régnait dans le pavillon. N'hésitant plus, il entra résolument. Il monta l'escalier et pénétra dans la chambre de madame de Perny.

La marquise était dans le salon. Mais Morlot avait fait si peu de bruit qu'elle n'avait rien entendu.

Au bout de quelques minutes, la jeune femme sortit du salon et descendit l'escalier. Elle s'en allait. Mais, soudain, elle s'aperçut qu'elle oubliait quelque chose qui se trouvait dans la chambre de sa mère. Elle remonta précipitamment l'escalier et n'eut qu'à pousser la porte, laissée entr'ouverte par l'agent de police, pour entrer dans la chambre.

A la vue d'un homme inconnu qui se tenait debout dans l'encadrement de la fenêtre, la marquise laissa

12.

échapper un cri de surprise et d'effroi. Morlot se retourna vivement.

— Oh ! pardon, madame la marquise, dit-il.

Et il s'inclina respectueusement devant elle.

La jeune femme s'était remise promptement.

— Que faites-vous là, monsieur ? lui demanda-t-elle d'un ton sévère.

— Madame la marquise, je regardais.

— Vous regardiez ?

— Oui, madame, et avec la plus grande attention.

— Ai-je le droit de vous demander ?...

— Ce que je regardais ? l'interrompit Morlot ; oui, madame la marquise, vous avez ce droit. Veuillez vous approcher, je vais vous le montrer.

Elle fit deux pas en arrière comme si elle avait peur.

— Oh ! ne vous effrayez pas, madame la marquise, reprit Morlot, vous n'avez rien à craindre.

— Mais je ne vous connais pas, balbutia-t-elle.

— Tout à l'heure je vous dirai qui je suis, madame la marquise ; je suis monté dans cette chambre qui était celle de madame votre mère, afin d'examiner comment elle a fait cette chute terrible qui a causé sa mort. Maintenant j'ai vu et je sais à quoi m'en tenir.

— Que voulez-vous dire, monsieur ? s'écria la marquise visiblement troublée.

Morlot, qui la regardait fixement, la vit pâlir :

— Elle sait tout, pensa-t-il.

Et il répondit :

— Madame la marquise, sans avoir de très-bons yeux, il est facile de voir que cette barre d'appui ne s'est point détachée parce qu'un poids pesait sur elle. Il est donc impossible d'admettre que madame de Perny soit tombée, la tête en avant, en voulant fermer la persienne.

Plus inquiète encore que surprise, la jeune femme s'était avancée près de la fenêtre.

— Pourtant, monsieur, dit-elle d'une voix émue, c'est ce que madame de Perny a déclaré.

— Je connais la déclaration qu'elle a faite, madame la marquise.

— Eh bien ?

— Permettez-moi de vous adresser cette simple question : Y croyez-vous ?

— Ma mère a dit comment l'accident était arrivé ; je dois avoir une foi entière en ses paroles, monsieur.

— Morlot secoua la tête.

— Madame la marquise de Coulange oserait-elle jurer qu'elle croit que, dans sa déclaration, madame de Perny a dit la vérité ? demanda-t-il.

— Mais que supposez-vous donc, monsieur ? s'écria la marquise éperdue.

— Regardez, madame la marquise, reprit Morlot ; la pression sur la barre ne s'est pas faite perpendiculairement, mais horizontalement ; on remarque même, avec un peu d'attention, qu'on lui a imprimé un mouvement de bas en haut. En effet, c'est au-dessus de la barre que le plâtre a cédé ; de plus, pour se détacher, elle a été soulevée au-dessus de cette arête que vous pouvez voir aussi bien que moi. Ce n'est pas tout, madame la marquise, regardez encore là, ces nombreuses rayures sur le parquet, elles vont dans tous les sens, ce qui indique qu'il y a eu piétinement. Et là aussi, ces égratignures sur le plâtre.

— Eh bien, monsieur, eh bien ? fit la marquise d'une voix anxieuse.

— Eh bien, madame la marquise, ce que je vois me

démontre clairement que madame de Perny n'a pas déclaré la vérité.

— Mais, monsieur...

— Et je conclus de mon examen, continua Morlot, qu'il y a eu ici, à la place où nous sommes, une lutte assez longue entre madame de Perny et une autre personne. Cette lutte s'est terminée par la chute de la pauvre femme.

La marquise était atterrée. Elle regardait l'agent de police avec épouvante.

— Mais si madame de Perny a fait une fausse déclaration, poursuivit Morlot, c'est qu'elle avait ses raisons pour cacher la vérité. Pour moi, madame la marquise, elle n'a point voulu faire connaître la vérité sur sa chute, afin de soustraire le coupable aux recherches de la justice et au châtiment qu'il a mérité.

La marquise saisit le bras de Morlot.

— Que croyez-vous, dites, que croyez-vous ? lui demanda-t-elle d'une voix oppressée.

— Je crois que madame de Perny est morte assassinée ! repondit Morlot.

Elle recula en poussant un cri rauque. Mais aussitôt elle s'écria :

— Ne croyez pas cela, monsieur, ne le croyez pas !

— Madame la marquise, répliqua Morlot, le jour de l'accident, madame de Perny a reçu vingt mille francs qui lui étaient envoyés par M. le marquis de Coulange. Avez-vous retrouvé cette somme ?

La marquise resta silencieuse, la tête baissée.

— Non, n'est-ce pas ? continua Morlot ; les vingt mille francs ont disparu ; ils ont été volés.... Et le vol a précédé ou suivi la chute de madame de Perny. Ainsi, madame la marquise, il y a eu ici assassinat et vol.

Elle tressaillit et fit entendre un sourd gémissement.

— Maintenant, reprit Morlot, en baissant la voix et en se rapprochant de la marquise, voulez-vous que je vous dise le nom du criminel ?

La jeune femme se dressa brusquement.

— Non, non, taisez-vous ! lui dit-elle avec égarement. Ah ! vous me faites peur !...

Elle reprit aussitôt :

— Mais qui donc vous donne le droit de me parler ainsi ? Répondez-moi, monsieur, qui êtes-vous ?

— Je suis un homme qui vous honore, qui vous respecte et qui vous admire, répondit Morlot d'un ton pénétré ; je me nomme Morlot, et je suis inspecteur de police.

— Ah ! je comprends, murmura la marquise.

Elle se laissa tomber sur un siège et cacha sa figure dans ses mains.

— Non, madame la marquise, répondit Morlot tristement, vous ne pouvez ni comprendre, ni deviner quelles sont mes intentions. Mais, je vous le répète, vous n'avez rien à redouter de moi. Loin d'être votre ennemi, si un danger vous menaçait, je serais un de vos défenseurs.

La marquise le regarda avec étonnement.

Il reprit avec animation :

— Madame la marquise, je sais quelle est la bonté de votre cœur ; on vous appelle la bonne marquise, et, comme les autres dames de Coulange, la mère des malheureux ; je connais la plupart de vos belles et nobles actions ; je sais aussi que vous avez beaucoup souffert et que vous souffrez encore. Croyez-le, madame la marquise, je ne suis pas votre ennemi. Si je vous causais une douleur, je serais désolé, et une larme que je ferais tomber de vos yeux serait pour moi un reproche continuel.

— Je vous crois, monsieur; mais je ne comprends plus dans quel but vous êtes ici.

L'agent de police parut embarrassé. Après un moment de silence, il répondit :

— J'ai soupçonné le crime et j'ai voulu avoir la certitude.

— Pourquoi?

— Bientôt, madame la marquise, vous connaîtrez la pensée qui me fait agir; pour le moment, je dois garder le silence.

— Vous avez fait naître en moi une grande inquiétude, monsieur; oui, je suis effrayée... Après l'affreuse découverte que vous venez de faire, vos paroles ne peuvent me rassurer.

— Ce que madame de Perny a caché aux autres, elle vous l'a dit, à vous; vous ne le niez pas?

— Hé, le puis-je? s'écria la marquise d'une voix déchirante ; nier serait mentir !

Ne pouvant plus se contenir, des larmes jaillirent de ses yeux.

— J'ai eu l'honneur de dire à madame la marquise que je n'étais pas son ennemi, que j'avais pour elle un respect profond et une grande admiration, reprit Morlot d'une voix vibrante d'émotion; madame la marquise ne veut-elle pas avoir confiance en moi?

— Je ne sais que penser, monsieur, répondit-elle d'une voix entrecoupée ; votre présence ici a pour moi une signification terrible. Vous êtes inspecteur de police, j'ai donc tout à redouter. Ce que ma mère a caché, ce que je voulais cacher aussi, vous l'avez découvert. Pourquoi avez-vous pénétré cet effroyable secret ? Ah !

mon mari, mes enfants et moi, vous nous menacez tous !

— Permettez-moi de vous faire observer, madame la marquise, qu'il n'y a qu'un coupable.

La jeune femme se leva brusquement.

— Oui, répliqua-t-elle d'une voix frémissante, il n'y a qu'un coupable ; mais autour de lui il y a le scandale, et pour les innocents la honte et l'opprobre ! Je porte un nom respecté, monsieur, un nom dont l'honneur n'a jamais reçu une tache... Si j'étais seule, j'aurais moins peur de la flétrissure ; mais j'ai une fille, j'ai un fils !... Doivent-ils être condamnés à porter toute leur vie le poids du crime d'un maudit ? Et le marquis de Coulange, qui est l'homme le meilleur, le plus généreux et le plus noble qu'il y ait au monde, a-t-il mérité ce stigmate de honte ? Voyons, monsieur, dites, son nom doit-il être souillé parce qu'il me l'a donné ?

Morlot avait baissé la tête. Il paraissait très-agité.

— Vous ne me répondez pas, reprit la marquise.

— Les paroles que vous venez de prononcer, madame la marquise, me font réfléchir.

— Enfin, monsieur, qu'allez-vous faire ? Dites-le moi.

— Rien.

— Rien ?

— Oui, rien, avant d'avoir eu avec vous, madame la marquise, un entretien secret que vous ne refuserez pas de m'accorder.

— Nous sommes seuls, monsieur ; pourquoi ne parlez-vous pas tout de suite ?

— Je le pourrais, mais je veux respecter votre deuil, votre douleur ; j'attendrai quelques jours encore.

— Et c'est un entretien secret que vous voulez avoir avec moi ?

— Dans votre intérêt, il le faut.
— Qu'avez-vous donc à me dire ?
— Beaucoup de choses.
— Vous m'effrayez, monsieur !
— Non, ne soyez pas effrayée. Ne voyez plus en moi un agent de police, mais un de vos serviteurs. D'aujourd'hui en huit, si vous le voulez bien, madame la marquise, j'aurai l'honneur de me présenter à l'hôtel de Coulange.
— Je vous accorde l'entretien que vous me demandez, monsieur ; mais je me trouve très-embarrassée.
— Pourquoi, madame la marquise ?
— Nous partons demain pour le château de Coulange. Après avoir décidé moi-même ce départ, je ne vois pas sous quel prétexte je puis maintenant le retarder.
— Que madame la marquise ne soit pas embarrassée, elle n'a rien à changer aux dispositions qu'elle a prises.
Dans huit jours j'aurai l'honneur de la voir au château de Coulange.
Morlot la salua respectueusement et se retira.
La jeune femme resta immobile au milieu de la chambre, les yeux mornes et la poitrine oppressée.
Le bruit des pas de Morlot cessa de se faire entendre.
— Il est parti ! murmura-t-elle.
Puis après un moment de silence :
— Que se passe-t-il donc en moi ? s'écria-t-elle en frissonnant, il a voulu me rassurer, et c'est de la terreur qu'il m'inspire ! Je suis en proie aux plus noirs pressentiments, l'horrible angoisse est dans mon cœur, toutes les craintes me saisissent... Oui, oui, j'ai peur !...
Elle poussa un profond soupir.
Tout à coup ses yeux étincelèrent.

— Mais que me veut-il donc, cet homme? exclama-t-elle.

Elle se redressa, superbe d'énergie, le regard éclairé d'une noble fierté, et, le front haut, parut jeter un défi au danger inconnu qui la menaçait.

QUATRIÈME PARTIE

LA MARQUISE

I

LE DÉPART

Quatre jours de soins avaient suffi pour remettre Gabrielle sur pied. La joie de se retrouver sous la protection de Morlot et d'avoir Mélanie près d'elle avait aussi contribué à son prompt rétablissement.

— Vous voilà guérie, dit l'agent de police à la jeune femme ; c'est égal, il n'était que temps que vous sortiez de votre prison. Je frissonne en pensant que je serais peut-être arrivé trop tard le lendemain.

— Près de vous, mes bons amis, répondit Gabrielle, j'oublie l'effroyable danger que j'ai couru. Il me semble que c'est un rêve horrible que j'ai fait.

— Et dont le souvenir s'effacera, ajouta Morlot. Maintenant, voici ce que j'ai décidé : Vous et Mélanie, vous allez faire vos malles ce soir, et vous partirez pour Miéran demain par le train de midi.

— Demain ? fit Gabrielle.

— Oui. Blaisois est prévenu ; vos deux chambres sont prêtes et vous attendent. Comme je suis convaincu que vous ne vous ennuierez pas à Miéran, vous pourrez y passer un mois ou deux et même plus si cela vous convient. Vous y serez libre comme vous l'êtes à Paris. Vous aurez le grand et bon air de la campagne, le repos et la tranquillité, qui vous sont nécessaires, et dans quinze jours vous aurez recouvré toutes vos forces.

Voyant que la jeune femme ne disait rien :

— Est-ce que vous n'êtes pas contente d'aller à Miéran ? lui demanda-t-il.

— Vous savez bien que j'ai demandé moi-même à Mélanie de m'emmener avec elle ; mais je pensais que nous partirions un peu plus tard.

— Vous ne nous dites pas toute votre pensée, répliqua Morlot en souriant.

— Eh bien, oui, dit-elle, j'aurais voulu aller deux ou trois fois encore au jardin des Tuileries.

— Ma chère Gabrielle, vous n'y rencontreriez plus les enfants du marquis de Coulange.

— Ah !

— Hier, je suis passé par hasard rue de Babylone et j'ai appris que le marquis et sa famille avaient quitté Paris depuis quelques jours.

— Et ils sont au château de Coulange ?

— Oui.

Les yeux de Gabrielle s'illuminèrent. Elle se tourna vers Mélanie et lui dit :

— C'est convenu, nous allons préparer nos malles et nous partirons demain.

— Dans quelques jours j'irai vous rejoindre, dit Morlot.

Mélanie prit son mari à part.

— Pourquoi nous envoies-tu si tôt à Miéran? lui demanda-t-elle.

— Tiens, répondit-il gaiement, je te conseille de te plaindre; nous sommes en mai, le beau mois de la verdure, des chants d'oiseaux et des roses.

— Morlot, tu as ton idée!

— Parbleu! Mais tu connais la consigne: jusqu'à nouvel ordre, silence!

— Et mystère! ajouta-t-elle en riant.

Pendant les trois jours qui avaient suivi l'enterrement de madame de Perny, l'agent de police s'était livré à de nouvelles investigations. Il avait fouillé plus complètement dans la vie intime de Sosthène et était parvenu à savoir qu'il faisait du jeu un métier dans lequel il trouvait les ressources qui lui manquaient ailleurs.

Il avait appris en même temps que la maîtresse de M. de Perny, demeurant rue de Provence, était la directrice d'un tripot.

Cette fois il n'avait pas hésité à faire un rapport où il désignait au chef de la police de sûreté l'établissement de jeu clandestin. Dès lors, la maison allait être activement surveillée. Et Morlot s'était dit:

— Je n'ai plus à m'occuper de cette affaire; dans quelques jours la dame et ses complices seront coffrés; si le Perny n'est pas pincé avec les autres, nous le verrons bien. Du reste, il est impossible maintenant qu'il puisse m'échapper. Je n'ai qu'à allonger le bras et ouvrir la main pour l'empoigner. Encore cinq ou six jours de patience et nous allons rire. Reste à savoir ce que je révélerai à l'instruction. Voleur d'enfant, faussaire, voleur au jeu, parricide, sans préméditation, je le crois, mais parricide quand même; c'est une condamnation aux travaux forcés à perpétuité qui l'attend si je dis tout. Cela va dépendre de mon entretien avec la marquise de Coulange. La sœur va décider du sort de son frère. Étrange situation tout de même !

Craignant sans doute les objections que sa femme aurait pu faire encore, Morlot ne lui avait point parlé de sa découverte aux Ternes, et lui avait également caché qu'il s'était rencontré avec la marquise. Après avoir examiné la situation, qu'il reconnaissait difficile et délicate, et, ayant consciencieusement réfléchi, il avait tracé un plan qu'il voulait suivre, en n'obéissant désormais qu'à ses propres inspirations.

Il accompagna sa femme et Gabrielle à la gare de l'Est et les installa dans un compartiment de 2° classe.

— Je pense que Blaisois sera avant vous à Nogent-l'Artaud, dit-il à Mélanie. S'il n'est pas encore arrivé, vous l'attendrez au café de la gare.

Le coup de cloche, annonçant le départ du train, se fit entendre. Mélanie s'empressa de tendre ses joues à son mari.

— Et moi, monsieur Morlot, est-ce que vous ne m'embrassez pas ? dit Gabrielle.

— Oh ! de tout mon cœur ! s'écria-t-il. C'est la première fois, reprit-il avec émotion.

Un employé ferma la portière. Le train se mettait en marche.

— A bientôt ! cria Mélanie.

— Oui, à bientôt ! répondit Morlot.

Pendant un instant encore, il vit s'agiter la main de sa femme et celle de Gabrielle, puis le train disparut.

— Allons, tout va bien, se dit l'agent de police. Eh ! eh ! je prépare ma mise en scène.

Il sortit de la gare, entra chez un débitant de tabac,

acheta des cigares, en alluma un et descendit, en se promenant, le boulevard de Strasbourg.

A une heure un quart, il entrait dans un petit café en face du Palais de Justice. Il jeta un coup d'œil dans l'établissement et s'avança vers deux hommes qui buvaient de la bière, assis seuls à une table. Après leur avoir donné une poignée de main, Morlot prit place à leur table, et commanda une nouvelle canette.

Ces deux hommes, qui paraissaient avoir de vingt-cinq à trente ans, étaient des collègues de Morlot. L'un se nommait Mouillon, l'autre Jardel.

Bien qu'ils fussent encore novices dans le métier, Morlot les avait particulièrement distingués dans la masse des agents inférieurs. Dans deux ou trois circonstances il avait pu apprécier leurs qualités de policiers.

Il les savait intelligents, zélés, actifs, capables, en un mot, de répondre à sa confiance et de devenir ses auxiliaires.

— Camarades, leur dit-il, c'est très-bien, vous avez été exacts au rendez-vous.

— Nous n'aurions pas voulu vous faire attendre, monsieur Morlot.

— Votre empressement me prouve qu'il vous est agréable de travailler sous mes ordres.

— Certainement, répondit Mouillon, et je vous promets que vous serez content de nous.

— D'ailleurs, appuya Jardel, quand on marche avec vous, monsieur Morlot, c'est un plaisir.

— Camarades, reprit l'inspecteur, je vais vous lancer dans une affaire de première importance. Tous les deux et d'un seul coup vous allez gagner vos galons. Je n'ai pas besoin de vous dire pourquoi je vous ai choisis : je vous connais, je sais ce que vous valez et j'ai de l'amitié pour vous.

— Dites-nous vite de quoi il s'agit.

— Par suite d'une aventure assez mystérieuse, que je ne puis vous faire connaître, pour certaines raisons, le hasard m'a révélé l'existence d'une bande de malfaiteurs et m'a fourni, en même temps, les moyens de la prendre tout entière.

— Superbe! dit Mouillon.

— Comme vous le voyez, c'est vingt, trente, quarante, cinquante scélérats de la pire espèce : voleurs, receleurs et même des assassins, que nous allons envelopper d'un seul coup de filet, s'il est bien jeté ou bien tendu. Comme toutes les entreprises, celle-ci aura ses difficultés; mais nous réussirons, j'en suis certain. Je dois vous prévenir que je vais être obligé de m'absenter de Paris pour huit jours peut-être. Cela ne retardera rien, car, d'après mes calculs, ce temps vous est nécessaire pour le travail que je vais vous confier. Si les choses marchent comme je l'espère, à mon retour nous n'aurons plus qu'à agir rapidement.

A vous, d'abord, Mouillon.

— J'écoute, monsieur Morlot.

— Rue de Bretagne, n° 22, il y a un marchand de meubles et de curiosités, un brocanteur, qui se nomme Joblot.

— Très-bien, fit Mouillon.

— Il faut se renseigner adroitement sur les antécédents de cet individu, regarder dans sa vie privée, connaître un peu les gens qu'il fréquente et savoir surtout comment il achète les marchandises qu'il vend.

— Oh! oh! receleur! j'ai compris, dit Mouillon.

— En ce cas, je n'ai rien de plus à ajouter, reprit

Morlot, car je sais que vous ne manquez ni de prudence, ni d'adresse. A vous maintenant, Jardel.

Celui-ci se pencha vers Morlot.

— Avez-vous un carnet dans votre poche ?

— Oui, le voici.

Morlot sortit un crayon de sa poche, écrivit quelques mots sur une page blanche du carnet et le remit dans la main de l'agent en lui disant :

— Lisez.

Jardel lut :

« Monsieur, Jules Vi..., 18, rue Saint...
                                        « Paris. »

Puis, ouvrant de grands yeux, il regarda Morlot avec un air qui disait clairement : — Je ne comprends pas.

— Ce que je vous donne là, mon cher Jardel, dit Morlot, c'est la copie exacte de la moitié d'une adresse, qui a été écrite sur l'enveloppe d'une lettre. Il va sans dire que je ne peux pas vous donner l'adresse entière. Mais je compte sur vous pour la compléter. Voilà le travail que je vous confie. Il s'agit donc de trouver avec ces deux lettres V, I, le nom de l'individu qui porte le prénom de Jules, et de savoir quel saint a donné son nom à la rue où il demeure. Vous connaissez Paris et vous avez d'excellentes jambes; je suis convaincu que vous trouverez les deux mots de cette espèce de charade.

Si la rue Saint-Sébastien ou Saint-Quentin ou Saint-Nicolas ou Saint-Claude ou Saint-Placide ne vous donne pas le nom de l'individu, vous le trouverez dans une autre rue portant le nom d'un saint.

Dès le premier ou le deuxième jour, vos recherches peuvent avoir un heureux résultat. La chance est femme; mais, si capricieuse qu'elle soit, vous avez le droit de compter sur elle. Vous voyez ce que vous avez à faire?

— Parfaitement.

— Dès que vous aurez découvert votre homme, vous ne le perdrez pas de vue ; vous le suivrez partout où il ira, pas à pas, comme son ombre.

— Et s'il lui prend la fantaisie de faire un voyage à l'étranger ?

— Je pense qu'il ne vous mènera pas si loin, répondit Morlot en souriant. Enfin, il faudra filer cet individu afin de savoir exactement où il va et ce qu'il fait pendant le jour et pendant la nuit. Vous mangerez quand il mangera, vous vous reposerez quand il dormira.

Maintenant, écoutez-moi bien tous les deux. Vous devrez agir sans précipitation et rester calmes, quelles que soient les intéressantes découvertes que vous pourrez faire. Capturer deux ou trois malfaiteurs, c'est bien ; mais en prendre un nombre d'un seul coup, c'est mieux. Regardez, voyez et, si c'est possible, écoutez. Vous avez huit jours devant vous. Prenez note de tout ce que vous verrez et entendrez, et attendez mon retour.

— Monsieur Morlot, vous pouvez compter sur moi, dit Mouillon.

— Et sur moi aussi, dit Jardel.

— Eh bien, mes amis, à l'œuvre !

II

ENTRE ÉPOUX

Le lendemain de leur arrivée à Coulange, après le déjeuner, le marquis et la marquise allèrent s'asseoir sur la terrasse du salon d'été. De là, ils pouvaient voir les enfants qui jouaient sur la pelouse fleurie, sous les yeux de l'une des gouvernantes.

Mathilde tenait dans ses mains un livre ouvert, mais elle ne lisait pas. Elle méditait. Elle était triste et paraissait soucieuse.

A chaque instant, le marquis l'enveloppait d'un long regard, plein d'une tendre sollicitude.

Oui, la jeune femme était triste et sérieusement inquiète; elle pensait sans cesse à l'agent de police Morlot, et tout ce que cet homme lui avait dit restait gravé dans sa mémoire. Elle ne pouvait songer sans frémir à l'entretien secret qu'il lui avait demandé et qu'elle n'avait pu lui refuser. Evidemment, il y avait là une menace et elle sentait le danger.

Pour la centième fois peut-être elle se demandait: Que me veut-il? Mais elle avait beau chercher et mettre son esprit à la torture, elle ne parvenait pas à deviner les intentions de Morlot.

D'abord elle avait pensé que l'agent de police voulait se faire acheter son silence. Mais, en se rappelant sa figure honnête et sympathique, son attitude respectueuse, son regard franc, loyal, et les paroles qu'il avait prononcées, elle s'était convaincue que Morlot avait les sentiments trop élevés et trop délicats pour se livrer à un odieux calcul de *chantage* comme un fripon vulgaire. Aussi, plus elle réfléchissait, plus elle sentait augmenter sa perplexité.

Ayant laissé éteindre son cigare, le marquis le jeta et se plaça sur un autre siège qui le rapprochait de sa femme.

— Mathilde, lui dit-il d'un ton affectueux, tu es triste; je le comprends et ne saurais m'en étonner. Mais je vois aussi que tu es préoccupée ; il y a comme de l'inquiétude dans ton regard. Quelles sont tes pensées? Qu'as-tu?

La marquise leva sur lui ses beaux yeux humides.

Voyant qu'elle ne répondait pas, il reprit :

— Éprouves-tu donc tant de peine à me faire connaître le sujet de tes préoccupations, de ton inquiétude? Mathilde, je l'ai peut-être deviné.

Elle tressaillit.

— Tu penses à ton frère, n'est-ce pas?

— C'est vrai, répondit-elle.

— Et tu te demandes ce qu'il va devenir, maintenant qu'il n'a plus ta mère pour le soutenir.

Elle poussa un profond soupir.

— Eh bien, Mathilde, j'ai la même pensée que toi et je partage ton inquiétude. Veux-tu que nous examinions ensemble la situation ?

— Tu peux parler, Edouard, je t'écoute.

— Sosthène est aujourd'hui absolument sans ressources. Nous savons, par ce qu'il a fait depuis sept ans, qu'il est incapable de se procurer des moyens d'existence par le travail. C'est un oisif, un inutile et il manque de volonté et de courage. Il y a quelques années, j'aurais pu lui faire donner une recette générale; aujourd'hui ce n'est plus possible ; aucun poste honorable ne peut lui être confié; par sa conduite déplorable, — c'est douloureux à dire, — le malheureux s'est bouché toutes les issues. Les choses en sont à ce point, que je n'oserais même pas solliciter pour lui.

Mais si indigne qu'il soit du bien qu'on peut lui faire, nous ne devons pas l'abandonner tout à fait. Son honneur est encore intact, j'aime à le croire, et c'est lui, surtout, que mon devoir m'ordonne de sauver.

Non, je ne veux pas que ton frère tombe dans la boue du ruisseau. Je regarde avec effroi le sombre avenir vers lequel il marche et je frémis en pensant aux éclaboussures que, dans sa chute, il pourrait faire jaillir sur toi, sur nos enfants et sur moi. A tout prix il faut l'empêcher de s'engloutir dans la fange où il patauge. Je veux transmettre à mes enfants mon nom pur, honoré et respecté, tel qu'on me l'a remis ; et je te le dis, Mathilde, je préférerais la mort pour eux, qu'une tache à leur honneur !

La marquise devint affreusement pâle.

— Ce que je crains est malheureusement possible, continua le marquis ; mais, pouvant prévenir le danger, je ne veux pas me laisser surprendre par le mal accompli. Sosthène est un indigne ; mais ma pitié pour lui est plus grande encore que ma colère. Assurément il ne mérite rien, et c'est contraint et forcé que je veux faire quelque chose pour lui. Certes, j'ai mes idées et mes sentiments ; je n'agirai pas sans quelque répugnance, mais j'apaiserai les scrupules de ma conscience en me disant : Ce que je fais, ce n'est pas pour M. de Perny, qui ne le mérite point, mais pour Mathilde et pour mes enfants.

— Puis-je te demander quelles sont tes intentions ?

— Certainement. D'ailleurs, tu sais bien que je ne fais rien sans te consulter et sans avoir ton approbation. Sosthène va recueillir entièrement l'héritage de sa mère, c'est peu de chose : des meubles, de l'argenterie, quelques milliers de francs, je crois, et des bijoux qu'il pourra vendre. J'ai donné à ce sujet des instructions à mon notaire. Ta signature et la mienne au bas d'un acte, et ce sera chose faite.

Au cimetière, sur la tombe de madame de Perny,

j'ai, le premier, tendu la main à Sosthène, — la circonstance l'exigeait, — et je lui ai dit que tout ce qui appartenait à sa mère était à lui.

— Lui as-tu parlé de tes autres intentions.

— Non. Je voulais d'abord en causer avec toi.

— Alors, tu voudrais ?...

— Si tu ne t'y opposes pas, lui continuer la pension que nous faisions à ta mère. Avec dix mille francs par an, il pourra vivre, sinon dans le luxe, mais d'une manière convenable et sans rien faire, ce qui paraît être toute son ambition. Il n'aura pas, je l'espère, à recourir à des expédients dangereux, et nous empêcherons ainsi le mal que nous devons éviter.

— Oui, dit tristement la marquise, nous ne pouvons pas l'abandonner; il faut l'arrêter sur la pente fatale pour qu'il ne roule pas au fond de l'abîme. Ah! Edouard, s'écria-t-elle avec un accent désolé, quelle parenté je t'ai donnée!

Et elle se mit à pleurer.

Le marquis l'entoura de ses bras, l'attira contre son cœur et lui mit un baiser sur le front.

— Oui, dit-il d'une voix émue ; mais tu t'es donnée à moi, Mathilde, toi qui as toutes les vertus! Va, un seul de tes regards ou un seul de tes sourires rachète bien des choses! Il n'y a pas de bonheur sans ombre. Mais près de toi cette ombre s'efface, le mal disparaît et tout se purifie. Les qualités de la sœur font oublier facilement les défauts du frère.

Ils restèrent un moment silencieux. La marquise réfléchissait.

— Edouard, reprit-elle, ton notaire sait-il ce que tu veux faire pour Sosthène?

— Je lui en ai dit quelques mots.

— Alors, rien n'est fait encore ?

— Comme je viens de te le dire, je voulais te consulter ; le notaire attend mes ordres. Trouves-tu que dix-mille francs par an soient suffisants ?

— Oui.

— Eh bien, aujourd'hui même je vais écrire au notaire.

— Edouard, j'ai une chose à te demander.

— Laquelle ?

— Je voudrais m'occuper seule de cette affaire.

— Je ne demande pas mieux.

— Et que tu m'autorises à la régler comme il me conviendra.

— Je te donne cette autorisation.

— Alors, en écrivant à ton notaire aujourd'hui ou demain, ou dans deux ou trois jours, ce n'est pas absolument pressé, tu le préviendras que j'aurai une demande à lui faire ?

— Oui, répondit le marquis en souriant, et j'ajouterai qu'il devra se conformer aux intentions de la marquise de Coulange et considérer sa volonté comme étant la mienne.

— Merci.

— Maintenant, puis-je savoir quelle est ton idée ?

— Pas encore. Mon projet réussira-t-il ? Je l'ignore. Mais à ton retour du voyage que tu dois faire dans les Pyrénées, que j'aie réussi ou non, je te dirai ce que j'aurai fait.

— Une surprise que tu me ménages ?

— Une satisfaction que j'espère te donner.

— Agis donc selon ta volonté. Tu le sais, Mathilde, ma confiance en toi est entière, absolue.

— As-tu fixé le jour de ton départ ?

— Ta question me rappelle que je ne t'ai pas prévenue encore d'une visite que nous allons avoir. Par une lettre que j'ai reçue ce matin et qui m'était adressée à Paris, un de mes amis d'enfance, le comte de Sisterne, que tu connais déjà, m'annonce son arrivée à Paris, en ajoutant que ce sera pour lui une joie de nous revoir. Je lui ai répondu immédiatement pour l'inviter à venir passer deux ou trois jours avec nous à Coulange. En arrivant à Paris, demain, il trouvera ma lettre chez sa sœur, la comtesse de Valcourt, et je suis certain qu'il s'empressera de répondre à mon invitation.

— M. de Sisterne sera le bienvenu, je le recevrai avec grand plaisir ; j'ai gardé de la visite qu'il nous a faite, il y a cinq ans, un excellent souvenir.

— Je pensais partir après-demain, reprit le marquis ; naturellement, je suis forcé de retarder mon départ.

— Sais-tu combien de temps M. de Sisterne restera à Coulange ?

— Comme toujours, le comte ne fait que passer ; il ne pouvait rester que six jours à Paris. Or, s'il donne trois jours à sa sœur, les trois autres seront pour nous.

— Comme tu dis, il passe en courant.

— C'est un peu comme cela que tous les marins voyagent sur terre. Il doit se rendre à Toulon ; je partirai avec lui et l'accompagnerai jusque-là. De Toulon, je me dirigerai vers les Pyrénées.

— Tu prendras le chemin des écoliers, dit la marquise en souriant.

— C'est vrai, répliqua le marquis, mais je le ferai avec un ami.

— Le comte de Sisterne est riche ?

— Il possède une des plus grandes fortunes de Saintonge.

— Je m'étonne qu'il ait embrassé une carrière aussi périlleuse que celle de marin.

— En général, Mathilde, on est marin comme on est prêtre, par vocation. Le comte a suivi l'exemple de son père et de son aïeul qui ont occupé des postes importants dans la marine militaire. Cette famille est vouée à la mer depuis deux siècles. On ne compte plus les services qu'elle a rendus à la France, tellement ils sont nombreux. Son chef, qui se nommait Pierre Longuet, a été anobli par François Ier et fait comte de Sisterne à la suite de plusieurs actions d'éclat. Comme tu le vois, c'est une noblesse déjà ancienne et qui commence par l'illustration.

Le comte Octave de Sisterne marche brillamment sur les traces de ses ancêtres. Il était lieutenant de vaisseau il y a cinq ans ; il est aujourd'hui capitaine de frégate. Et comme il aime la mer, il ne s'arrêtera pas en si beau chemin. Sa frégate, l'*Eponine*, mouille actuellement dans la rade de Toulon.

— Et il reste toujours célibataire ?

— Toujours.

— Peut-être aime-t-il trop la mer pour pouvoir aimer une femme ?

— Je crois, en effet, qu'il ne trouve pas sa position de marin compatible avec le mariage. Pourquoi ne te maries-tu pas ? lui ai-je demandé un jour. — D'abord, il faudrait trouver une femme, ensuite il faudrait l'aimer, m'a-t-il répondu; or, je ne la cherche point, parce que je suis à peu près certain que je ne pourrais pas l'aimer.

— Singulière réponse ! fit la marquise.

— J'ai cru devoir m'en contenter en m'apercevant que j'avais abordé un sujet délicat, sur lequel il ne voulait pas se prononcer. Même chez ses meilleurs amis, il y a des choses intimes qu'il faut savoir respecter.

— C'est vrai, murmura la marquise.

— Du reste, reprit le marquis, je ne crois pas que de Sisterne soit aussi indifférent à l'égard de la femme qu'il veut le faire paraître. J'ai pensé plus d'une fois qu'il avait eu de ce côté quelque désillusion et qu'il gardait dans son cœur le souvenir d'un amour malheureux. Mais, tu le comprends, Mathilde, je ne lui ai pas dit que j'avais cette pensée. Si je ne me trompe pas, si de Sisterne a réellement une douleur secrète, il doit vouloir la tenir cachée. Ce serait de la cruauté de toucher à une plaie que le temps n'a pas encore guérie.

III

AU BORD DE LA MARNE

Le quatrième jour après la conversation que le marquis et la marquise avaient eue sur la terrasse du salon d'été, sorte de galerie qui ressemblait assez à une véranda des pays tropicaux, le comte de Sisterne arriva au château de Coulange.

Il s'était annoncé par une lettre que le marquis avait reçue la veille, et on l'avait attendu pour déjeuner.

Il fut accueilli à bras ouverts par M. de Coulange et très-affectueusement par la marquise. D'eux-mêmes les enfants lui tendirent leurs petits bras. Il les embrassa l'un après l'autre ; puis il resta un instant immobile, les regardant avec une sorte d'admiration extatique. Il paraissait très-ému, et on aurait pu voir deux larmes rouler dans ses yeux. Evidemment, son émotion se rattachait à un souvenir.

— Comme ils ont grandi, et comme ils sont beaux ! dit-il, en se tournant vers la marquise.

Et tout bas, à l'oreille de son ami :

— Tu es bien heureux, Edouard, ajouta-t-il.

— Oui, mon ami, et tu vois ici toutes mes joies et tout mon bonheur, répondit le marquis, en montrant sa femme et ses enfants.

M. de Sisterne eut un soupir étouffé.

— Aurons-nous le plaisir de vous garder quelque temps à Coulange ? lui demanda la marquise.

— Hélas ! non, madame, je ne puis vous donner que quarante-huit heures.

— Seulement ?

— Edouard a dû vous dire que mon congé était très-court.

— Oui, mais j'espérais que peut-être...

— Dans notre métier, madame la marquise, on peut donner rarement une entière satisfaction à ses désirs. Ainsi, en présence de l'accueil gracieux qui m'est fait à Coulange, ce serait un bonheur pour moi de passer près de vous au moins une semaine ; mais il faut que dans quatre jours je sois à bord de ma frégate. Malgré le peu de temps dont je puis encore disposer, je n'ai pas hésité à venir vous serrer la main. Je ne pouvais passer à Paris, si près de vous, sans me donner le bonheur de vous revoir.

— C'est un bonheur que nous partageons, monsieur le comte.

— J'en suis convaincu, madame la marquise.

— Et comme vous avez quitté madame de Valcourt

pour venir à Coulange, vous nous accordez, par votre trop courte visite, une faveur inappréciable.

— Je vais reprendre la mer, probablement pour quatre ans encore, mais, à mon retour en France, je vous promets, madame la marquise, de venir vous demander l'hospitalité pendant quinze jours ou un mois.

— Nous retenons votre promesse, monsieur le comte, et si vous l'oubliez, Edouard se chargera de vous la rappeler.

Le déjeuner venait d'être servi. On se mit à table.

Après le repas, on passa dans le salon d'été, où on se livra pendant deux heures à une agréable causerie.

Eugène, qui s'était tout de suite familiarisé avec le marin, avait sauté sur ses genoux et s'y était installé sans façon.

— Eugène, tu fatigues M. le comte, lui dit le marquis.

L'enfant voulut glisser sur le parquet. Mais M. de Sisterne le retint en disant :

— Il ne me fatigue pas du tout ; du reste, il faut que nous fassions tout à fait connaissance. Je ne puis vous exprimer la joie que j'éprouve d'avoir si vite conquis son amitié. Il paraît que ma rudesse de loup de mer n'a rien d'effrayant pour lui. Lorsque je reviendrai, je suis sûr qu'il me reconnaîtra.

— Oui, je vous reconnaîtrai, dit l'enfant ; et puis je penserai à vous souvent.

Le comte l'embrassa.

— Il est charmant ! dit-il.

Le marquis souriait. La marquise était rêveuse.

— Je ne t'oublierai pas non plus, reprit le comte avec émotion ; je te rapporterai quelque chose de mon voyage. Chaque fois que je tournerai mes yeux du côté de la France, debout sur le pont de mon navire, je reverrai ton doux sourire, ton visage rose et ton regard intelligent. Cher petit, tu vas être un de mes souvenirs.

Un instant après, le marquis se leva et proposa de faire une promenade dans le parc.

— Avec plaisir, répondit M. de Sisterne.

— Papa, veux-tu que j'aille avec vous? demanda Eugène.

— Oui, nous t'emmenons.

L'enfant s'élança hors du salon, en criant :

— Mon chapeau, mon chapeau!

— Et toi, Mathilde, viens-tu avec nous? demanda le marquis.

— Je me sens un peu lasse, répondit-elle. Et puis, continua-t-elle, un fin sourire sur les lèvres, vous avez probablement bien des choses à vous dire ; je veux vous permettre de causer librement. Ce soir, après le dîner, M. de Sisterne m'appartiendra et je me dédommagerai.

— Faut-il emmener Maximilienne?

— Votre promenade sera sans doute un peu longue pour ses petites jambes ; je crois qu'il vaut mieux ne pas l'emmener.

— Alors nous te laissons avec ta fille.

Eugène rentra dans le salon, son chapeau de paille à la main. Il revenait pour embrasser la marquise avant de sortir.

Un quart d'heure plus tard, les deux amis causaient de leurs souvenirs de jeunesse, en marchant lentement au milieu d'une des magnifiques allées du parc.

Eugène, léger comme une gazelle, courait et bondissait joyeusement devant eux, fauchant à droite et à gauche la pervenche, la primevère et le muguet. A chaque instant il poussait un cri de joie, qui annonçait aux deux amis qu'il voyait grossir dans ses mains la gerbe de sa moisson fleurie.

Les promeneurs arrivèrent à l'extrémité de l'allée. Ils avaient devant eux une porte percée dans le mur du parc. Le marquis se disposait à prendre à droite une autre allée, lorsque M. de Sisterne s'arrêta, regardant la porte.

— Où conduit cette sortie ? demanda-t-il.

— Sur la Marne, répondit le marquis.

— Ah !

— Au fait, nous pouvons continuer notre promenade au bord de la rivière, reprit le marquis. Nous n'y trouverons pas beaucoup d'ombrage, mais, en revanche, tu auras sous les yeux un admirable paysage.

— Je sentais l'eau, dit le marin en riant.

— L'eau douce, fit le marquis.

— Oui, mais l'eau des rivières va à l'Océan.

Ils sortirent du parc.

Le comte resta un instant en contemplation devant le panorama splendide qui se déroulait sous ses yeux. A ses pieds la Marne, éblouissante, lumineuse sous les rayons du soleil couchant, qui faisait courir sur ses eaux vertes des reflets jaunes et rouges semblables à des paillettes de feu; sur l'autre rive, la prairie émaillée de fleurs, des troupeaux de bêtes à cornes dans les pâtures; plus loin la flèche élancée d'un clocher et des toits rouges au milieu d'arbres verts et de pommiers en fleurs; au fond et à perte de vue, des coteaux boisés au front desquels les feux du couchant mettaient une auréole de lumière.

— Ce site agreste est ravissant, quel délicieux paysage ! s'écria M. de Sisterne émerveillé.

— N'est-ce pas? dit le marquis. Ce qui fait surtout le charme de ce pays si riche de culture, c'est que chaque mois le paysage change d'aspect et se pare d'une autre beauté.

— Mon cher Edouard, je connais à peu près tous les pays du monde, mais je le dis avec fierté et un légitime orgueil, il n'en existe aucun qui soit comparable à notre belle France !

— Je suis absolument de ton avis, répliqua M. de Coulange. Montjoie et Saint-Denis ! comme disaient nos pères, de glorieuse mémoire, la patrie avant tout ! Si nous n'avons plus l'oriflamme de saint Louis, nous possédons le drapeau tricolore, l'étoile aux trois couleurs de la France, toujours vaillante, toujours noble, toujours grande ! A tous les cœurs français la patrie est chère, et il n'est pas vraiment Français, celui-là qui ne sent pas vibrer en lui l'enthousiasme patriotique !

Le capitaine de frégate saisit la main du marquis et la serra dans la sienne.

Et ils se mirent à marcher silencieusement, laissant leurs mains fraternellement unies. Cette noble étreinte avait plus d'éloquence que beaucoup de paroles. Elle signifiait que ces deux hommes se comprenaient, qu'ils avaient les mêmes sentiments d'honneur, et que le cœur qui battait dans la poitrine de l'un était digne du cœur de l'autre. Séparés depuis près de vingt ans, mais sans avoir cessé de s'estimer et de s'aimer, ils étaient heureux, non seulement de se revoir, mais encore de se retrouver tels qu'ils s'étaient connus, c'est-à-dire animés des mêmes pensées.

— Quel est le nom de ce village en face de nous ? demanda M. de Sisterne pour rompre le silence.

— Micran, répondit le marquis.

A ce moment, l'enfant, qui marchait devant eux, poussa un cri de surprise et de joie.

Ils levèrent brusquement la tête, et, à vingt-cinq ou trente pas de distance, ils virent deux femmes arrêtées au milieu du chemin.

Eugène s'était tourné vers eux.

— Papa, dit-il d'une voix qui révélait une émotion violente, c'est madame Louise, ma bonne amie du jardin des Tuileries.

Et, sans attendre la réponse du marquis, il partit comme un trait.

Presque aussitôt, ils virent l'une des femmes se baisser et recevoir l'enfant dans ses bras. Ils hâtèrent le pas. Le front du marquis s'était assombri; il avait l'air contrarié.

L'autre femme, dans laquelle le lecteur a reconnu Mélanie, s'avança à leur rencontre.

— Madame, lui dit assez sèchement le marquis, je ne veux pas vous cacher mon étonnement; en effet, je ne m'explique pas comment votre compagne, qui demeure à Paris, se trouve aujourd'hui à Coulange, sur le passage de mon fils. Je sais qu'elle a rencontré Eugène plusieurs fois dans le jardin des Tuileries et qu'elle l'a pris en amitié; mais ce n'est point une raison suffisante pour qu'elle se croie autorisée à venir le chercher jusqu'ici. Je vous avoue que ceci me paraît singulier, et que cette dame me donne le droit de suspecter ses intentions.

Le front de Mélanie s'était couvert de rougeur. Interloquée et confuse, elle ne trouvait rien à dire.

— Cette dame est-elle votre parente? demanda le marquis.

— Elle est mon amie, répondit Mélanie; mais nous nous aimons comme deux sœurs. Monsieur le marquis peut se rassurer, elle n'a aucune mauvaise intention.

Regardez-la; en embrassant votre fils, elle pleure de joie.

— Je veux bien vous croire, répliqua le marquis d'un ton radouci ; mais cela ne me donne point l'explication de cette rencontre imprévue.

— La voici, monsieur le marquis : J'ai amené mon amie à Miéran pour y passer quinze jours ou un mois avec moi dans ma famille.

— C'est différent. Ainsi, c'est le hasard ?

— Je ne veux pas mentir, monsieur le marquis ; nous avons dirigé notre promenade de ce côté, avec l'espoir que mon amie pourrait voir vos enfants de loin, en passant devant la grille du château.

— Je vous remercie de votre franchise, madame, dit le marquis, dont la figure avait repris son expression souriante. Allons, continua-t-il, j'ai eu tort, je le reconnais. Est-ce que vous êtes de Miéran ?

— J'y suis née, monsieur le marquis ; dans mon enfance, j'ai eu l'honneur de voir plusieurs fois madame la marquise de Coulange, votre mère.

— Et maintenant, vous habitez à Paris ?

— Depuis mon mariage.

— Comment appelez-vous vos parents de Miéran ?

— Les Rouget et les Blaisois sont mes cousins germains. Les Blaisois de Coulange sont aussi mes parents.

— Je connais plusieurs membres de votre famille. Eh bien, madame, je ne veux pas que vous gardiez l'impression qu'ont dû produire en vous mes paroles un peu trop vives. Lorsque vous et votre amie dirigerez votre promenade du côté de Coulange, vous voudrez bien entrer au château ; vous y serez reçues avec cordialité.

Mélanie s'inclina respectueusement, en balbutiant quelques paroles de remerciement.

Après avoir embrassé l'enfant à plusieurs reprises, en le serrant contre son cœur, Gabrielle s'était relevée. Tout entière à sa joie, elle avait oublié qu'elle était en présence du marquis.

Comprenant qu'elle devait au moins le saluer et lui adresser quelques paroles d'excuse, elle essuya vivement ses yeux mouillés de larmes et marcha vers le marquis et son ami.

Depuis que Gabrielle, s'étant dressée sur ses jambes, montrait entièrement son visage, le comte de Sisterne l'examinait avec un étonnement mêlé d'une sorte d'angoisse indéfinissable.

La jeune femme s'approchait. Soudain, rapides et brillants comme deux éclairs, son regard et celui de M. de Sisterne se rencontrèrent.

Gabrielle s'arrêta aussitôt et resta immobile, comme pétrifiée.

Le comte paraissait en proie à un trouble extraordinaire. Cependant, il n'avait point reconnu Gabrielle ; mais le regard de cette femme si pâle, qui lui rappelait un autre regard qu'il n'avait pu oublier, venait de pénétrer en lui comme une flamme, et de mettre en émoi tous les tristes souvenirs de son cœur.

Et immobile, lui aussi, en face de la jeune femme, il semblait la dévorer des yeux. Peut-être attendait-il un nouveau regard. Mais Gabrielle tenait ses yeux baissés.

Une minute s'écoula ainsi, une minute d'anxiété et de malaise indescriptibles pour Gabrielle. On aurait dit qu'elle sentait le feu du regard qui pesait sur elle. Enfin, se raidissant contre sa faiblesse, elle parvint à se rendre maîtresse de son émotion. Alors, sans prononcer un mot, elle s'inclina devant les deux hommes. Puis, saisissant brusquement le bras de Mélanie :

— Viens, lui dit-elle, viens !
Et elle l'entraîna rapidement.

— Au revoir, madame Louise ! cria l'enfant.

Elle l'entendit, se retourna sans s'arrêter et lui fit avec la main plusieurs signes d'adieu.

— Etrange femme ! murmura le marquis.

Le regard de M. de Sisterne suivait les deux amies.

Il n'avait pas fait un mouvement. Il semblait que ses pieds fussent cloués au sol.

Au bout d'un instant, il laissa échapper un soupir.

Le marquis l'examina avec surprise. Il s'aperçut qu'il tremblait légèrement, qu'il y avait dans son regard une tristesse profonde et quelque chose d'amer dans le pli de ses lèvres.

— Octave, qu'as-tu donc ? lui demanda-t-il d'un ton affectueux.

M. de Sisterne se tourna vers lui et le regarda fixement.

— Tu es mon meilleur ami, répondit-il ; aujourd'hui j'éprouve le besoin de soulager mon cœur. Edouard, veux-tu être mon confident ?

— Je serai pour toi tout ce que tu voudras.

— Rentrons dans le parc.

IV

CONFIDENCE

— Tiens, dit tout à coup l'enfant, j'ai laissé mon bouquet au bord de la rivière.

— Eh bien, mon ami, répondit le père en souriant, tu n'as qu'à te baisser pour en faire un autre.

— C'est cela, c'est cela ! s'écria joyeusement Eugène ; je le ferai gros, très-gros, beaucoup plus beau que le premier et je le donnerai à maman.

Et il partit en courant pour se mettre à la recherche de nouvelles fleurs.

— Nous pouvons causer, dit le marquis.

— Edouard, je voudrais d'abord que tu me dises quelle est cette jeune femme pâle, qui a pour ton fils une si grande affection.

— Mon cher Octave, je l'ai vue aujourd'hui pour la première fois, c'est te dire que je ne la connais pas ; néanmoins, je vais t'apprendre ce que je sais.

Très-brièvement, le marquis raconta à son ami tout ce que la gouvernante de son fils lui avait appris concernant la femme pâle du jardin des Tuileries, appelée par les enfants Figure de cire.

Le comte l'avait écouté attentivement sans l'interrompre.

— Ainsi, dit-il, elle se nomme Louise ?

— Oui.

— Et on croit généralement que c'est une pauvre folle.

— Nous venons de la voir ; n'as-tu pas remarqué comme moi son attitude étrange, son air effaré ?

— Non, je regardais ses yeux et son visage pâle.

— Eh bien, moi, je l'ai observée avec beaucoup d'attention, et je reste convaincu que nous étions en présence, je ne dis pas d'une femme complètement folle, mais d'une malheureuse qui ne jouit pas de toutes ses facultés intellectuelles.

— Pauvre femme ! pauvre femme ! murmura tristement M. de Sisterne.

— Dans tous les cas, reprit le marquis, elle est bien telle qu'on me l'a dépeinte ; elle a la folie douce et rêveuse ; c'est une manie qui la pousse irrésistiblement vers les enfants et qui surexcite sa sensibilité d'une façon extraordinaire. En somme, l'égarement de sa raison n'est nullement redoutable.

Ces paroles furent suivies d'un moment de silence.

— Edouard, reprit le comte de Sisterne, tout à l'heure, tu m'as entendu pousser un soupir, et tu t'es étonné de me voir agité, triste, troublé.

— C'est vrai, dit le marquis.

— Eh bien, c'est cette femme pâle qui a causé mon émotion ; je ne saurais te dire l'impression aussi étrange que subite qu'un seul de ses regards a fait naître en moi ; elle m'a remué jusqu'au fond du cœur. Attends, tu vas comprendre : La coupe et les traits de son visage, sa chevelure, sa taille, la façon dont elle porte sa tête et son regard, oh ! son regard surtout, qui a rencontré le mien, tout dans cette femme, m'a rappelé une jeune fille belle et chaste que j'ai aimée, que j'aime encore, que j'aimerai toujours, car jusqu'à mon dernier souffle son cher souvenir restera dans mon cœur et ma pensée, pur de toute profanation.

— Oh ! mon ami, dit le marquis visiblement ému, je ne te demande pas ton secret ! Si tu dois un jour regretter d'avoir parlé, ne me dis plus rien.

Le comte secoua tristement la tête.

— Non, reprit-il, je ne regretterai pas de t'avoir ouvert mon cœur. Pour un ami tel que toi, un frère, je ne veux rien avoir de caché. Il me brise, il me tue, il m'étouffe, ce secret que je traîne partout, sur terre et sur mer, comme le forçat traîne le boulet rivé à ses pieds. Il me semble qu'après te l'avoir confié, je serai soulagé. S'il n'y avait dans ma pensée que l'image gracieuse d'une femme aimée et dans mon cœur le regret seulement du bonheur perdu, ce serait un doux souvenir dont je vivrais. Mais ma conscience n'est pas sans reproche, Edouard, et le remords a attaqué mon cœur!

Ami, continua-t-il en s'emparant d'une des mains du marquis, ce n'est pas seulement une confidence que je vais te faire ; c'est aussi une confession que tu vas entendre.

— Parle, dit le marquis ; je commence par te plaindre ; ensuite, si je le peux, je te consolerai.

— Tu ne me consoleras point ; mais tu peux me plaindre, car je suis réellement très-malheureux.

Je te disais donc que la femme pâle, que les enfants de Paris appellent Figure de cire, m'avait tout à coup rappelé une triste époque de ma vie, en réveillant dans mon cœur des souvenirs assoupis.

Un instant, j'ai cru que j'allais reconnaître, dans cette femme, Gabrielle. — Gabrielle est le souvenir. — Je me trompais. Ce n'est point Gabrielle qui était devant moi. Maintenant, je me demande si la ressemblance existe réellement. N'ai-je pas eu un mirage des yeux ou une hallucination momentanée?

— Je crois, en effet, que tu as été sous le coup d'une illusion d'optique, dit le marquis ; si surprenantes que soient certaines particularités de la vision, elles ne sont pas rares et s'expliquent facilement.

— Quoi qu'il en soit, reprit M. de Sisterne, je suis encore tout étourdi du choc que j'ai reçu, et cette pauvre femme a provoqué la confidence que je vais te faire.

Après s'être recueilli un instant, il passa rapidement sa main sur son front et commença ainsi :

— A l'occasion du mariage de ma sœur, qui s'est mariée au mois d'août 1852, j'avais demandé et obtenu un congé de six mois. Il est vrai qu'on ne pouvait guère me le refuser : je venais de rentrer dans le port de Brest après une absence de six années.

Quelques jours après le mariage, qui fut célébré à Saintes, j'accompagnai les jeunes époux qui allaient s'installer à Paris. Mon beau-frère était alors, — du reste, il n'a pas changé, — un bon et joyeux garçon, qui fit tout ce qui dépendait de lui pour me retenir à Paris et empêcher le spleen de me saisir. Mais il se devait à ses fonctions, et le temps qu'il ne donnait pas au ministère de la marine, il le consacrait à sa femme. Certes, je n'avais garde de me plaindre d'être un peu oublié et abandonné ; c'était une trop douce satisfaction pour moi d'être le témoin de leurs joies, de les voir s'aimer et de savoir ma sœur heureuse.

Toutefois, je me trouvais isolé près d'eux et je vivais dans une espèce de solitude. Souvent, j'étais obligé de me sauver pour ne point les gêner par ma présence et leur laisser goûter le charme de l'intimité du tête-à-tête.

Ne connaissant personne à Paris, je n'avais pas la ressource d'aller demander à des amis de me procurer des distractions. Tu étais à cette époque très-gravement malade, et après t'avoir fait trois visites seulement, je n'avais plus osé me présenter à l'hôtel de Coulange. Bref, je m'ennuyais, et mon existence de désœuvré me semblait lourdement monotone.

Je n'avais pris qu'un mois encore du congé dont je jouissais, que j'avais ardemment sollicité, et déjà je m'effrayais de sa durée. Qu'allais-je faire de ces cinq mois de liberté entière que j'avais devant moi ? Je me le demandais avec une sorte d'anxiété. Enfin, je compris qu'il fallait me secouer et qu'il était urgent de me distraire. Je résolus de quitter Paris pour aller courir à travers l'Angleterre, l'Allemagne ou l'Italie.

Or, j'avais déjà fixé le jour de mon départ lorsque, passant un soir rue Saint-Honoré, j'eus la singulière idée d'entrer dans le bal public de la salle Valentino. Je n'ai pas besoin de te parler de la physionomie de cette salle un jour de bal ; tu la connais, sans doute ; du reste, tous les bals publics se ressemblent. Ce soir-là, il y avait foule à Valentino. Aveuglé par la lumière éclatante des lustres, abasourdi par le bruit de l'orchestre et ahuri par le mouvement extraordinaire que j'avais sous les yeux, je m'avançai jusqu'au milieu de la salle, en me frayant difficilement un passage.

Je découvris une place libre sur une banquette et je m'en emparai. Au bout d'un instant, je m'aperçus que le hasard m'avait placé à côté d'une jeune fille d'une beauté ravissante, idéale. Je la regardai à la dérobée, d'abord, et je me sentis émerveillé et saisi d'admiration.

Il y avait sur ses lèvres souriantes un charme indéfinissable et sur son front pur le calme et la sérénité de l'innocence. Rien ne saurait rendre l'expression douce et enchanteresse de sa physionomie un peu rêveuse. En elle tout était gracieux et révélait la pureté de son âme. On devinait qu'elle avait encore l'ignorance du mal et que rien n'altérait la suavité de ses pensées.

N'ayant guère plus de dix-sept ans, fraîche et rose, heureuse de sa jeunesse en fleur, ravie de se sentir vivre, il semblait qu'elle fût éclose d'un rayon de printemps. Ah ! mon ami, entre cette délicieuse enfant et les autres jeunes filles, également belles, qui tourbillonnaient devant moi, quel contraste frappant !

Devenant plus hardi, je lui adressai la parole.

— « Vous ne dansez donc pas, mademoiselle ? lui demandai-je.

Alors, son regard, que je n'ai jamais oublié, son regard voilé, expressif et plein d'une langueur adorable s'arrêta sur moi. Et je pus voir et admirer ses beaux yeux d'une douceur ineffable, clairs et limpides, qui reflétaient comme un miroir l'innocence de son cœur, la blancheur de son âme.

J'eus une sorte d'éblouissement et je fus aussitôt saisi d'un grand trouble intérieur. J'avais aspiré comme un parfum la lumière de son regard, elle descendait en moi et je la sentais pénétrer dans mon cœur. Je ne cherchai point à me rendre compte des sensations que j'éprouvais ; je n'étais pas en état de me livrer à un travail d'analyse psychologique. Complètement captivé sous le charme de ce regard lumineux, je commençais à savourer les délices d'une ivresse inconnue.

D'une voix mélodieuse, un peu timide, et le front rougissant, elle me répondit :

— « Je suis venue ici ce soir avec deux de mes compagnes ; elles aiment la danse et je les regarde se divertir ; moi, je ne danse jamais.

— « Pourquoi ? Est-ce que vous n'aimez pas la danse ?

— « Je l'aimerais peut-être, monsieur, me répondit-elle avec son air plein de candeur ; mais la danse, dans un bal public, est un plaisir que je crois devoir me refuser. »

Je fus enchanté de cette réponse. Alors, je lui adressai plusieurs autres questions. Elle m'apprit qu'elle était employée dans une maison de commerce en qualité de demoiselle de magasin, et qu'elle n'était à Paris que depuis quatorze mois environ. Née à Orléans, ses parents étaient des commerçants aisés de cette ville.

Mais ayant eu le malheur de perdre sa mère, qui l'adorait, et son père s'étant remarié, on l'avait retirée du pensionnat où elle était élevée. Malheureusement, elle n'avait pu s'accorder avec sa belle-mère qui, loin d'être bonne pour elle et de lui témoigner de l'amitié, était parvenue, au contraire, à lui aliéner le cœur de son père. Enfin, lasse de souffrir et ne pouvant plus supporter les mauvais traitements de la marâtre, elle s'était enfuie de la maison paternelle pour venir à Paris où elle se trouvait relativement heureuse.

A onze heures et demie je sortis du bal en même temps que Gabrielle et ses amies. Je n'avais pas eu la hardiesse de lui demander où elle demeurait, pensant avec raison que cette question lui paraîtrait indiscrète et qu'elle refuserait d'y répondre. Mais j'avais déjà en moi le désir de revoir cette jeune fille, et je ne sais quel démon m'inspira la pensée de la suivre. C'est ainsi que je découvris qu'elle demeurait dans un hôtel meublé de la rue Tiquetonne.

Toute la nuit je pensai à elle ; j'eus constamment devant les yeux son angélique figure, son doux sourire, son front radieux, et je sentais toujours en moi l'étrange impression de son regard illuminé.

Le lendemain, je ne parlai plus de quitter Paris ; mon ennui avait disparu comme par enchantement.

Je me sentais brûler d'une ardeur singulière, qui aurait dû être pour moi un avertissement. La distraction que je voulais aller chercher à l'étranger, je l'avais trouvée à Paris. Revoir Gabrielle et m'en faire aimer était ma seule pensée. Et après ? aurais-je dû me demander.

Certes, si j'eusse été capable de réfléchir et d'examiner froidement la situation, obéissant immédiatement à la voix de ma conscience et au sentiment de l'honneur, j'aurais bouclé ma valise et je me serais sauvé de Paris par un train rapide. Malheureusement la réflexion ne me vint pas. Déjà la veille,—et ce fut mon premier tort, — en m'attachant aux pas de la jeune fille, j'avais été entraîné par un mauvais sentiment, un sentiment de curiosité, peut-être irréfléchi, mais mauvais quand même.

Ainsi, poussé par je ne sais quoi de fatal, j'allais jouer vis-à-vis d'une innocente enfant, un rôle indigne de moi, contraire à tous mes principes, le rôle odieux de séducteur! Et j'allais poursuivre mon but sans m'arrêter devant sa jeunesse et sa candeur virginale.

Que de reproches amers je me suis adressés depuis!

Ah! je me reconnais coupable!... Je n'ai qu'une excuse à invoquer : je l'aimais!...

M. de Sisterne s'interrompit, ne pouvant plus maîtriser son émotion.

— Tout cela est très-grave, en effet, dit le marquis, et tu es véritablement à plaindre. Mais continue, mon ami, je t'écoute avec le plus vif intérêt.

— Ainsi, Edouard, tu ne me blâmes point?

— Le moment serait mal choisi. D'ailleurs, tu t'es jugé toi-même; je n'ai plus rien à dire.

Le comte de Sisterne continua :

— Je cherchai donc à revoir Gabrielle; mais trois jours s'écoulèrent sans que je pusse parvenir à la rencontrer. Alors je pris le parti de lui écrire et je signai ma lettre : Octave Longuet; mon prénom et le nom du chef de ma famille, qui porta le premier le titre de comte de Sisterne.

Comme tu le vois, je cachais mon véritable nom. Pourquoi? Je ne saurais l'expliquer. Evidemment ce fait était le résultat d'un calcul. Je sentais instinctivement que je ne devais pas effaroucher Gabrielle et éveiller sa prudence. J'entrais tout à fait dans mon rôle de séducteur. Octave Longuet, un simple bourgeois, pouvait attirer sa confiance ; le comte de Sisterne, officier de marine, devenait pour elle, au contraire, un épouvantail et la mettait en garde contre mes projets. Et puis, je dois le dire, puisque je veux ne te rien cacher, j'étais quelque peu défiant. Malgré son histoire qu'elle m'avait racontée naïvement, et le jugement favorable que j'avais porté sur elle, il existait encore dans ma pensée un léger doute sur sa vertu.

Hélas ! l'homme est fait ainsi ; le meilleur ne peut échapper au scepticisme et nous sommes généralement trop disposés à accepter le soupçon injurieux à l'égard de la femme. C'est tout simplement abominable. Ah ! mon ami, comme nous sommes loin de ces temps où, pour nos pères, la femme était un culte ! Nous n'avons plus la foi sainte ; nous ne savons plus rien idéaliser !

Eh bien, oui, malgré mon cœur qui se révoltait, je doutais de l'innocence de Gabrielle. Oh ! je ne puis me rappeler cela sans honte ! Comme j'étais aveugle et misérable !

Ma lettre resta sans réponse. Je m'y attendais un peu, je ne me sentis nullement découragé. Voulant revoir Gabrielle à tout prix, je me décidai à entrer un jour dans le magasin de nouveautés de la rue Montmartre où elle était employée. A ma vue elle se troubla et une vive rougeur colora ses joues. Je compris que je ne lui étais pas indifférent et que ma lettre avait produit l'effet espéré. Je m'adressai à elle pour acheter je ne sais plus quoi, et, pendant quelques minutes, je pus ainsi échanger quelques paroles avec elle. Je revins plusieurs fois dans le magasin, faisant à chaque visite l'emplette d'un objet quelconque, que je donnais le soir même ou le lendemain à la femme de chambre de ma sœur, à sa cuisinière ou à sa concierge pour ses enfants.

Enfin, un soir, jugeant que le moment était venu de me prononcer sérieusement, j'attendis Gabrielle à la porte de sa maison. Un peu malgré elle, je m'emparai de son bras et nous nous mîmes à marcher sur le trottoir, le long des maisons. Ce que je lui dis, je ne me le rappelle plus : mais mon langage ne pouvait être que celui d'un séducteur. Elle m'écoutait en proie à une violente émotion. Elle avait la poitrine oppressée, la respiration haletante, et elle tremblait de tous ses membres. Je lui parlai de ma lettre.

— « Oh! me répondit-elle, j'ai été tout un jour sans pouvoir me remettre de l'émotion qu'elle a produite en moi ! Cependant, continua-t-elle avec une naïveté charmante et un adorable abandon, si vous n'étiez pas venu au magasin, j'aurais réussi à vous oublier. »

Après cette réponse qui lui était pour ainsi dire échappée, j'obtins facilement l'aveu que mon amour était partagé. Je sentis aussitôt mon cœur inondé d'une joie infinie. Je l'entourai de mes bras et je posai mes lèvres sur son front. Dès lors, mon triomphe devenait facile. Pourtant, j'eus à lutter contre certaines résistances, nées de pudiques terreurs, derniers retranchements derrière lesquels se défend la vertu qui chancelle.

Mais Gabrielle m'aimait autant et peut-être plus que je ne l'aimais alors ; elle ne pouvait résister longtemps. D'ailleurs, pleine de confiance, ne me supposant point capable de la tromper, et croyant à la promesse que je lui avais faite de l'épouser, elle se donna à moi entièrement.

— Comment, s'écria M. de Coulange avec étonnement, tu lui avais promis de l'épouser?
— Oui.
— Oh! c'était mal, cela, très-mal !
— Oui, c'était très-mal. Après la séduction, lorsqu'elle fut ma maîtresse, je lui renouvelai encore cette promesse ; mais cette fois, Edouard, connaissant la pureté de toutes ses pensées, sachant quels rares trésors étaient renfermés dans son cœur, cette fois j'étais sincère ; oui, j'avais résolu que Gabrielle serait ma femme.
— Lui as-tu dit alors que tu étais le comte de Sisterne ?
— Non.
— Pourquoi ?
— Pour ne pas avoir à rougir de mon mensonge ; pour ne pas lui laisser supposer qu'après lui avoir menti une fois, je pouvais la tromper encore.
— Faible excuse, mon cher Octave.
— Je voulais aussi, le moment venu, me donner la joie de sa surprise. Mais, comme je te l'ai déjà dit, tout cela était fatal. Tout à l'heure tu en auras la preuve.

Tu ne saurais te faire une idée, Edouard, de l'élévation, de la grandeur et de la véritable noblesse qu'il y avait dans cette adorable enfant. Et dans les sentiments, quelle délicatesse exquise !

Son travail lui donnait à peine de quoi se suffire et elle logeait dans une pauvre chambre d'hôtel, une mansarde. Je voulus lui louer un logement plus convenable et le lui meubler. Je voulus lui donner des bijoux, des toilettes, de l'argent. Et bien, il me fut impossible de lui faire rien accepter.

— « Non, me disait-elle avec une expression touchante, je veux rester à mes yeux toujours digne de vous. En acceptant ce que vous m'offrez, je croirais profaner notre amour. »

Comprends-tu, Edouard, comprends-tu?

— Oui. C'était un noble cœur!

— Et voilà le trésor que j'ai perdu!

— Comment cela est-il arrivé?

— Papa, dit tout à coup Eugène, voici l'allée des Pins, faut-il la prendre pour retourner près de maman?

— Oui, mon ami, répondit le marquis, nous retournons au château par l'allée des Pins.

Satisfait de cette réponse, l'enfant, les bras chargés de fleurs, partit en avant-garde.

— J'aurai, je pense, le temps d'achever mon récit, dit le comte de Sisterne.

— Nous avons encore un quart d'heure à nous, répondit le marquis.

V

OÙ SONT-ILS?

M. de Sisterne reprit:

— Voulant naturellement cacher mes amours à ma sœur et à mon beau-frère, j'avais loué, pour la circonstance, un petit appartement dans un hôtel de la rue de Richelieu. Cela ne m'empêchait pas de voir tous les jours M. et madame de Valcourt et de coucher dans la chambre que j'avais chez eux plus souvent qu'à l'hôtel. Mais pour Gabrielle, qui m'écrivait quelquefois, il fallait que j'eusse un logement à moi. Toutefois, elle venait très-rarement à l'hôtel, elle préférait me voir au dehors, et nous faisions de fréquentes excursions aux environs de Paris. Elle s'effarouchait d'un rien, et elle avait des susceptibilités qui me ravissaient.

Un jour, — six semaines avant l'expiration de mon congé, — je trouvai chez ma sœur un pli cacheté aux armes de la marine. C'était l'ordre de me rendre immédiatement à Brest, à bord du vaisseau l'*Orgon*, qui venait d'appareiller pour les Antilles. Je passais, avec avancement, d'une corvette sur un navire de première classe.

Dans une autre circonstance, j'aurais été certainement très-heureux, mais ce qui m'arrivait était si inattendu, que je considérai cette faveur, dont j'étais l'objet, comme un véritable malheur. Pour surcroît de mauvaise chance, le pli était arrivé la veille, et comme je n'avais pas couché chez ma sœur, il me restait strictement le temps nécessaire pour me rendre à Brest, au moment où j'en prenais connaissance. Que faire? L'ordre était formel. Il fallait partir.

J'ai soupçonné alors, et j'ai encore cette idée aujourd'hui, que mon beau-frère, ayant découvert mes relations avec Gabrielle, n'avait rien trouvé de mieux, pour y mettre un terme, que de me jouer ce vilain tour, en usant de son influence auprès du ministre.

Mes malles, faites à la hâte et chargées sur une voiture, je courus rue de Richelieu où j'avais des effets et quelques papiers importants. De là, après avoir pris seulement le temps d'écrire une lettre de quinze ou vingt lignes à Gabrielle, que je remis à un garçon de l'hôtel, avec ordre de la porter à son adresse, je me rendis précipitamment au chemin de fer. Deux heures après mon arrivée à bord, les marins de l'*Orgon* levaient les ancres. Je n'eus pas le temps, avant de gagner le large, d'écrire une nouvelle lettre à ma pauvre Gabrielle. Mais, au bout de quelques jours, je lui en écrivis une très-longue, que je pus faire partir pour la France un mois plus tard.

Dans cette lettre, dictée par mon cœur et pleine de tendresse, je lui révélais enfin la vérité; je lui jurais de ne pas l'oublier, de l'aimer toujours, et je lui faisais encore la promesse solennelle de lui donner mon nom dès que je serais de retour en France. Je lui indiquais le moyen de me faire parvenir sa réponse, je lui donnais en même temps l'adresse de mon notaire, à Saintes, et je la suppliais de se faire envoyer par lui tout l'argent dont elle pourrait avoir besoin.

Cette lettre et plusieurs autres que je lui écrivis successivement restèrent sans réponse. Je ne savais quoi m'imaginer. Pendant tout le temps que dura ce voyage, je fus dans une inquiétude mortelle. Son souvenir ne s'éloignait pas de ma pensée; je sentais, au contraire, mon amour grandir et devenir plus ardent. Tu vois dans quelle situation je me trouvais, et tu devines ce que j'ai souffert. Je n'entre pas dans de plus longs détails.

Je revins en France. Plus de deux ans et demi s'étaient écoulés. Je me rendis d'abord à Sisterne. Là, je trouvai trois des lettres que j'avais écrites à Gabrielle; elles avaient été envoyées à Sisterne, par les soins de l'administration des postes. Qu'étaient devenues les autres? Je ne l'ai jamais su. Après avoir réglé diverses affaires pressées, ce qui me prit une semaine, je pus enfin partir pour Paris. Au lieu de me rendre directement chez ma sœur, je descendis à l'hôtel de la rue de Richelieu, sous le nom de Longuet.

Je n'ai pas besoin de te dire combien j'étais impatient d'avoir des renseignements au sujet de Gabrielle. Je me présentai le même jour au magasin de la rue

Montmartre. J'espérais encore; et je me faisais cette illusion que j'allais y retrouver Gabrielle. La patronne de l'établissement, à laquelle je m'adressai, me reconnut ; elle me reçut froidement et même d'une manière un peu hostile.

Je l'interrogeai. Elle me répondit en me disant tout ce qu'elle savait. Je ne me rappelle jamais ce douloureux instant de ma vie sans sentir mon cœur se déchirer. J'apprenais, enfin, toute l'étendue du mal que j'avais fait. Ah ! j'aurais moins souffert si l'on m'eût enfoncé un poignard dans la poitrine.

Un jour Gabrielle ne vint pas au magasin. On pensa qu'elle était indisposée, et sa patronne alla elle-même pour avoir de ses nouvelles. On lui répondit que Gabrielle, emportant tous ses effets, était partie sans dire où elle allait. Oui, la pauvre enfant, elle était partie brusquement sans prévenir ses patrons, sans avoir instruit de son projet aucune de ses compagnes. Pourquoi ce départ qui ressemblait à une fuite ?

Le comte baissa la tête et continua d'une voix tremblante :

— La malheureuse enfant s'était sauvée comme une misérable pour aller cacher dans un coin ignoré son malheur et sa honte... Elle allait devenir mère !

— Oh ! la pauvre fille ! s'écria le marquis.

— Oui, mère, reprit M. de Sisterne d'une voix entrecoupée, mère d'un enfant dont je suis le père ! Et elle est partie, la noble victime, n'ayant peut-être pas vingt-cinq francs dans sa poche.

— Affreux ! murmura le marquis.

— Quelque temps après, une de ses camarades du magasin la rencontra par hasard. Elle était allée se loger ou plutôt se cacher à l'extrémité des Batignolles.

N'ayant pas le moyen de se donner le luxe d'une chambre, elle demeurait dans un taudis, une sorte de trou infect dans lequel ne voudrait pas dormir ton chien Fanor.

La courageuse enfant travaillait; elle faisait, je crois, de la passementerie et parvenait à gagner vingt ou vingt-cinq sous par jour, à peine de quoi ne pas mourir de faim!... Et elle était sur le point de donner un enfant au comte de Sisterne, qui a plusieurs millions de fortune!

C'est par cette jeune fille que Gabrielle rencontra, comme je viens de te le dire, qu'on sut, rue Montmartre, pourquoi elle avait cru devoir quitter le magasin. Elle n'avait point voulu attendre que sa faute fût connue et elle s'était soustraite à l'affront d'être congédiée.

Quelques jours après cette rencontre, la même camarade, accompagnée d'une ou de deux demoiselles de magasin, se rendit aux Batignolles pour faire une visite à Gabrielle. Elle n'y était plus. Une fois encore Gabrielle avait disparu. Sa retraite connue, elle en avait cherché une autre.

Où est-elle allée? Qu'est-elle devenue? Personne n'a pu me le dire, et, malgré toutes les recherches auxquelles je me suis livré, je n'ai pu rien découvrir.

Pensant que peut-être elle était retournée chez son père, j'allai à Orléans. Le commerçant était mort depuis peu et Gabrielle n'avait point réclamé son héritage... — « Depuis que Gabrielle Liénard a quitté la ville, me dit-on, on n'a plus entendu parler d'elle. »

J'ai acquis la certitude que la malheureuse enfant n'a reçu aucune des lettres que je lui ai écrites, pas même celle que j'avais remise à un garçon d'hôtel, au moment de partir pour Brest. Ce garçon, que je questionnai, finit par m'avouer qu'ayant perdu ma lettre, il n'avait pu faire ma commission.

Ainsi, Gabrielle a dû croire que j'étais un lâche séducteur, un infâme! que je ne l'aimais pas, que je l'avais froidement précipitée dans un abîme, et que, mon caprice satisfait et mes désirs assouvis, je l'avais abandonnée! Quelles furent alors ses pensées? Ah! je n'ose me le demander!... Le cœur meurtri, flétrie, déshonorée, n'ayant plus d'avenir, elle se vit perdue! Et elle m'a maudit, et, dans son mépris et son dégoût pour l'homme qui l'avait trompée, elle a noyé son amour.

Dans cette déplorable aventure, tout s'est tourné contre moi, contre elle. Oh! oui c'est bien la fatalité qui nous a poursuivis et impitoyablement frappés! S'ensuit-il que je sois excusable? Non. J'ai vu la grandeur de ma faute, je devrais dire de mon crime, et j'ai senti plus cruellement la punition! Car elle dure encore, elle durera toujours...

La malheureuse Gabrielle existe-t-elle encore? A-t-elle donné le jour à son enfant? Nul ne le sait. Hélas! désespérée, mal conseillée par la misère, elle a peut-être voulu échapper à la honte et à la souffrance par le suicide!

A partir du jour où elle a quitté les Batignolles, elle s'enfonce et disparaît dans l'ombre. Si elle n'est pas morte, qu'est-elle devenue? Où sont-ils tous les deux, la mère et l'enfant? Mystère!...

Je ne sais rien et je ne saurai probablement jamais rien; et cette complète ignorance sera le tourment de toute ma vie. Le souvenir de Gabrielle et du cher petit être qu'elle portait dans son sein me suit partout; il est toujours présent à ma pensée, et mon amour, que rien ne peut éteindre ou combattre, reste enfermé dans mon cœur comme dans un sanctuaire.

Maintenant, Edouard, comprends-tu l'amertume de mes regrets ? Comprends-tu que le remords soit à côté du souvenir ?

— Oui, répondit le marquis ; mais le pardon vient après le repentir ; si ta faute a été grande, l'expiation ne l'est pas moins. Tu oublieras et tu retrouveras du repos.

— Jamais! répliqua vivement M. de Sisterne ; on ne fixe point la durée de la punition, quand les malheurs qu'on a causés ne peuvent plus être réparés. Je vivrai de mon souvenir, c'est-à-dire de mes regrets et de mon amour. Va, on ne retrouve pas le bonheur comme un objet qu'on a perdu !

Mes meilleurs amis s'étonnent de me voir rester garçon, et je ne sais combien de tentatives on a faites déjà pour me marier.

Certes, on m'a présenté des jeunes filles charmantes, très-capables d'inspirer une affection profonde. Devant elles je suis resté insensible et froid comme un marbre. Me marier, moi ! Est-ce que c'est possible ? Il n'existe plus aucune femme que je puisse aimer ! Or, je considère que le mariage sans amour est la profanation d'une chose sainte et sacrée.

Quand on me conseille de me donner une compagne et qu'on me parle des douces et pures joies de la famille, j'écoute, je pense à Gabrielle et à son enfant, et je garde le silence. Toi-même, Edouard, tu m'as demandé pourquoi je ne me décidais pas à me marier. Je viens de répondre à ta question. Non, je ne me marierai pas... Il peut se faire que je sois d'un puritanisme exagéré, mais nul mieux que moi ne connaît les sentiments qui m'inspirent et auxquels j'obéis. Oui, je resterai fidèle à mon unique amour, et je ne donnerai pas à une femme, serait-elle la plus belle et la plus parfaite, le nom de Sisterne que j'ai promis à une autre.

Quant aux joies de la famille, dont on se sert vis-à-vis de moi comme d'un moyen de séduction, je n'en suis pas absolument déshérité. En dehors de mes amis, je les compte bien pour quelque chose, j'ai ma sœur, que j'aime beaucoup, et près d'elle son mari et sa fille, ma nièce et ma filleule. Emmeline va atteindre sa troisième année, ce n'est encore qu'une enfant au berceau, mais elle est déjà intelligente, gracieuse et jolie comme un ange, la toute mignonne. J'en suis idolâtre. Dans l'affection que j'ai pour elle, il me semble qu'il y a de la paternité. Je reporterai sur ma nièce toute la tendresse et l'amour que j'aurais eu pour l'enfant de Gabrielle, pour mon enfant!

Eh bien, plus tard, quand il faudra quitter la mer, c'est près de sa sœur et de sa nièce que se retirera le vieux marin.

Il resta un moment silencieux. Puis avec un sourire doux et triste, il reprit :

— Edouard, une idée vient de me venir.

— Quelle est cette idée?

— Que ton fils pourrait épouser ma nièce si, toutefois, Emmeline donne tout ce qu'elle promet.

— Ils auront l'occasion de se voir souvent, répondit le marquis, en serrant la main de son ami : s'ils s'aiment, ce n'est certes pas moi qui mettrai opposition à ce mariage.

— Voilà où j'en suis, reprit amèrement M. de Sisterne, réduit à échafauder des projets de bonheur sur des têtes d'enfants !

Ils n'étaient plus qu'à trente pas du château.

Prévenue de leur arrivée par l'enfant, la marquise était descendue pour venir à leur rencontre. Elle tenait dans sa main le bouquet cueilli par Eugène à son intention.

— Edouard, dit vivement le comte au marquis, tout ce que je viens de te dire doit être un secret entre nous.

— Révéler ce que tu m'as confié serait une trahison, mon cher Octave.

— Madame de Coulange elle-même ne doit rien savoir.

— Elle ne saura rien.

VI

LE CŒUR DE GABRIELLE

Gabrielle et Mélanie, marchant très-vite, arrivèrent au pont de Coulange. Jusque-là elles n'avaient pas échangé une parole. Quand elles eurent traversé le pont et qu'elles se trouvèrent sur le chemin de Miéran, elles ralentirent le pas. Puis, au bout d'un instant, Gabrielle s'arrêta pour essuyer son front ruisselant de sueur.

— Vous êtes fatiguée, lui dit Mélanie; aussi, pourquoi avoir marché si rapidement? J'avais de la peine à vous suivre. Nous allons nous asseoir un instant dans l'herbe, sur ce talus, et nous reprendrons notre chemin quand vous serez reposée.

— Oui, asseyons-nous, répondit Gabrielle, j'ai un peu de faiblesse dans les jambes.

Elles s'assirent, faisant face au château de Coulange, dont la magnifique façade se découpait obliquement dans son cadre de verdure.

— D'ici, le coup d'œil est ravissant, dit Mélanie; n'êtes-vous pas de mon avis, Gabrielle?

— Oui, ravissant ! répondit la jeune femme rêveuse.

Son regard errait sur la rive droite de la Marne ; elle cherchait à revoir les deux hommes et l'enfant. Ne les apercevant point, elle laissa un soupir s'échapper de sa poitrine.

— Ils sont rentrés dans le parc, lui dit Mélanie, qui avait deviné son désir.

— Oui, ils sont rentrés, murmura Gabrielle.

— C'est égal, nous avons été servies à souhait par le hasard. Après avoir passé inutilement trois fois devant la grille du château, nous avons eu une excellente idée de continuer notre promenade au bord de l'eau.

— C'est vrai.

— Si je le voyais, de loin seulement, je serais contente, me disiez-vous. Eh bien, vous n'avez pas fait que de le voir, vous l'avez tenu dans vos bras et vous l'avez embrassé !

— J'étais bien heureuse, Mélanie.

— Tout en nous apercevant il vous a reconnue.

— Oui, le cher trésor, il m'a reconnue.

— Avez-vous entendu son cri de joie ?

— Oui.

— Et comme tout de suite il est accouru vers vous !

— Je n'ai eu que le temps de lui ouvrir mes bras. Vous avez causé avec M. le marquis, Mélanie, que vous a-t-il dit ?

— Oh ! des choses tout à fait gracieuses et aimables. D'abord, il a paru étonné de vous rencontrer à Coulange ; mais je me suis empressée de lui donner l'explication qu'il désirait, en lui disant que nous sommes venues passer quelque temps à Miéran.

— A-t-il été satisfait ?

— Certainement.

— Il ne m'empêchera point de le voir ?

— Quelle idée !

— Mon Dieu, je ne sais pas ce qu'il peut penser... M. le marquis de Coulange est un bien grand seigneur, et je ne suis, moi, qu'une pauvre femme.

— Eh bien, ma chère Gabrielle, vous allez savoir ce que pense M. le marquis de Coulange. Non seulement il ne vous défend point de voir et d'embrasser son fils ; mais, lorsque nous viendrons à Coulange, nous sommes invitées, vous et moi, à entrer au château.

— Vraiment, Mélanie ?

— Je vous fais part de l'invitation de monsieur le marquis.

— Ah ! il est bon, lui aussi !

— Si vous lui aviez laissé le temps de vous parler, ma chère Gabrielle, il avait certainement l'intention de vous faire lui-même son invitation et de vous adresser quelques paroles affectueuses.

Gabrielle baissa la tête et resta silencieuse.

— Voulez-vous que je vous parle franchement ? reprit Mélanie au bout d'un instant.

— Dites.

— Eh bien, je ne comprends pas pourquoi vous êtes partie si brusquement.

— Oui, vous ne pouvez pas comprendre.

— M. le marquis a peut-être trouvé cela un peu singulier.

— Ne suis-je pas une femme bizarre? répliqua Gabrielle, en ébauchant un sourire.

— Après avoir embrassé l'enfant, vous vous avanciez vers le marquis pour lui dire quelque chose.

— Oui, je voulais le remercier de n'avoir pas rappelé son fils lorsqu'il s'est élancé vers moi.

— Et, au lieu de prononcer ces paroles, que le marquis semblait attendre, vous vous êtes arrêtée brusquement et vous avez subitement changé d'idée.

— C'est vrai.

— J'ai cru voir sur votre visage l'expression d'un vif mécontentement.

— Non, Mélanie, ce n'était que de la surprise, quelque chose de semblable à de la stupéfaction ou même à de la peur.

Mélanie la regarda avec étonnement.

— Et c'est M. le marquis?... fit-elle.

Gabrielle secoua la tête.

— Un homme était près de lui, dit-elle.

— Un de ses amis, sans doute; ce monsieur a l'air très-distingué, il doit être, comme le marquis de Coulange, un homme du monde très-riche.

— N'est-il pas décoré?

— Oui, il avait à la boutonnière de sa redingote la rosette rouge de la Légion d'honneur. Ainsi, Gabrielle, c'est ce monsieur qui vous a effrayée?

— Oui.

— Pourquoi?

— Parce que je l'ai reconnu.

— Cela explique votre surprise et non votre frayeur.

— Avez-vous remarqué avec quelle attention il me regardait?

— Oui, ses yeux s'étaient fixés sur vous avec une sorte de curiosité.

— Il n'y avait que de la curiosité dans ce regard, n'est-ce pas?

— Je n'y ai pas vu autre chose.

— Alors, c'est bien; vous me donnez la certitude complète qu'il ne m'a pas reconnue. Mélanie, ce monsieur qui était avec le marquis de Coulange se nomme Octave Longuet; c'est le père de mon enfant.

Mélanie fit un brusque mouvement.

— Est-ce possible! s'écria-t-elle.

— Maintenant, ma chère Mélanie, vous connaissez la cause de mon attitude singulière.

— Gabrielle, vous vous êtes peut-être trompée...

— Non, Mélanie, je ne me suis pas trompée.

— Il y a quelquefois des ressemblances...

— Mélanie, je l'ai parfaitement reconnu; je n'ai jamais oublié ses traits, et il n'a pas changé comme moi, lui! C'est bien M. Octave Longuet qui était tout à l'heure avec le marquis de Coulange.

Mélanie était stupéfiée.

— Oh! c'est étrange! pensait-elle.

L'amitié qui existait entre le marquis de Coulange et le séducteur de Gabrielle venait encore compliquer à ses yeux la situation déjà si intéressante et si grave.

— Quand mon regard a rencontré le sien, reprit Gabrielle, j'ai cru un instant que lui-même allait me reconnaître; c'est alors que la crainte m'a saisie et que je me suis arrêtée. Si ma figure n'est plus reconnaissable, il n'en est pas de même de ma voix, dont le timbre n'a point changé. En gardant le silence, j'ai pu paraître bizarre ou stupide, mais j'ai évité le désagrément d'être reconnue.

— A votre place, Gabrielle, j'aurais eu une tout autre pensée : je me serais fait reconnaître.

— S'il m'eût reconnue, serais-je plus avancée, dites? Non, je n'ai rien à lui demander et il ne peut rien faire pour moi. Il ne saurait changer ma vie, il lui est impossible de me rendre les illusions et le bonheur de ma jeunesse; il ne peut pas me rendre mon enfant ! Il me croit morte, sans doute; à quoi bon le détromper? Il est riche, heureux ; il est marié, peut-être... Mélanie, ai-je le droit de troubler son repos, son bonheur? Non, n'est-ce pas? Car cela ressemblerait à de la vengeance. A côté de l'amour maternel que je tiens en réserve pour mon enfant, il n'y a dans mon cœur que de la douleur et des regrets; la haine n'y entrera jamais !

— Permettez, Gabrielle, ce monsieur vous doit pourtant quelque chose.

— Quoi?

— Réparation du mal qu'il vous a fait.

Gabrielle hocha tristement la tête.

— Sauriez-vous me dire comment il pourrait réparer le mal qu'il m'a fait? demanda Gabrielle.

— Je ne sais pas trop ; mais il me semble...

— Mélanie, il y a des malheurs absolument irréparables, le mien est de ceux-là. Je vous répète mes paroles de tout à l'heure : je n'ai rien à demander à M. Octave Longuet, et il ne peut rien faire pour moi. Je suis plus coupable que lui, mon amie; je devais me défier de ma faiblesse et avoir la force de fuir le danger.

— Ainsi, vous l'excusez, Gabrielle? Voilà bien l'adorable générosité de votre cœur !

— Mélanie, si je ne l'excusais pas, je devrais le maudire !

— C'est vrai !

— Vous savez ce que m'a appris votre mari ; par suite des renseignements qu'il a recueillis, je n'ai pas même le droit d'accuser M. Octave Longuet de m'avoir trompée. J'ai été impitoyablement frappée par le malheur et j'ai courbé la tête. Je n'avais pas à me révolter. Nul ne peut échapper à sa destinée. On ne lutte pas contre la fatalité.

VII

EN PRÉSENCE

Morlot avait dit à la marquise de Coulange : « Dans huit jours j'aurai l'honneur de me présenter au château de Coulange. » Or, le matin du huitième jour, l'agent de police descendait du train semi-direct qui s'arrête à Nogent-l'Artaud à neuf heures et quelques minutes.

Il portait un costume de ville à la dernière mode : pantalon, gilet et redingote noirs. Sa redingote boutonnée laissait voir le col et le plastron de sa chemise, d'une blancheur immaculée. Pour la circonstance il avait cru devoir emprisonner ses mains dans des gants de chevreau. Sa mise sévère accentuait encore la gravité habituelle de sa physionomie.

Comme il se dirigeait vers la porte de sortie, son stick à la main, il se trouva tout à coup, sur le quai, en face du valet de chambre de M. de Coulange.

— Bonjour, monsieur, lui dit amicalement Firmin, je suis enchanté de vous revoir ; vous allez probablement voir vos parents de Coulange.

— Oui, monsieur Firmin, répondit Morlot, en tendant la main au domestique, je vais passer deux ou trois jours à Coulange et à Miéran.

— C'est très-bien, c'est très-bien, la campagne est superbe !

— Par quel hasard vous trouvez-vous à Nogent? Vous venez sans doute attendre quelqu'un ?

— Ce que nous attendons, c'est le train de Château-Thierry. Nous partons pour Paris, d'abord, je dis d'abord, parce que nous ne nous y arrêterons que quelques heures. Nous allons faire un voyage d'une quinzaine de jours dans le Midi.

Morlot avait froncé les sourcils, et son front s'était subitement assombri.

— Ainsi, dit-il d'un ton singulier, M. et madame la marquise se sont décidés tout à coup à aller voyager dans le Midi ?

— M. le marquis fait seul ce voyage et comme toujours je l'accompagne.

— Alors, madame la marquise...

— Elle reste au château avec les enfants.

— Je comprends, fit Morlot, dont le visage se rasséréna, M. de Coulange a quelques affaires qui l'appellent dans le Midi?

— Oui, dans ses domaines des Pyrénées.

— Ah ! voilà M. le marquis, dit Morlot. Quel est ce monsieur qui marche à côté de lui?

— Un de ses plus anciens amis ; il est venu passer trois jours au château ; mon maître va faire avec lui une partie de son voyage.

— Il est officier de la Légion d'honneur, on devine à son air que c'est un militaire.

— Ou un marin; c'est à peu près la même chose.

M. le comte de Sisterne est capitaine de frégate.

— Beau grade, fit Morlot. M. le comte de Sisterne est un futur amiral.

— C'est sûr, ajouta Firmin.

A ce moment, le train se dirigeant sur Paris arriva en gare.

Le marquis et le comte de Sisterne prirent place dans un coupé de première classe.

— Moi je monte en seconde, dit le domestique.

Le cocher du marquis s'avançait vers Firmin pour lui donner une poignée de main.

— Je vous quitte en vous souhaitant un bon voyage, dit Morlot.

Il allait s'éloigner, Firmin le retint par le bras en disant :

— Est-on venu de Coulange ou de Miéran vous attendre avec une voiture ?

— Non, je n'ai prévenu personne de mon arrivée.

— Et vous allez faire le chemin à pied ?

— Oui, si je ne trouve pas une voiture.

— Je crois que vous n'en trouverez pas, monsieur, dit Firmin ; mais le cocher de M. le marquis retourne à Coulange ; si vous voulez profiter de l'occasion, il se fera certainement un plaisir de vous emmener.

— Mais oui, dit le cocher, j'offre à monsieur une place à côté de moi sur mon siège.

— Eh bien, mon brave, j'accepte, répondit Morlot ; monsieur Firmin, je vous remercie.

— De rien, fit le vieux serviteur. Voyez-vous, je n'ai pas oublié ce que vous m'avez dit l'autre jour de M. le marquis et de madame la marquise.

— En voiture ! en voiture ! criait le conducteur du train.

Firmin ayant serré rapidement la main de Morlot et celle du cocher, se précipita dans un compartiment. Le sifflet de la locomotive se fit entendre et le train se mit en marche.

— Monsieur, je suis à vos ordres, dit le cocher à Morlot.

— Vous êtes prêt à partir?
— Oui.
— En ce cas, partons.

Le phaéton du marquis, attelé de deux magnifiques chevaux anglais, ne mit guère plus d'une demi-heure à franchir la distance qui sépare Nogent-l'Artaud de Coulange.

— Où désirez-vous descendre? demanda le cocher à Morlot, lorsqu'ils furent en vue du village.

— Je mettrai pied à terre devant la grille du château.
— Rien ne m'empêche de passer par Coulange.
— Il est inutile que vous fassiez ce détour...
— Oh! cela n'allonge pas le chemin de trois minutes.
— Je descendrai devant le château, répliqua Morlot; d'ailleurs, ajouta-t-il, j'ai une visite à faire à madame la marquise de Coulange.

— Ah! c'est différent, fit le cocher en laissant voir son étonnement.

Un instant après, le phaéton s'arrêtait devant la grille. Morlot sauta lestement à terre. Presque aussitôt la grille s'ouvrit. L'agent de police pénétra alors dans les jardins et, prenant une allée à droite, il se dirigea rapidement vers le château. Tout en marchant, il se servit de son mouchoir pour épousseter son vêtement un peu poudreux.

En montant les marches du grand escalier, il se sentit légèrement ému; certes, c'est à ce moment surtout qu'il comprenait les difficultés de la tâche qu'il avait à remplir. Mais il n'y avait plus à hésiter, dans un instant il allait se trouver en présence de la marquise. Il s'était préparé à cette entrevue par une longue méditation. S'inspirant des conseils de sa femme, il savait l'attitude qu'il devait prendre dans cette délicate et grave circonstance.

Il entra résolument dans un vaste vestibule, et s'avança au milieu de deux rangées de superbes statues de marbre blanc.

Un domestique parut devant lui. Il le reconnut pour l'avoir vu aux Ternes devant le pavillon de madame de Perny.

— Je voudrais parler à madame la marquise de Coulange, dit Morlot, pensez-vous qu'elle soit visible en ce moment?

— Je l'ignore, monsieur, répondit le domestique; mais veuillez me suivre, je vais vous conduire.

Morlot, marchant derrière le domestique, monta un large escalier; puis après avoir traversé plusieurs grandes pièces, dont il n'eut pas le temps d'admirer la magnificence, il fut introduit dans une antichambre où se trouvait une jeune femme. Celle-ci se leva brusquement à la vue de Morlot.

— Mademoiselle Juliette, lui dit le domestique, monsieur désire voir madame la marquise.

Ce nom de Juliette fit tressaillir Morlot. Obéissant à son instinct de policier, il fit trois pas en avant et se trouva face à face avec la femme de chambre sur laquelle il attacha son regard perçant.

Sous la clarté de ce regard inquisiteur, qui semblait vouloir scruter sa pensée, la femme de chambre se troubla et Morlot vit son visage changer de couleur.

— Oh! oh! pensa-t-il, est-ce que je retrouverais ici la demoiselle Juliette de la rue de Ponthieu?

Cependant la femme de chambre s'était remise promptement.

— Je vais voir si madame la marquise peut vous recevoir, monsieur, dit-elle; qui dois-je annoncer?

— Monsieur Morlot.

Elle ouvrit une porte et disparut.

L'agent de police se tourna vivement vers le domestique.

— Y a-t-il longtemps que cette demoiselle Juliette est au service de madame de Coulange? lui demanda-t-il.

— Environ huit mois.

— Ah! savez-vous où elle était précédemment?

— Non, je ne le sais pas.

— Il paraît qu'elle ne parle pas souvent de ses anciennes maîtresses.

— Jamais. Il faut croire qu'elle n'en garde pas un bien bon souvenir, dit le domestique en souriant.

Juliette reparut.

— Madame la marquise peut vous recevoir, dit-elle; venez, monsieur.

Morlot la suivit. Ils traversèrent un petit salon-boudoir, puis Juliette ouvrit une porte devant Morlot et s'effaça pour le laisser entrer. L'agent de police se trouva en présence de la marquise qui l'attendait debout au milieu de sa chambre.

La jeune femme était très-pâle, et, malgré les efforts qu'elle faisait pour paraître calme, l'expression de son regard trahissait son inquiétude.

Tout en entrant, Morlot s'était incliné respectueusement. Silencieusement aussi, la marquise lui rendit son salut.

Juliette se tenait sur le seuil, attendant les ordres de sa maîtresse.

— Je ne recevrai personne aujourd'hui, lui dit la marquise ; laissez-nous. Si j'ai besoin de vous je vous appellerai, ajouta-t-elle.

La femme de chambre se retira. Morlot s'aperçut qu'elle n'avait pas entièrement fermé la porte, sur laquelle retombait une épaisse tapisserie des Gobelins.

— Tiens, se dit-il, serait-ce avec intention ?

Et il la ferma lui-même.

La marquise s'était avancée vers lui.

— Vous craignez qu'on ne nous écoute, lui dit-elle.

— Oui, madame. Aucune oreille indiscrète ne doit entendre ce que nous allons dire.

— C'est donc bien grave, monsieur ?

— Oui, madame la marquise, très-grave !

— J'espère, cependant, que vous vous montrerez aussi généreux et aussi bienveillant qu'il y a huit jours.

— Tout en accomplissant mon devoir, madame la marquise, je tâcherai de vous prouver mon respect et mon dévouement.

— Allons, ce sont là de bonnes paroles, je me sens un peu rassurée. Veuillez vous asseoir sur ce fauteuil, près de la fenêtre.

Morlot prit place dans le fauteuil que lui indiquait la marquise, et la jeune femme s'assit en face de lui.

— Maintenant, dit-elle, nous pouvons causer librement ; si quelqu'un veut écouter, il ne pourra pas nous entendre.

Et un pâle sourire effleura ses lèvres.

— Je suis soupçonneux et défiant, madame la marquise, répliqua Morlot, mais c'est en même temps une des qualités et une des nécessités de mon métier. Soyez donc assez bonne pour m'excuser si je vous adresse d'abord quelques questions qui ne touchent en rien au sujet de ma visite. Il y a environ huit mois que vous avez mademoiselle Juliette pour femme de chambre?

— Oui, monsieur.

— Vous avez dû la prendre sur de bonnes recommandations?

— Certainement.

— Des certificats de fidélité et d'honnêteté?

— Oui, deux ou trois lettres de personnes dont les noms me sont connus, lesquelles me la présentaient comme très-digne et très-capable de remplacer la femme de chambre qui me quittait pour se marier.

— Ces lettres vous disaient-elles où mademoiselle Juliette avait précédemment servi.

— Je vous avoue, monsieur, que je ne me le rappelle point.

— De sorte que vous ne savez pas le nom de la personne chez laquelle était mademoiselle Juliette avant d'entrer chez vous?

— C'est vrai, je n'ai pas eu la curiosité de le lui demander.

— Enfin, êtes-vous satisfaite de son service?

— Jusqu'à présent, monsieur, je n'ai pas eu à me plaindre d'elle; elle est intelligente, adroite, active, et elle me paraît dévouée.

— Vous n'avez jamais remarqué qu'il y eût quelque chose de singulier dans sa conduite?

— J'ai confiance en elle, monsieur.

Morlot resta silencieux. Il réfléchissait.

— Monsieur Morlot, reprit la marquise, est-ce que vous avez un doute sur l'honnêteté de cette fille?

— Je ne sais pas, madame ; je ne me prononce jamais sur un doute ; il me faut la certitude.

— Soit, mais vous supposez quelque chose?

— Madame la marquise, cette pensée ne vous est-elle pas venue, que mademoiselle Juliette pouvait avoir été placée près de vous par l'entremise de M. Sosthène de Perny?

Madame de Coulange fit un brusque mouvement.

— Non, répondit-elle, non, je n'ai pas eu cette pensée. Est-ce que vous croyez?...

— Je ne crois rien encore, madame ; toutefois, et jusqu'à plus ample informé, vous pouvez tenir compte de mes paroles.

— Je ne les oublierai pas, monsieur ; mais je me demande pourquoi mon frère...

— Il a peut-être intérêt à avoir un espion dans votre maison.

— Oh! ce serait odieux!

— C'est vrai ; mais nous savons l'un et l'autre de quoi M. de Perny est capable.

La jeune femme poussa un profond soupir, et de grosses larmes roulèrent dans ses yeux.

— Oh! monsieur, dit-elle d'une voix suppliante, ne soyez pas trop cruel pour moi!

VIII

POUR L'HONNEUR

Après un court silence, l'agent de police reprit la parole.

— Madame la marquise, dit-il, vous pouvez croire que ce n'est pas de gaieté de cœur que je vous parle de M. de Perny ; j'y suis malheureusement forcé. Connaissant, par le bien que vous faites autour de vous, la noblesse et la bonté de votre cœur, je comprends combien vous devez souffrir d'avoir pour frère un homme indigne, et il m'est extrêmement pénible de toucher à vos plaies saignantes.

— Aujourd'hui, comme il y a huit jours, dans la chambre où ma mère a rendu son dernier soupir, vous vous rendez compte de ma douloureuse situation. Hélas ! elle n'a pas changé ; vous me revoyez humble et tremblante devant vous. Oui, monsieur Morlot, je souffre, je souffre horriblement ; et depuis l'épouvantable découverte que vous avez faite dans le pavillon des Ternes, mes nuits ont été tourmentées par de cruelles insomnies et toutes sortes de visions lugubres. Pourtant, vous m'aviez parlé avec bonté ; devinant mon horrible crainte, vous aviez calmé mon anxiété, en me disant : « Je ne ferai rien. » Eh bien, malgré cela, je n'étais pas rassurée, je ne le suis pas encore. Mon Dieu, cela se comprend, je ne sais pas quelles sont vos intentions. Malgré votre bonté, dont je suis convaincue, et la douceur de votre regard, vous m'apparaissez menaçant et terrible...

Comme vous le dites, monsieur Morlot, M. de Perny est un indigne ; mais il est mon frère, l'oncle de mes enfants, je suis obligée de le défendre.

— Malheureusement, madame la marquise, vous ne pouvez pas l'empêcher de tomber entre les mains de la justice.

— Ah ! aujourd'hui vous êtes contre moi ! s'écria-t-elle d'un ton douloureux. Monsieur Morlot, je vous le répète, si vous révélez, comme vous en avez le droit, le terrible secret que vous avez découvert, c'est le marquis de Coulange, ce sont mes enfants et moi que vous frappez en plein cœur; le coupable sera puni, mais les innocents resteront à jamais couverts de sa honte! Moi, continua-t-elle d'une voix entrecoupée, la mort me soustraira à cet opprobre, car je ne pourrai pas vivre longtemps en face de la douleur de mon mari.

Morlot sentait son cœur se serrer; il essayait vainement de résister à l'émotion poignante qui s'emparait de lui.

— Madame la marquise, répondit-il tristement, quand même je garderais le silence, le malheur que vous redoutez est inévitable. M. de Perny se trouve sur une pente rapide et glissante au bas de laquelle est l'abîme; il faut qu'il descende et qu'il tombe. La police correctionelle ou la cour d'assises l'attend; c'est fatal, rien ne peut le sauver... S'il n'est pas puni pour un crime, un peu plus tard il le sera pour un autre.

— Non, non, répliqua la marquise avec énergie, je veux l'empêcher de rouler au fond de l'abîme, je veux encore essayer de le sauver !...

Et se redressant, les yeux enflammés :

— Ah! ce n'est pas lui que je défends, le misérable! s'écria-t-elle, ce sont mes enfants, c'est l'honneur du nom de Coulange!

Elle continua avec animation :

— Monsieur Morlot, si vous m'avez dit la vérité l'autre jour, vous êtes un ami de la maison de Coulange.

— Oui, madame. Du reste, je puis vous le dire, c'est vous, vous seule qui, sans le savoir, avez jusqu'à ce jour protégé M. de Perny contre moi, c'est-à-dire contre le châtiment suspendu sur sa tête. Si vous n'aviez pas été là, madame la marquise, lui servant en quelque sorte de bouclier, il y a plus de quinze jours que M. de Perny serait arrêté.

— Ai-je donc perdu ce pouvoir que vous m'avez donné, monsieur ? Ferez-vous aujourd'hui ce que vous n'avez pas voulu faire il y a quinze jours ?

— Alors, madame, j'ignorais ce que je sais aujourd'hui.

— Pour nous, monsieur ? la situation est la même, et les raisons qui vous ont retenu n'ont pas cessé d'exister.

Morlot se trouva embarrassé.

— Ces raisons se sont modifiées, balbutia-t-il.

— Monsieur Morlot, reprit la marquise, c'est notre honneur qu'il s'agit de sauver et je le veux à tout prix. Ah! vous allez me trouver bien hardie. Ecoutez-moi : Pour arriver à ce résultat, pour empêcher mon frère de rouler au fond du gouffre ouvert sous ses pieds, c'est sur vous que j'ai compté.

— Sur moi! s'écria Morlot stupéfié.

— Oui, sur vous, qui n'avez qu'un mot à dire pour le faire jeter dans une prison.

— Pardon, madame, mais je ne comprends pas...

— Ecoutez-moi bien, monsieur Morlot : mon mari et moi, nous savons parfaitement ce qu'est M. de Perny, et nous ne nous faisons aucune illusion sur le sort qui lui est réservé; oui, nous savons que sa déplorable existence peut le conduire à sa perte. Cela arriverait fatalement si nous l'abandonnions complètement; car, n'ayant pas de fortune, il serait obligé de vivre d'expédients.

— Déjà il en est là, pensa Morlot.

— L'intention de M. de Coulange était de lui faire une pension, continua la marquise, mais je n'ai pas été du même avis que mon mari; une idée m'est venue en pensant à vous, monsieur Morlot.

— Ah! fit l'agent de police.

— Oui, et je me suis dit en même temps que vous ne refuseriez pas de rendre encore cet important service à la maison de Coulange.

Morlot ne savait plus que dire; il se sentait subjugué.

— Pour la tranquillité de mon mari et la mienne, poursuivit la marquise, et dans l'intérêt de l'avenir de nos enfants, surtout, il est impossible que mon frère reste à Paris et même en France. Il est nécessaire, urgent qu'il fasse maintenant ce qu'il aurait dû faire il y a quelques années. Oui, il faut absolument qu'il parte, qu'il s'expatrie, qu'il s'en aille n'importe où, pourvu que ce soit loin, très-loin, et qu'il mette entre nous l'immensité de l'Océan.

Le voudra-t-il? Si nous lui demandions cela, mon mari et moi, il répondrait probablement non. Mais si vous voulez m'aider, monsieur Morlot, je suis sûre d'avance qu'il consentira à partir. Ce que vous savez vous donne sur lui l'autorité d'un maître; il se courbera sous votre volonté, car il aura peur. Vous ordonnerez et il obéira. Entre l'exil avec deux cent mille francs et la punition infamante qu'il a méritée, il n'hésitera pas à choisir.

— Mais, madame la marquise, fit Morlot, essayant une protestation.

— Oh! ne me refusez pas, reprit-elle vivement; pour le marquis de Coulange et pour moi, acceptez la délicate mission que je vous confie... Vous n'aurez pas affaire à des ingrats, je vous le jure, et vous pourrez compter sur notre reconnaissance. C'est notre honneur à tous, c'est ma vie que vous tenez entre vos mains, monsieur Morlot!

L'agent de police baissa la tête et se mit à trembler comme un coupable.

De grosses larmes tombaient une à une, comme des perles, sur les joues pâles de la marquise.

— Je n'ai pas oublié ce que vous m'avez dit aux Ternes, poursuivit-elle, et vos paroles de tout à l'heure ; oui, nous avons en vous un ami : je vous prouve bien que j'accepte votre amitié, car ce que je vous prie de faire pour nous ne peut se demander qu'à un ami.

Voyant qu'il restait silencieux, elle continua :

— Vous irez trouver M. de Perny et vous lui direz : « Il faut que vous quittiez Paris, la France ; il faut que vous disparaissiez et qu'on n'entende plus jamais parler de vous. Le marquis de Coulange, votre beau-frère, veut vous donner encore le moyen de changer de vie et de vous relever par le travail et le repentir : au moment où vous poserez le pied sur le navire qui vous transportera en Amérique ou ailleurs, je vous remettrai de sa part deux cent mille francs. »

Morlot arrêta sur la marquise ses yeux démesurément ouverts.

— Cette somme, monsieur Morlot, reprit-elle, vous la toucherez chez M. Lebarbier, notre notaire, qui demeure rue de Lille, 54. Dès demain, il sera prévenu par une lettre de moi ; vous n'aurez qu'à vous présenter pour que la somme vous soit remise immédiatement.

L'agent de police était en proie à une grande agitation.

— Eh bien ! vous ne répondez pas ? dit la jeune femme.

Il passa sa main sur son front et jeta brusquement sa tête en arrière, comme pour la débarrasser d'une pensée importune.

— Madame la marquise, prononça-t-il d'une voix lente et grave, vous ne vous apercevez point que ce que vous me demandez est le contraire de ce que mon devoir m'ordonne de faire.

— Ah ! s'écria-t-elle, votre devoir ne saurait vous défendre de sauver l'honneur d'une famille !

— L'agent de police qui découvre un criminel doit le livrer à la justice, répliqua-t-il.

La marquise poussa un sourd gémissement.

— Ah ! je suis perdue, perdue ! s'écria-t-elle désespérée, en se tordant les bras.

Morlot sentit en lui un affreux déchirement. Il se dressa debout.

— Madame la marquise, dit-il d'une voix vibrante, ne vous livrez pas au désespoir; une fois encore, pour vous, j'étoufferai le cri de ma conscience ; ce que vous voulez, je le ferai !

— Ah ! je savais bien que vous ne pourriez pas être sans pitié ! exclama-t-elle, passant subitement de la douleur à la joie ; oh ! oui, vous êtes bon, vous êtes un brave homme, merci, merci !

— Je ferai ce que vous voulez, reprit Morlot de sa voix la plus grave, mais à une condition.

— Ah ! demandez-moi tout ce que vous voudrez, je vous l'accorde d'avance !

— Dans un instant, madame la marquise, vous regretterez peut-être les paroles que vous venez de prononcer.

— Ne le pensez pas, monsieur Morlot ! Mais un million n'est pas le prix du service que vous rendez à la maison de Coulange !

Morlot secoua tristement la tête.

— Madame la marquise, dit-il, il vous serait plus facile de donner plusieurs millions que ce que je vais vous demander.

La jeune femme sursauta sur son siège.

— Vous m'effrayez! dit-elle d'une voix troublée.

— Il ne faut pas que vous soyez effrayée, madame la marquise, reprit vivement Morlot; il faut, au contraire, que vous restiez très-calme et que vous m'écoutiez avec la plus grande attention, afin que nous puissions examiner ensemble les difficultés de la situation et trouver le moyen de me donner satisfaction.

Vous devez bien penser, madame la marquise, continua-t-il, que je n'aurais pas eu l'audace de vous demander un entretien secret, si ce que j'ai à vous dire n'était pas d'une gravité exceptionnelle. Du reste, comme vous allez bientôt le reconnaître, c'est uniquement dans votre intérêt que j'ai tenu à vous parler sans témoin.

— En tout se montre la délicatesse de vos sentiments, monsieur Morlot; mais je suis dans une inquiétude mortelle, et votre émotion, que vous ne pouvez pas me cacher, augmente encore ma douloureuse anxiété. Je ne veux pas dissimuler : depuis huit jours j'ai le pressentiment d'un nouveau malheur; et ce malheur inconnu est près de moi, et c'est vous, c'est vous, un ami, qui me l'apportez!

— C'est vrai, c'est un nouveau malheur pour vous, répondit Morlot, d'un ton pénétré: et ce malheur, madame la marquise, je sais que vous ne l'avez pas méritée. C'est pour qu'il soit moins terrible et que vous puissiez en atténuer les principales conséquences, que je viens à vous en ambassadeur de paix.

La marquise tenait ses deux mains appuyées sur son cœur, comme pour en comprimer les battements. Quelques gouttes de sueur perlaient à son front; son regard avait pris une expression douloureuse ; les soulèvements de sa poitrine trahissaient la violence de son émotion.

— Monsieur Morlot, dit-elle d'une voix presque éteinte, vous pouvez parler, je vous écoute.

IX

RENDEZ L'ENFANT

— Le 20 août 1853, dit Morlot, en se rasseyant, dans une maison de la commune d'Asnières, je me trouvais devant un lit en désordre sur lequel gisait sans mouvement une jeune femme agonisante. Là, il y avait eu un drame. La veille, cette jeune femme avait mis au monde un petit garçon, et, dans la nuit, pendant son sommeil, une misérable femme, payée pour commettre ce crime, lui avait volé son enfant !

La marquise poussa un cri rauque. Morlot s'interrompit.

— Continuez, dit la marquise d'une voix étranglée.

Et frémissante, livide, les yeux hagards, elle se redressa comme pour tenir tête à l'orage.

— Après un épouvantable délire, qui avait suivi le réveil de la jeune mère, reprit Morlot, succédait un anéantissement complet plus effroyable encore. Il y avait près du lit le berceau vide de l'enfant. Saisi de compassion et sentant gronder en moi une colère sourde, devant la mère, enveloppée des ombres de la mort, et devant le berceau vide, je jurai de découvrir les auteurs du crime, pour les livrer à la justice, et de retrouver l'enfant!

Dans quel but l'avait-on volé? Quels étaient les auteurs du crime? Double mystère! Je compris les énormes difficultés de la tâche que je m'imposais, et cependant je me mis à chercher dans ces ténèbres.

Les jours, les semaines, les mois, les années s'écoulaient; le mystère restait impénétrable, mais mon ardeur et mon courage ne diminuaient pas. La preuve qu'il ne faut jamais se décourager, madame la marquise, c'est que la lumière s'est faite tout à coup, et que j'ai trouvé ce que je cherchais.

La jeune femme eut un sourd gémissement.

— Dans la plupart des événements de la vie, le hasard joue un rôle important, continua Morlot: c'est lui, c'est Dieu, si vous le voulez, qui, du doigt, m'a désigné les coupables.

Une voiture avait emporté l'enfant d'Asnières, et le 20 août entre cinq et six heures du matin, elle arrivait ici, au château de Coulange. Madame de Perny, votre mère, reçut l'enfant et la femme qui l'apportait, laquelle allait jouer au château, pendant quelques jours, le rôle de sage-femme.

La marquise s'était de nouveau affaissée. Les coudes appuyés sur ses genoux, elle cachait son visage dans ses mains. Un tremblement convulsif secouait ses membres.

Morlot poursuivit :

— Le même jour, dans l'après-midi, il fut déclaré à la mairie de Coulange, qu'un enfant du sexe masculin était né du marquis et de la marquise de Coulange. Et cette déclaration est signée Sosthène de Perny. C'est ainsi que l'enfant, volé à Asnières, devint le fils du marquis de Coulange, le futur héritier de son nom et de son immense fortune. Voilà, du moins, ce que pensaient alors les criminels; et c'est dans cette pensée que se trouve le mobile du double crime.

En effet, le marquis de Coulange étant gravement malade et condamné par ses médecins, il fallait qu'il eût un enfant pour laisser en mourant sa fortune à sa veuve. C'est là, évidemment, le calcul qui a été fait. Il est impossible d'expliquer autrement le vol de l'enfant.

La marquise releva brusquement la tête et montra à l'agent de police sa figure inondée de larmes.

— Monsieur Morlot, dit-elle d'une voix brisée, tout cela est la vérité. Ainsi, je suis pour vous une misérable, une infâme, qui a volé un enfant à sa mère, afin de s'approprier la fortune de Coulange?

— Madame la marquise, répondit Morlot d'un ton solennel, si je vous eusse crue coupable, vous seriez en prison!

— Oh! fit-elle en frissonnant.

— Vous êtes innocente, reprit Morlot en adoucissant le timbre de sa voix; malgré vous, fatalement, par le silence que vous avez dû garder, vous êtes complice du crime; mais vous n'êtes point coupable, vous êtes une victime!

— Le croyez-vous, dites, le croyez-vous sincèrement?

— Oui, car j'ai douté de votre innocence.

— Je le comprends, tout semble m'accuser, me condamner... Ah! si vous saviez, si vous saviez!

— Vous n'avez rien à m'apprendre, madame; ce que vous avez souffert, je le sais. Oh! je suis parfaitement renseigné; oui, je sais qu'une horrible pression a été exercée sur vous par madame de Perny, voulant complaire à son fils, dont elle était l'esclave par faiblesse. Gardée à vue, séquestrée pendant des mois, d'abord à Paris et à Coulange ensuite, votre existence a été un martyre. Vous avez été immolée, madame, et vous êtes victime de la cupidité de votre misérable frère.

La marquise sanglotait.

— Le jour où j'eus enfin pénétré le mystère du vol de l'enfant, continua Morlot, si je n'avais consulté que mon indignation, si j'avais obéi à ma conscience, qui m'ordonnait de faire mon devoir de policier, j'aurais immédiatement dénoncé le double crime. C'était vous perdre, vous qui n'êtes point coupable, et, malgré mon droit, en présence du mal que je pouvais vous faire, je me suis arrêté. Une femme, madame la marquise, une femme, qui a un bon cœur et que j'aime, ma femme, enfin, vous a défendue et a chaleureusement plaidé votre cause devant l'agent de police. A mes oreilles résonne encore ce cri qu'elle m'a jeté comme une supplication : « Ne touche pas à la marquise de Coulange ! » Oh! ce n'est pas à la grande dame qu'elle me défendait de toucher ; c'est à la noble femme qui a mérité le nom de mère des malheureux et qu'on appelle partout la bonne marquise. Et pour obéir à sa femme et à un sentiment qui parlait en lui plus haut que sa conscience, l'agent de police Morlot n'a pas fait son devoir.

— Oui, vous n'avez pas fait votre devoir, répondit la marquise d'une voix vibrante d'émotion, mais vous n'avez pas provoqué l'effroyable scandale au milieu duquel aurait péri l'honneur de la famille de Coulange ! Ah ! vous et votre femme, vous nous avez sauvés ! Vous êtes deux grands et nobles cœurs ! Je verrai madame Morlot, je veux la remercier moi-même.

— Maintenant, madame la marquise, reprit l'agent

de police, j'arrive au moment le plus délicat et le plus difficile de ma mission.

— Que voulez-vous dire ?

— Il s'agit de la chose que j'ai à vous demander, laquelle, d'après vos paroles de tout à l'heure, m'est accordée d'avance.

La jeune femme s'agita péniblement sur son siège.

— C'est vrai, dit-elle d'une voix mal assurée, j'oubliais que vous avez une demande à m'adresser. Eh bien, monsieur Morlot, que me demandez-vous?

— Madame la marquise, je vous demande de me rendre l'enfant !

D'un seul mouvement, la marquise bondit sur ses jambes.

— Vous rendre l'enfant! exclama-t-elle affolée.

— Oui, répondit froidement Morlot.

— Mais c'est impossible ! Vous savez bien que c'est impossible !

— Madame la marquise, il le faut !

— Ah! mon Dieu ! ah! mon Dieu ! gémit-elle, en pressant sa tête dans ses mains.

Elle fit un pas en avant et, arrêtant sur Morlot son regard effaré :

— Ce n'est pas vrai, reprit-elle d'un ton déchirant, vous ne me demandez pas cela; vous voulez m'éprouver, n'est-ce pas?

Morlot secoua la tête.

— Vous devez rendre l'enfant, prononça-t-il d'une voix qui résonna comme un glas funèbre aux oreilles de la marquise.

— Oh! oh! fit-elle avec égarement, les mains crispées sur son front, il me semble que je deviens folle !

Elle resta un moment silencieuse.

— Ainsi, reprit-elle avec une sorte de fureur, tout à l'heure vous me trompiez; en disant que vous avez eu pitié de moi, vous mentiez !...

— Oh ! madame la marquise ! protesta Morlot.

— Oui, continua-t-elle avec violence, vous mentiez, et c'est indigne ; vous avez voulu jouer cruellement avec votre victime avant de lui porter traîtreusement un coup mortel. Vous me tuez, monsieur, vous m'égorgez !

— Madame la marquise, répondit tristement Morlot, vos paroles sont injustes et injurieuses ; mais c'est la douleur qui vous égare, je vous pardonne.

Ces mots rappelèrent la jeune femme à elle-même et au sentiment de sa dignité.

— Vous avez raison, balbutia-t-elle ; pardon, pardon... je suis folle !... Ah ! suis-je assez malheureuse !

Et elle retomba sur son fauteuil en sanglotant.

— Des larmes, des sanglots, reprit-elle tout à coup en se redressant, à quoi cela sert-il ? Causons, monsieur Morlot, causons... L'enfant a été volé, c'est vrai, et vous voulez le reprendre... Oh ! le reprendre... Est-ce que vous ne le trouvez pas bien ici, dites ? Son avenir ne vous paraît-il pas assez beau ? Croyez-vous qu'on ne l'entoure pas suffisamment de soins, de tendresse et d'affection ? Eh bien, écoutez : le marquis de Coulange l'adore ; il l'aime autant et plus peut-être que s'il était réellement son fils. Tenez, je vous fais cet aveu : le marquis l'aime mieux que sa fille !

Si vous étiez venu me dire, il y a un an, il faut rendre l'enfant volé à Asnières, je vous aurais probablement répondu : prenez-le. Le marquis m'aurait méprisée, à cause de ma faiblesse et de ma lâcheté, qui m'ont faite complice du crime, et, du coup, j'aurais perdu son amour qui m'est plus cher que la vie ; mais alors je détestais l'enfant, et, dans l'intérêt de ma fille, j'aurais pu faire le sacrifice de mon honneur.

Aujourd'hui, monsieur Morlot, la situation n'est plus la même, mes sentiments ont changé. Après avoir, pendant des années, repoussé et éloigné de moi l'enfant, vaincue par sa grâce, sa gentillesse et mille choses adorables qui sont en lui, je lui ai ouvert mon cœur et je l'aime, oui, je l'aime !

— Je le sais, madame la marquise. Il y a huit jours, pour la première fois devant vos serviteurs, vous l'avez embrassé et tutoyé.

— Ah ! vous savez cela aussi, monsieur Morlot ; cela ne doit pas m'étonner, vous savez tout. Eh bien, oui, maintenant j'ai deux enfants qui partagent ma tendresse, et je ne donne plus un baiser à Maximilienne sans en mettre un autre sur le front d'Eugène.

Et c'est aujourd'hui, quand je l'aime, quand je l'ai adopté, quand j'ai décidé qu'il porterait le nom de Coulange et qu'il aurait la moitié de la fortune de ma fille, c'est aujourd'hui que vous venez me dire : « Il a été volé, il faut le rendre ! » Voyons, une chose pareille ne se discute même pas ; c'est insensé !... Le rendre ? Pourquoi ? A qui ?

Morlot se leva, grave, solennel, et répondit :

— A sa mère !

X

LES ÉTAPES DE MORLOT

Ces mots frappèrent la marquise comme un coup de foudre.

— Sa mère, sa mère ! s'écria-t-elle affolée, je la croyais morte !

— La mort, en effet, l'a approchée de bien près ; mais au moment de la frapper, elle a reculé devant son innocence et sa jeunesse.

— On m'avait dit aussi qu'elle était devenue folle et qu'on l'avait enfermée dans un hospice d'aliénées.

— On ne vous avait pas trompée, madame la marquise ; mais, après avoir passé près de dix-huit mois à la Salpêtrière, elle en est sortie guérie.

— Pauvre mère, pauvre mère ! murmura la marquise, se parlant à elle-même.

Je comprends, je comprends, reprit-elle avec un accent douloureux, c'est elle qui vous a envoyé me réclamer son enfant ?

— Je lui ai promis de le lui rendre, et je viens vous le réclamer en son nom ; mais elle ne sait pas encore que je l'ai retrouvé. Jusqu'à présent, j'ai cru devoir ne lui rien dire.

— Pourquoi ?

— Pour donner à madame la marquise de Coulange le temps de prévenir son mari et lui permettre de prendre les dispositions qu'elle jugera nécessaires.

— Ah ! merci. Là encore, vous avez eu une noble inspiration !

— Je sais quelles difficultés vont se dresser devant vous, madame la marquise.

— Ah ! s'écria-t-elle en faisant un haut-le-corps, vous me rappelez à la réalité. Les difficultés ? elles sont effroyables... Je suis dans une situation épouvantable, horrible ! Que faire, mon Dieu, que faire ?

— Ce n'est pas à moi à vous le dire, madame la marquise.

— Tout autour de moi se dressent des fantômes menaçants... Révéler le crime à mon mari... L'acte civil à casser... le scandale... la honte... le mépris... Oh ! oui, c'est horrible, horrible ! Je cherche une issue, je ne la trouve point. Je ne vois qu'une chose terrifiante, sinistre : la terre qui s'ouvre et creuse sous mes pieds le précipice dans lequel je vais tomber. Que faire ? que faire ?

Haletante, prête à suffoquer, elle se tordait convulsivement sur son siège. La malheureuse femme se sentait écrasée.

— En pensant à la mère, interrogez votre cœur, madame la marquise, dit Morlot ; c'est lui qui vous dira ce que vous devez faire.

— Ah ! s'écria-t-elle avec une douleur inexprimable, je ne sais plus si j'ai un cœur et une âme, la pensée m'échappe, je n'ai plus conscience de mon être.

— Je vous en prie, madame, calmez-vous, remettez-vous. Je vous le répète, je vous donnerai un mois, deux mois, trois mois s'il le faut. Songez seulement que depuis que la raison lui est revenue, ayant foi dans ma promesse, la mère attend son enfant...

— Son enfant ! son enfant ! répéta la marquise.

Il y eut un assez long silence.

— Est-ce qu'elle est riche ? demanda tout à coup la jeune femme.

— Elle n'a qu'une modeste aisance.

— Comment se nomme-t-elle ?

— Gabrielle Liénard.

— Les langes que portait l'enfant et que j'ai conservés sont marqués G. L. Physiquement, comment est-elle ?

— Vous la connaissez, madame la marquise ; vous l'avez vue.

— Je l'ai vue, dites-vous ?

— Et vous la connaissez sous le nom de madame Louise.

La marquise sursauta.

— La jeune femme du jardin des Tuileries, la Figure de cire ! exclama-t-elle. Oh ! la voix du sang !

Monsieur Morlot, reprit-elle, savez-vous où elle est actuellement ?

— Oui, madame, je le sais ; elle est tout près d'ici, à Miéran.

— A Miéran, avec une autre jeune femme, son amie.

— Ma femme, madame la marquise.

— Je comprends, fit-elle avec un sourire navrant, elle est à Miéran, tout près de son enfant, afin de n'avoir que quelques pas à faire pour le reprendre.

Morlot garda le silence.

— Ainsi, continua-t-elle, en affermissant sa voix, il faut rendre l'enfant, il le faut !... Nous ne pouvons le garder ; ce serait monstrueux, ce serait un nouveau crime. D'ailleurs, elle demanderait justice, et la justice et la loi, qui sont pour elle, nous condamneraient... Elle est la mère, elle, elle est la mère !...

Monsieur Morlot, la pauvre Gabrielle a trop longtemps souffert ; ce soir ou demain apprenez-lui la vérité et dites-lui que son fils lui sera rendu ; oui, il lui sera rendu, je vous le promets, je vous le jure ! Le marquis de Coulange est absent pour quinze jours ; vous m'accorderez ce temps pour réfléchir, pour me préparer au sacrifice, n'est-ce pas ?

— Madame la marquise peut prendre le temps qu'elle voudra, répondit Morlot.

— Quinze jours me suffiront pour réunir toutes mes forces afin de triompher de moi-même. Immédiatement après le retour de M. de Coulange, l'enfant sera rendu à sa mère. Cela n'empêchera pas le marquis de l'aimer, de veiller sur lui, d'être son protecteur et d'assurer son avenir. Je ne parle pas de moi ; oh ! moi, je suis perdue, perdue !... je disparaîtrai, j'irai cacher quelque part, derrière les hautes murailles d'un cloître, mon malheur et ma honte !... Ah ! Dieu serait bon pour moi si, après m'être confessée à mon mari, il ordonnait à la mort de me délivrer de la vie !

Sa tête tomba sur sa poitrine et elle se mit à sangloter.

Au bout d'un instant, elle se leva ; ses jambes chancelaient. Pour ne pas tomber, elle fut obligée de s'appuyer sur le dossier du fauteuil.

Morlot s'était levé aussi et avait pris son chapeau.

— Je suis brisée, dit-elle en poussant un long soupir ; excusez-moi de vous renvoyer ainsi ; mais j'ai besoin d'être seule, j'ai besoin de pleurer et de prier.

Morlot s'inclina respectueusement et marcha vers la porte.

— Monsieur Morlot, un mot encore, lui dit-elle ; j'oubliais mon frère.... Vous savez ce que je désire, puis-je compter sur vous ?

— Je remplirai de mon mieux la mission que madame la marquise veut bien me confier, répondit-il.

— Encore une fois, merci. Grâce à vous, tout ne sera pas perdu. Ce soir, je tâcherai de trouver un moment de calme pour écrire au notaire. Vous rappellerez-vous son adresse ? M. Lebarbier, 54, rue de Lille.

— Elle est gravée dans ma mémoire.

— Je voudrais bien que vous pussiez faire cela d'ici huit jours.

— Ce sera fait.

— Bien.

Morlot la salua de nouveau et sortit de la chambre. Une heure après il était à Miéran.

Le soir, quand il se trouva seul avec sa femme, il l'instruisit de la découverte qu'il avait faite dans le pavillon des Ternes, et il lui raconta minutieusement la longue conversation qu'il avait eue, quelques heures avant, avec la marquise.

— Tu le vois, s'écria Mélanie, mon cœur ne m'a point trompée : il n'existe pas dans le monde une femme plus admirable que la marquise de Coulange !

— Je l'ai trouvée sublime ! amplifia Morlot.

— Comme elle doit souffrir !

— Elle souffre horriblement.

— Pauvre victime !

— Malheureusement, nous ne pouvons pas faire que sa situation soit meilleure.

— Hélas !

Il fut convenu que Mélanie annoncerait à Gabrielle que son enfant était retrouvé et que bientôt il lui serait rendu.

— Maintenant, reprit Mélanie, il faut que je te fasse part d'une découverte que nous avons faite aussi, Gabrielle et moi.

— Intéressante ?

— Tu vas en juger. L'autre jour, nous sommes allées nous promener au bord de la Marne, le long du parc de Coulange. Nous avons rencontré l'enfant et le marquis, qui étaient accompagnés d'un ami de M. de Coulange.

— Un homme d'un grand air, décoré ?

— Il avait une rosette rouge à sa boutonnière. Tu l'as vu au château ?

— Il n'y est plus ; je l'ai rencontré ce matin à la gare de Nogent.

— Eh bien, mon ami, Gabrielle a reconnu dans ce monsieur son séducteur, le père de son enfant.

— En vérité ! fit Morlot stupéfié.

— Gabrielle est sûre de ne pas s'être trompée.

— Ah çà ! dit Morlot, est-ce que le hasard nous tiendrait encore en réserve de nouvelles surprises ? Et lui, l'a-t-il reconnue ?

— Non.

— Il faut peut-être dire tant mieux.

— Enfin, M. Octave Longuet est l'ami du marquis de Coulange.

— Il ne se nomme pas Octave Longuet, dit Morlot. Comme je l'ai supposé, il avait pris un faux nom. Ce monsieur est le comte de Sisterne, capitaine de frégate et officier de la Légion d'honneur.

— Comte de Sisterne, murmura Mélanie, pauvre Gabrielle !

Le lendemain matin, le facteur rural apporta une lettre adressée à Morlot. Cette lettre, datée de la veille, était de l'agent de police Mouillon.

Après l'avoir lue, les yeux de Morlot étincelèrent, son front devint rayonnant.

— Cette lettre paraît t'avoir fait un grand plaisir, lui dit Mélanie.

— Un plaisir extrême.

— De quoi s'agit-il ?

— D'une grosse affaire dont tu entendras parler dans quelques jours.

— Ce qui signifie : Curieuse, tu ne sauras rien maintenant.

— Voilà, fit Morlot en riant.

— Va, il me suffit de te voir content.

— Je suis enchanté, Mélanie; seulement, au lieu de passer trois ou quatre jours avec vous, comme c'était mon intention, je suis forcé de retourner à Paris aujourd'hui. De plus, je veux y arriver de bonne heure dans l'après-midi.

— Tu ne vas pas t'en aller avant d'avoir déjeuné?

— Non, je déjeunerai avec vous; mais je vais tout de suite me mettre en quête d'une voiture pour me conduire à la gare.

A trois heures moins un quart, Morlot arrivait à Nogent-l'Artaud, en même temps que le train de Paris.

— Diable, diable, murmura-t-il, je ne suis pas en avance.

Et il se précipita pour prendre son billet. Mais au moment où il touchait le guichet, il se sentit tout à coup saisir par le bras. Il se retourna brusquement et ne put retenir une exclamation de surprise, en se trouvant nez à nez avec l'agent de police Jardel.

— Ah çà! qu'est-ce que vous faites ici? lui demanda-t-il.

— J'obéis à ma consigne.

— Hein? Expliquez-vous.

— Venez par ici, il nous sera plus facile de causer.

— Mais le train est en gare.

— Je crois que vous ferez bien de le laisser partir sans vous.

— Ah!

— Du reste, quand nous aurons causé, si vous croyez que nous n'avons rien à faire ici, nous partirons ensemble par le train de six heures.

— Alors je manque celui-ci, même si je ne le voulais pas, j'entends souffler le cheval de bronze.

Morlot suivit Jardel, qui le conduisit derrière des piles de longues planches de sapin.

— C'est d'ici que je vous ai vu descendre de voiture et vous élancer dans la gare, dit Jardel à Morlot. Depuis midi j'ai fait de cet endroit un poste d'observation.

— Ah! ah! je commence à comprendre.

— L'individu à la recherche duquel je me suis mis par votre ordre se nomme Jules Vincent; c'est du moins le nom qu'il a donné à la maîtresse de l'hôtel garni où il demeure rue Saint-Sauveur. Avant-hier et hier, je l'ai filé pour me conformer à vos intentions. Il n'est sorti de chez lui, ces deux jours, qu'à six heures du soir. C'est un oiseau de nuit. Comme le hibou, il ne voyage guère que dans les ténèbres. Il m'a conduit hors des fortifications, du côté de Gentilly, et il est entré dans une espèce d'auberge isolée, où j'ai vu arriver successivement une douzaine d'individus de mauvaise mine. Tous, avant d'entrer dans l'auberge, prenaient certaines précautions, comme s'ils eussent craint d'être suivis.

Je compris que cette maison, qui a d'ailleurs l'aspect sinistre d'un coupe-gorge, était le lieu de rendez-vous d'une bande de malfaiteurs. Je m'étais couché en face de la maison, dans un champ de seigle, de manière à pouvoir tout observer. La réunion était bruyante et ne manquait pas de gaieté. J'entendais un bruit confus de voix, des éclats de rire, et, de temps à autre, le refrain d'une chanson. Les coquins se réjouissaient et faisaient bombance. Cela dura jusqu'à minuit. Alors le bruit cessa tout à coup, puis les hommes sortirent de l'auberge deux par deux et s'en allèrent dans toutes les directions. Je les ai comptés ; ils étaient seize. Je m'attachai de nouveau aux pas de mon oiseau de nuit qui me ramena rue Saint-Sauveur à deux heures et demie.

— Voilà pour avant-hier. Que s'est-il passé hier? demanda Morlot.

— Je vais vous le dire ; mais il ne faut pas m'en vouloir, si je me suis laissé *rouler* comme un niais. Il y eut également rendez-vous dans l'auberge isolée ; mais la réunion fut beaucoup moins bruyante que la veille. J'aurais dû deviner que les brigands complotaient quelque chose. A minuit je n'entendis plus rien. Je m'attendais à voir sortir mes individus. Mais la porte, que je ne quittais pas des yeux, resta close, et bientôt les lumières s'éteignirent.

— Les coquins étaient partis par une porte de derrière.

— Oui. Je le compris un instant après en faisant le tour de la maison.

— Et Jules Vincent avait disparu avec les autres ?

— Naturellement ; aussi étais-je furieux contre moi-même.

— C'est bon, dit Morlot, nous aurons notre revanche.

— Je restai aux environs de la maison jusqu'à la pointe du jour, reprit Jardel ; mais aucun des hommes ne reparut. Je me décidai enfin à m'éloigner et je rentrai piteusement dans Paris. J'achetai du pain, un morceau de charcuterie, et je déjeunai tout en me dirigeant vers la rue Saint-Sauveur. J'y étais depuis un instant, et il pouvait être six heures, lorsque je vis arriver Jules Vincent. Sans aucun doute, il avait fait partie d'une expédition nocturne. Son vêtement, dont le désordre était mal réparé, portait des traces de poussière, et une couche de terre jaunâtre couvrait ses chaussures.

— Il doit être comme moi, éreinté, me disais-je : il va probablement se coucher et dormir, je ferais bien d'aller me coucher aussi. Je tombais de sommeil. Pourtant je restai à mon poste. Quelque chose me disait que je ne devais pas m'éloigner. J'entrai chez un marchand de vins et deux verres de vin blanc me réconfortèrent.

A huit heures un coupé de place s'arrêta devant le garni. Un homme grand, brun, ayant de belles moustaches et très-bien vêtu, mit pied à terre. Il entra dans l'hôtel avec un ballot assez volumineux sous son bras. Au bout d'un quart d'heure ou vingt minutes, je vis reparaître l'homme aux moustaches noires accompagné de Jules Vincent.

— Oh! oh! fit Morlot.

— De Jules Vincent métamorphosé, c'est-à-dire habillé de neuf des pieds à la tête.

— Ami Jardel, voilà qui devient tout à fait intéressant.

— Les deux individus montèrent dans le coupé et j'entendis le grand brun crier au cocher: Gare de Strasbourg. La voiture partit. Je ne me sentais plus fatigué et mon envie de dormir avait disparu comme par enchantement.

— Très-bien, Jardel; vous serez bientôt un agent de premier ordre.

— Comme vous devez le penser, je me mis vite à la recherche d'une voiture. J'eus la chance d'en trouver une au bout de la rue et j'arrivai à la gare presque en même temps que mes deux hommes.

Je fus d'abord un peu inquiet, car je n'avais qu'une trentaine de francs dans ma poche, somme insuffisante pour faire un voyage un peu long. Mais je me sentis rassuré en entendant le grand brun demander deux premières pour Nogent-l'Artaud. Je passai à mon tour au guichet où je pris modestement un billet de troisième.

Bref, comme je vous l'ai dit, je suis ici en observation depuis midi, les yeux fixés sur ce café-restaurant, où Jules Vincent et l'autre sont probablement en train de prendre la tasse de café qui complète ordinairement un excellent déjeuner.

Ces paroles furent suivies d'un moment de silence. Morlot avait mis sa main sur son front et paraissait réfléchir profondément.

— Il faut que je voie ces deux hommes, murmura-t-il.

Jardel lui toucha le bras légèrement.

— Vous voulez les voir? dit-il; eh bien, regardez.

Aussitôt, Morlot laissa échapper un « oh ! » de surprise et un double éclair jaillit de ses yeux.

Dans l'individu aux moustaches noires, il venait de reconnaître Sosthène de Perny.

XI

LES DEUX AGENTS

Jusqu'au moment où, au cimetière, sur la tombe de madame de Perny, son beau-frère lui avait tendu la main, Sosthène fut en proie à une horrible anxiété. Les quelques paroles presque bienveillantes que lui adressa le marquis le rassurèrent.

— Ma mère n'a rien dit, nul ne sait ce qui s'est passé, pensa-t-il.

Aussitôt, délivré de ses craintes, il sentit renaître son audace. Il n'eut aucun regret de ce qu'il avait fait et n'éprouva aucune émotion devant ce cercueil renfermant les restes de sa mère, qui l'avait trop aimé et dont il avait causé la mort. Il pensait seulement à l'impunité de ses crimes. Ah ! il était loin de songer à se repentir !

Il retrouvait dans son cœur jaloux et envieux ses sentiments de haine, et avant de sortir de la nécropole, il avait déjà ramené sa pensée vers ses sombres projets de vengeance.

Le surlendemain de l'enterrement, il reçut une lettre de Juliette. L'espionne lui écrivait :

« Nous venons d'arriver au château de Coulange.
« Madame la marquise est dans une tristesse profonde
« et paraît souffrir beaucoup. Je ne crois pas, pourtant,
« qu'il n'y ait en elle que la douleur d'avoir perdu sa
« mère. Elle tient décidément à ne pas se séparer de son
« coffret de cuivre, qui contient ce que vous savez. Elle
« l'a retiré du tiroir secret et l'a apporté à Coulange. »

— C'est bon à savoir, se dit Sosthène.

Plus que jamais, avant de donner suite à ses idées de vengeance, il voulait s'emparer du manuscrit de la marquise.

Trois jours après, nouvelle lettre de Juliette.

« Nous attendons demain matin le comte de Sisterne,
« un ami intime de M. le marquis, lui disait-elle. Il res-
« tera trois ou quatre jours seulement à Coulange.
« M. le marquis, accompagné de Firmin, partira en
« même temps que lui pour faire un voyage de quinze
« jours dans le Midi.

« Il y a deux jours, M. le marquis et madame la mar-
« quise ont longuement causé ensemble. Ils ont parlé
« de vous ; malheureusement, tenue à distance par Fir-
« min, qui a l'air de se défier de moi, il ne m'a pas été
« possible d'entendre ce qu'ils disaient. »

Après avoir lu ces lignes, M. de Perny se mit à réfléchir. Puis, relevant brusquement la tête :

— Une pareille occasion ne se présentera probablement plus cette année; il ne faut pas la laisser échapper, murmura-t-il sourdement.

Il songea, dès lors, au moyen qu'il devait employer pour s'introduire secrètement dans le château de Couange, afin d'enlever le coffret, et aux dispositions à prendre pour assurer la réussite de son entreprise.

Un associé lui était nécessaire. Il avait sous la main Armand Des Grolles. Il envoya un mot à ce dernier pour le prévenir de se tenir prêt à faire avec lui une première campagne.

Afin de pouvoir voyager avec Des Grolles et pour qu'il lui fût possible de jouer le rôle qui lui était destiné, il lui acheta un vêtement complet dans une maison de confections. C'est ce vêtement que Jardel avait vu sous son bras lorsqu'il descendit de voiture devant le garni de la rue Saint-Sauveur. Dès la veille, un chapeau et une paire de bottes avaient été adressés à Jules Vincent. C'est ainsi que Des Grolles, selon l'expression de Jardel, s'était trouvé métamorphosé.

Comme nous l'avons dit, Sosthène et Des Grolles venaient de sortir du café-restaurant. Marchant tout près l'un de l'autre, ils causaient à voix basse, continuant sans doute une conversation commencée dans un salon du restaurateur.

Morlot, le front plissé, soucieux et sombre, les suivait du regard, en tordant fiévreusement son épaisse moustache.

— Qu'est-ce que cela signifie? se disait-il. Que viennent faire ici ces deux hommes? Comment se connaissent-ils? Evidemment, ils ont une idée. Quand deux coquins se réunissent, c'est qu'ils complotent quelque forfait.

Les deux hommes s'éloignaient, ils étaient déjà loin; ils venaient de s'engager sur une route allant dans la direction de Coulange.

— Tonnerre ! gronda sourdement Morlot, est-ce que M. de Perny voudrait renouveler au château de Coulange la scène du pavillon des Ternes ? Oh ! oh ! continua-t-il en se parlant à lui-même, il se trame quelque chose qui mérite que l'on s'en occupe.

Et se tournant brusquement vers son compagnon :

— Jardel, lui dit-il, vous avez bien fait de m'arrêter tout à l'heure; si je ne me trompe point, nous n'allons pas perdre notre temps par ici.

— Qu'est-ce que nous allons faire ?

— Suivre les deux hommes.

— Et après ?

— Nous verrons ce qu'ils feront et nous agirons en conséquence.

— On dirait que vous savez où ils vont ?

— Je crois le savoir. Si, comme je le suppose, ils se dirigent vers le château de Coulange, qui se trouve à quelques kilomètres d'ici, nous aurons cette nuit une rude besogne. Avez-vous des armes ?

— Oui, mon pistolet.

— C'est bien.

— Vous croyez donc à une préméditation de vol ?

— Je ne peux rien dire encore; mais, avec des gens de cette espèce, on peut tout admettre.

— Alors, monsieur Morlot, ne les perdons pas de vue.

— Soyez tranquille. Je connais probablement mieux qu'eux les chemins qu'ils vont prendre. Néanmoins, mettons-nous en route. Dès que nous serons là-bas, au-dessus de la montée qu'ils atteignent en ce moment, nous ne nous connaissons pas et nous ne sommes plus ensemble.

— J'ai compris.

— Vous marchez devant moi, cinquante pas en avant.

— Oui.

— Je suis à peu près certain que les deux hommes se sépareront. Le sieur Jules Vincent vous appartient, c'est lui que vous suivrez; j'aurai l'œil sur l'autre.

— Où nous retrouverons-nous ?

— Au lieu du rendez-vous des deux hommes.

Après deux heures de marche, Sosthène et Des Grolles, que les deux agents suivaient de loin, mais sans les perdre de vue, arrivèrent au bord de la Marne, à l'extrémité du parc de Coulange, du côté des Loches.

Là, comme l'avait prévu Morlot, les deux hommes se séparèrent. Pendant que Des Grolles se dirigeait rapidement vers le château, en suivant le bord de l'eau, M. de Perny revint sur ses pas, comme s'il eût eu l'intention de se rendre aux Loches. Il se croisa avec Jardel sans concevoir le moindre soupçon. Il le prit tout simplement pour un voyageur.

Quant à Morlot, il s'était jeté dans un chemin couvert et gagnait un petit monticule, agrémenté de buissons, d'où il espérait pouvoir observer les mouvements de Sosthène sans être aperçu.

En effet, au bout d'un instant M. de Perny quitta la route; puis, après avoir fait vingt-cinq ou trente pas sur la lisière d'un petit bois, Morlot le vit s'arrêter et se coucher dans l'herbe au pied d'un frêne.

— Nous allons rester ici assez longtemps, se dit-il; reposons-nous. J'aurais peut-être mieux fait de suivre l'autre, ajouta-t-il en se grattant l'oreille.

Bien qu'il eût confiance dans l'habileté de Jardel, il n'était pas complètement rassuré.

Le soleil se coucha, puis vint le crépuscule, auquel succéda bientôt la nuit.

Alors Morlot sortit des buissons au milieu desquels il s'était caché et glissa en bas du talus. Sans faire aucun bruit, en rampant sur le sol comme un lézard, il se rapprocha de l'endroit où Sosthène s'était étendu sur l'herbe. Maintenant, l'oreille collée contre terre, M. de Perny ne pouvait plus faire un mouvement sans qu'il l'entendît.

Au bout de quelques minutes, un bruit sourd, accompagné de petits craquements d'herbes, de feuilles et de tiges broyées sous le pied, annoncèrent à Morlot que Sosthène venait de se lever et qu'il marchait vers la route. Il se dressa sur ses jambes.

— Le misérable! que va-t-il faire? se demanda-t-il.

Il laissa à Sosthène le temps de gagner sur lui une cinquantaine de pas et il s'élança sur ses traces. Sosthène marchait rapidement contre le mur du parc. Morlot n'apercevait sa silhouette que par instant, lorsque les longues branches qui se penchaient sur le chemin ne l'enveloppaient pas de leur ombre.

Soudain, au lieu d'une silhouette d'homme, il en vit deux, et toutes deux disparurent en même temps. Un instant après il arriva à cette porte du parc dont nous avons eu l'occasion de parler plusieurs fois déjà.

— Ah! je comprends, se dit-il, l'un ou l'autre avait la clef de cette porte; ils sont entrés dans le parc.

Il approcha son oreille de la porte et écouta. Il n'entendit rien. Du reste, le bruit que faisait le vent dans le feuillage suffisait pour l'empêcher d'entendre.

Il examina la serrure et reconnut que la porte avait été refermée à clef.

Alors il se retourna et son regard inquiet chercha Jardel. Jardel n'était pas loin ; il venait de se détacher du tronc d'un vieux saule et marchait vers Morlot. Celui-ci fit la moitié du chemin.

— Vite, vite, qu'avez-vous vu ? que savez-vous ? demanda-t-il dès qu'il eut rejoint son compagnon.

— L'homme a sonné hardiment à une des portes d'entrée du château, près de la grille.

— Soyons prudents, l'interrompit Morlot, parlez moins haut et effaçons-nous dans l'ombre. Là, nous sommes bien ici, continuez.

— Un domestique lui a ouvert et il est entré. Il n'a reparu qu'au bout de vingt minutes. Je m'étais couché au bord de l'eau, à l'ombre, en face de la grille. J'avais l'air de dormir, mais je tenais mes yeux ouverts. Une femme s'était donné la peine de le reconduire.

— Ah ! ah ! une femme, fit Morlot. Est-elle jeune ou vieille, cette femme ?

— Elle n'a certainement pas trente ans. Elle est brune, grande et m'a paru assez jolie.

Un éclair sillonna le regard de Morlot.

— Je la connais, dit-il d'une voix creuse, elle se nomme Juliette ; c'est la femme de chambre de madame la marquise de Coulange. Continuez, que s'est-il passé ?

— La jeune femme est sortie avec l'homme et ils ont causé fort longtemps sur le chemin. Comme ils marchaient et qu'ils étaient éloignés de moi, car ils sont venus jusqu'à cette porte, devant laquelle ils se sont arrêtés, je n'ai pu surprendre un seul mot de leur conversation. Enfin, la femme est rentrée au château et Jules Vincent a fait comme moi, il s'est couché au bord de la rivière.

— Est-ce tout ?

— Non. Quand la nuit fut venue, je pensai qu'il était nécessaire que je changeasse de place afin d'avoir l'œil sur mon individu. Je me glissai à travers les osiers et je vins me poster dans le tronc creux de ce saule, qui est juste en face de nous. Jules Vincent n'était qu'à vingt ou trente pas de moi. J'achevais de m'installer aussi commodément que possible dans le tronc du saule, lorsqu'un grincement de fer frappa mon oreille. Je regardai. La porte du parc venait de s'ouvrir et je vis apparaître une femme qui devait être la femme de chambre. L'homme s'élança vers elle. Ils échangèrent quelques paroles à voix basse, puis la femme rentra dans le parc et ferma la porte.

Mais je n'entendis point, cette fois, le bruit de la clef dans la serrure. Sans aucun doute, la femme de chambre venait de remettre la clef de la porte à Jules Vincent. Celui-ci se mit à se promener de long en large, mais sans s'éloigner beaucoup de la porte. Enfin, l'autre arriva. Vincent s'empressa d'ouvrir, et les deux coquins se sont introduits dans le parc.

— Je ne puis plus en douter, dit Morlot, ils ont médité un crime, et ils vont l'accomplir avec l'aide de la femme de chambre, qui est leur complice.

Il tira sa montre et regarda le cadran à la clarté des étoiles.

— Dix heures un quart, fit-il. Tonnerre! nous arriverons peut-être trop tard!

Allons, Jardel, venez, suivez-moi, ajouta-t-il.

Tous deux s'élancèrent en courant vers la grille du château.

— Il n'y a pas à hésiter, se dit Morlot en arrivant devant la porte d'entrée, il faut nous faire ouvrir.

Il posa sa main sur un bouton de cuivre et un coup

de cloche retentit au milieu du silence de la nuit. Morlot attendit deux minutes, bouillant d'impatience. Voyant que personne ne venait, il fit sonner la cloche une seconde fois. Mais, cette fois encore, à la vibration du son, succéda un profond silence.

— Je m'en doutais, murmura Morlot; les domestiques sont couchés, ils dorment. Il faut que j'entre, pourtant; comment faire?

Il se disposait à sonner de nouveau et plus bruyamment, lorsqu'un homme, venant du côté de Coulange, parut tout à coup près d'eux.

— Ah çà ! que faites-vous là? qui êtes-vous? demanda le personnage.

— Tiens, fit Morlot, c'est M. Burel. Est-ce que vous ne me reconnaissez pas?

— Si, si, je vous reconnais, répondit le jardinier, qui s'était rapproché de Morlot, seulement...

— Je n'ai pas le temps de vous rien expliquer, interrompit l'agent de police. Je suis ici avec mon ami depuis dix minutes, j'ai déjà sonné deux fois et on ne vient pas ouvrir.

— A l'heure qu'il est, tout le monde est couché au château.

— Monsieur Burel, il faut que je voie ce soir madame la marquise.

— Mais...

— Il le faut absolument. J'ai à lui rendre compte d'une mission dont elle m'a chargé hier. Votre femme a dû vous dire que j'ai causé longuement hier avec madame la marquise, elle a dû vous souhaiter aussi le bonjour de ma part.

— Oui, oui, en effet.

— Vous devez croire à l'importance de ma visite

puisque, malgré l'heure, je n'hésite pas à me présenter. Vous venez probablement de Coulange, nous allons entrer avec vous.

— Du moment que c'est comme ça, répondit le jardinier, je n'ai plus rien à dire.

Il sortit une clef de sa poche et ouvrit la porte.

Les trois hommes entrèrent.

XII

SCÈNES DE NUIT

Ni au rez-de-chaussée, ni au premier étage, ni au second, aucune lumière n'apparaissait à une des fenêtres de la large façade du château.

— Comme vous le voyez, tout le monde dort, dit le jardinier.

— Par où allons-nous entrer? demanda Morlot, dont l'anxiété augmentait à chaque minute.

— Oh! pas par la grande porte de l'escalier d'honneur, répondit le jardinier. Venez avec moi, continua-t-il, nous allons réveiller François, l'un des valets de pied; c'est lui qui couche au rez-de-chaussée.

Ils marchèrent vers le pavillon qui forme l'aile gauche du château.

— Voilà la chambre de François, dit le jardinier en s'arrêtant et en montrant une fenêtre garnie de barreaux de fer.

Il prit une chaise rustique, la plaça sous la fenêtre contre le mur, monta dessus, et, passant sa main à travers les barreaux, il frappa à un carreau.

— Il est réveillé, il se lève, dit-il en se tournant vers Morlot.

Presque aussitôt, la fenêtre s'ouvrit.

— Qu'y a-t-il? qui est là? demanda le domestique en bâillant.

— C'est moi, Burel.

— Ah! c'est vous?

— Et je suis avec deux messieurs qui veulent vous parler.

— A moi?

— A vous, d'abord.

— Qu'est-ce qu'ils veulent?

— Ils vous le diront quand vous aurez ouvert.

— Attendez un instant, je vais passer mon pantalon et allumer ma bougie.

François s'éloigna de la fenêtre et sa chambre s'éclaira.

— Venez par ici, dit le jardinier.

Ils firent quelques pas et s'arrêtèrent devant une porte qui ne tarda pas à s'ouvrir. Morlot entra, suivi de Jardel.

— Bonsoir, messieurs, dit le jardinier.

Et pressé sans doute de se retrouver près de sa femme, il se dirigea vers son habitation.

François, tout en se frottant les yeux, continuait à bâiller à se démancher la mâchoire.

Il referma la porte, machinalement, et, par habitude, poussa le verrou de fer. Toutefois, les vapeurs du sommeil commençaient à se dissiper.

Il se tourna vers les agents et reconnut Morlot.

— Comment! c'est vous, monsieur? fit-il avec surprise.

— Oui, c'est moi, répondit Morlot; il faut que je voie immédiatement madame la marquise.

Le domestique parut stupéfié.

— Et c'est pour cela que vous venez au château au milieu de la nuit? demanda-t-il.

— Rien que pour cela.

— Et vous croyez que madame la marquise vous recevra?

— J'en suis sûr.

Le domestique secoua la tête d'un air de doute.

— Depuis hier, elle est très-souffrante, dit-il; elle n'a rien mangé à midi, et ce soir, tout de suite après avoir pris un potage, elle s'est mise au lit. Je crois, monsieur, qu'il est convenable de remettre votre visite à demain.

— Impossible, répliqua vivement Morlot: il faut qu'elle sache ce soir ce que j'ai à lui dire.

— Mais si elle dort?

— On la réveillera.

Morlot parlait d'un ton de si grande autorité que le domestique n'osa plus faire aucune objection.

— Venez donc, dit-il; mademoiselle Juliette est certainement couchée.

— J'en doute, pensa Morlot.

— Je vais la prévenir, reprit François; mais il faudra que vous attendiez pour lui donner le temps de s'habiller.

— Soit, nous attendrons, répondit Morlot.

Ils suivirent le domestique, qui les conduisit dans l'antichambre de la marquise, où Morlot s'était trouvé la veille en présence de Juliette.

— Vous allez attendre ici, dit François.

Et sans songer à leur donner de la lumière, il ouvrit une porte et disparut, les laissant au milieu des ténèbres.

Les deux agents restèrent debout, immobiles au milieu de la chambre.

Cinq minutes s'écoulèrent. Le domestique revint.

— C'est drôle, dit-il, je n'ai pas trouvé mademoiselle Juliette, elle n'est pas dans sa chambre.

— Ah! fit Morlot, dont le regard était plein de lueurs sombres.

— Je ne sais pas vraiment où elle peut être, reprit François.

— Nous le saurons, se dit Morlot.

— Je vais descendre dans les appartements du rez-de-chaussée, continua le domestique, elle s'y trouve probablement.

— Oui, voyez, et surtout amenez-la.

François marcha vers la porte.

— Tiens, fit-il, en se retournant, je ne sais pas où j'ai la tête; je ne vous ai pas seulement allumé une bougie.

— C'est bon, c'est bon, lui dit Morlot, nous n'avons pas besoin de lumière, nous n'avons pas peur des loups; allez vite chercher mademoiselle Juliette.

François sortit, en murmurant :

— Quel homme singulier !

. . . .

Après avoir causé au bord de la Marne avec Des Grolles, qui lui avait remis une lettre de Sosthène et longuement expliqué ce qu'elle avait à faire, Juliette, comme nous le savons, était rentrée. L'espionne cherchait déjà dans sa tête le moyen d'obéir aux ordres impérieux et précis de M. de Perny, son maître.

Devant le château elle rencontra le cocher, qui l'avait vue sortir avec Des Grolles.

— Oh! oh! vous êtes rouge comme une cerise et vous paraissez bien émue, lui dit-il; je parierais que ce monsieur, que vous venez de quitter, est quelque chose comme un amoureux.

— Si vous faisiez ce pari, vous perdriez, répondit-elle, ce monsieur est un de mes cousins. Passant à Nogent-l'Artaud pour aller à Paris, et sachant que je suis à Coulange, il s'est arrêté pour venir me voir et pour me remettre une lettre de ma mère.

— S'il en est ainsi, mam'zelle Juliette, excusez-moi.

— Vous êtes tout excusé.

— D'ailleurs, je n'ai nullement l'intention de vous offenser.

— J'en suis persuadée, répliqua-t-elle.

Et elle s'éloigna rapidement.

Un instant après, elle entra doucement dans la chambre de sa maîtresse, au coucher de laquelle elle avait assisté avant de sortir.

La marquise ne dormait pas. Les yeux à demi fermés, elle était plongée dans de sombres réflexions. Elle pensait sans doute au sacrifice immense qu'elle allait faire, à son immolation.

— Comment se trouve madame la marquise ? lui demanda Juliette d'un ton respectueux et plein d'intérêt.

— J'ai toujours le même malaise, répondit tristement la jeune femme. Je passerai cette nuit comme l'autre, sans pouvoir dormir.

Juliette eut un tressaillement imperceptible.

— Madame la marquise a un peu de fièvre, reprit-elle.

— Oui, j'ai la bouche et la langue sèches.

— Demain il faudra faire venir le médecin.

— Je n'ai pas besoin du médecin ; du reste, demain j'irai mieux.

— Madame la marquise désire-t-elle prendre quelque chose ?

— Non, merci, je ne veux rien.

— Une infusion ou une boisson rafraîchissante ferait pourtant beaucoup de bien à madame la marquise.

— C'est inutile.

— Pourtant, madame la marquise vient de se plaindre d'avoir la bouche sèche, insista Juliette.

— Eh bien, pour vous être agréable, je prendrai un peu de thé mêlé de lait.

Une lueur rapide éclaira le regard de la femme de chambre.

— Je vais prier François d'aller chercher tout de suite du lait tiède à la métairie.

Juliette allait sortir, la marquise la rappela.

— Cela n'est pas si pressé, lui dit-elle, je puis attendre. Où sont les enfants ?

— Ils sont rentrés depuis un instant.

— Allez dire à Rose de me les amener.

Juliette sortit de la chambre.

Au bout de quelques minutes, Eugène, Maximilienne et la gouvernante arrivèrent. La marquise tendit ses bras aux enfants. Elle les embrassa l'un après l'autre ; puis elle les assit sur son lit, les entoura de ses bras et les tint longtemps pressés contre son cœur. Rose remarqua avec surprise que c'était surtout le petit garçon qu'elle couvrait de baisers.

— Cher petit, cher petit ! répétait-elle à chaque instant.

Elle avait les yeux noyés de larmes.

Enfin, elle aida les enfants à descendre du lit et fit signe à la gouvernante de les emmener. Dès qu'ils furent partis, elle se mit à pleurer à chaudes larmes.

Elle pleurait encore lorsque Juliette lui apporta le mélange de thé et de lait dans une tasse de vermeil. Elle essuya vivement ses yeux.

— Qu'a-t-elle donc ? se demanda la femme de chambre.

Elle présenta la tasse à sa maîtresse. La marquise la prit et but à petites gorgées.

— Vous avez eu raison, Juliette, dit-elle ; il me semble que cette boisson me fait du bien.

— Madame la marquise veut-elle en boire une seconde tasse ?

— Non, c'est assez.

— Madame la marquise désire-t-elle que je passe la nuit près d'elle ?

— Oh ! je ne suis pas malade à ce point.

— Certainement. Mais si madame la marquise avait besoin de quelque chose ?

— Je vous appellerais. Du reste, je crois que je dormirai cette nuit. Ma tête s'alourdit, mes paupières se ferment malgré moi. C'est singulier. J'éprouve une lassitude générale, une sorte d'engourdissement dans tous les membres. Juliette, laissez-moi.

L'espionne se retira dans l'antichambre.

Aux domestiques qui vinrent lui demander des nouvelles de la marquise, elle répondit :

— Elle va beaucoup mieux, elle dort.

Quand il fut tout à fait nuit, elle alluma une lampe. Puis elle traversa le boudoir sur la pointe des pieds et entr'ouvrit la porte de la chambre de la marquise. Elle regarda la figure pâlie de la jeune femme éclairée par la lumière douce de la veilleuse. La marquise dormait profondément.

Juliette referma la porte, sortit du boudoir par une autre porte que celle de l'antichambre, traversa le grand salon et suivit un couloir qui la conduisit à un escalier dérobé, qu'elle descendit rapidement. Au bas de l'escalier, elle ouvrit une porte basse et s'élança hors du château. Elle courut jusqu'à la porte du parc près de laquelle l'attendait Des Grolles. En lui remettant la clef, elle lui dit :

— Vous pouvez venir.

Elle rentra au château et s'empressa de remonter dans l'antichambre. Personne ne s'était aperçu de son absence. Elle s'assit dans un fauteuil et attendit.

A dix heures moins un quart les domestiques étaient tous couchés. Les yeux de Juliette se tournaient constamment vers la pendule. Quand les aiguilles marquèrent dix heures, elle prononça tout bas ces mots :

— Encore une heure.

L'aiguille de la pendule tournait.

Soudain, Juliette sursauta et se dressa sur ses jambes comme si elle eût reçu un choc électrique. Elle venait d'entendre le premier coup de cloche de Morlot.

— Qu'est-ce donc? se demanda-t-elle frissonnante.

Elle écouta de ses deux oreilles. Mais, dans la pièce où elle se trouvait, elle ne pouvait entendre ni la voix, ni le bruit des pas sur le sable. Le second coup de la cloche lui coupa la respiration, elle devint pâle comme une morte. Mais presque aussitôt une espèce de sourire fit grimacer ses lèvres. Elle venait de se rappeler que le jardinier était allé passer la soirée à Coulange.

— Le père Burel a oublié de prendre sa clef, se dit-elle ; sa femme l'attend et il sonne pour qu'elle vienne lui ouvrir. J'ai eu peur... suis-je bête !

Elle se sentit rassurée. Et comme la cloche ne se fit plus entendre, elle resta convaincue que c'était le jardinier qui venait de rentrer. Il était alors dix heures et demie. Elle ouvrit un placard et y prit une petite lanterne sourde qu'elle alluma. Cela fait, elle éteignit la

18.

lampe et se glissa furtivement hors de l'antichambre.

Dix minutes plus tard, au moment même où le valet de pied était réveillé par le jardinier, Sosthène et Des Grolles entraient au château du côté opposé et, conduits et éclairés par Juliette, ils montaient l'escalier dérobé. Tous les trois, marchant à pas de loup, se dirigèrent vers la chambre de la marquise.

Sosthène y entra seul. Des Grolles et Juliette restèrent dans le grand salon. Le premier, blotti près de la porte ouvrant sur le couloir, un poignard à la main, se tenait prêt à protéger la retraite de son complice ou à se défendre contre toute surprise. Juliette s'était assise à l'autre extrémité du salon, près de la porte du boudoir. Tous deux étaient dans l'obscurité, car, par une mesure de prudence, la misérable femme de chambre tenait sa lanterne cachée dans un pli de sa robe.

XIII

LE COFFRET DE CUIVRE ET LE COFFRET D'OR

Sosthène entra hardiment dans la chambre de sa sœur. Il savait qu'elle était plongée dans le sommeil et qu'elle devait dormir au moins douze heures sans se réveiller, quelque bruit qu'il pût faire autour d'elle.

Il marcha vers le lit et son regard vitreux, illuminé de lueurs livides, s'arrêta sur le visage de la jeune femme, doucement éclairé par la lumière tamisée de la veilleuse.

— Comme elle est pâle! se disait-il; oui, mais elle est toujours belle!

Sa physionomie prit une expression farouche ; chaque éclair qui jaillissait de ses yeux sombres était une décharge de haine qui tombait sur la dormeuse.

— La voilà, se dit-il, endormie par ma volonté, inerte, sans oreilles, sans forces, engourdie..... Je suis près d'elle, elle est en ma puissance, et si je le voulais elle ne se réveillerait jamais !

Il eut la tentation de se jeter sur elle et de l'étouffer. Mais il fit un pas en arrière.

— Elle aurait avalé un poison aussi facilement que le narcotique, murmura-t-il.

Et ses lèvres se crispèrent dans un horrible sourire.

Il s'éloigna brusquement du lit, comme s'il eût craint de ne pouvoir résister à une seconde tentation.

La chambre de la marquise avait le même aspect que sept ans auparavant. Rien ou presque rien n'y avait été changé. Sosthène en connaissait l'ameublement. Toutefois, son espionne avait dû le renseigner, car il s'approcha de la cheminée sans hésiter pour prendre un trousseau de petites clefs, qui se trouvait dans une coupe de vieille porcelaine du Japon. Alors, il traversa rapidement la chambre et s'arrêta devant un meuble de Boule placé entre les deux fenêtres, à peu près certain que le coffret de cuivre était enfermé dans un des tiroirs de ce meuble.

Après avoir essayé deux clefs, il ouvrit enfin le premier tiroir avec une troisième clef. Il ne contenait que des bouquets de fleurs artificielles et quelques nœuds de rubans dont le deuil de la marquise l'empêchait de se servir.

Sosthène ouvrit un deuxième tiroir. Celui-ci était rempli d'une quantité de riches dentelles.

Il eut un mouvement d'impatience et de colère, et

d'une main fiévreuse, avec une sorte de rage, il ouvrit le troisième tiroir.

Cette fois l'objet de ses recherches se trouva sous ses yeux; il jeta ses deux mains sur la boîte de métal avec un frémissement de joie. Mais, aussitôt, ses yeux agrandis étincelèrent et se fixèrent sur un second coffret beaucoup plus petit que le premier.

— Oh! fit-il, subitement saisi d'un tremblement nerveux.

Il semblait avoir complètement oublié le manuscrit dont il voulait s'emparer. Ses mains se portèrent de la boîte sur le coffret. Ce coffret, d'or massif, délicieusement ciselé par une main d'artiste, représentait plusieurs bas-reliefs de Jean Goujon. Sa petite clef d'or était dans la serrure. Sosthène tourna la clef et leva le couvercle. Alors le coffret devint un foyer de lumière; c'était un merveilleux jaillissement de rayons multicolores, un croisement d'étincelles et de jets lumineux.

Malgré lui, Sosthène ferma ses yeux éblouis.

Il tenait les diamants de la marquise, et il y en avait pour plus de trois cent mille francs.

Il fit retomber le couvercle, mais ses yeux restaient toujours fixés sur le coffret d'or.

— Une fortune! pensait-il, une fortune!

Il avait les traits affreusement contractés, un frémissement sur les lèvres, et ses yeux étaient comme phosphorescents. Il se tourna à demi vers le lit et couvrit sa sœur d'un effroyable regard. Pris de vertige, n'obéissant plus qu'à ses mauvais instincts, il était incapable de raisonner. Il n'y avait plus en lui qu'une pensée: celle du vol. Il tenait les diamants, ils étaient à lui!

Cependant il restait immobile, haletant, serrant le coffret contre sa poitrine. Soudain, son visage se couvrit d'une pâleur livide et une sueur froide mouilla son front. Conséquence de sa première pensée, une autre, plus horrible encore, venait de compléter le délire de son cerveau.

Il posa le coffret aux diamants sur un guéridon, prit la boîte de cuivre et s'élança hors de la chambre. Il traversa le boudoir et entra dans le salon, que Juliette éclaira aussitôt en démasquant sa lanterne.

Il s'avança rapidement vers Des Grolles et lui remit la boîte, en lui disant :

— File tout de suite, tu m'attendras dans le parc, près de la porte.

— Est-ce que tu n'as pas fini?

— Non. Donne-moi ton poignard.

Tout en parlant il avait enlevé le poignard de la main de son complice.

— Je ne saurai peut-être pas retrouver mon chemin pour sortir du château, dit Des Grolles.

Juliette s'était approchée.

— Elle va t'accompagner jusqu'au bas du petit escalier, répondit Sosthène.

— Vous ne partez donc pas? demanda Juliette, qui était toute tremblante. Oh! je vous en prie, allez-vous en vite!

— Lui, d'abord, dit Sosthène ; tu vas l'éclairer.

— Et vous?

— Moi, je reste.

— Mais vous avez le coffret, que voulez-vous donc faire encore?

— Cela ne te regarde pas.

— Non, non, reprit-elle, allez-vous-en tous les deux, j'ai peur ; il me semble que...

Un regard terrible de Sosthène lui coupa la parole et la fit frissonner.

Il ouvrit la porte, et, brusquement, il poussa Des Grolles et Juliette hors du salon.

Conduit par Juliette, Des Grolles arriva sans encombre au bas de l'escalier. D'un bond il franchit la porte et se mit à courir dans la direction du bois.

Juliette s'empressa de remonter. Elle trouva Sosthène au milieu du salon dans l'attitude d'un homme qui prête l'oreille et écoute. Il écoutait, en effet, car il avait entendu ou cru entendre le bruit que fait une porte qu'on ferme. Mais tout étant retombé dans le silence, il s'était déjà rassuré.

— Si j'ai réellement entendu quelque chose, se dit-il, le bruit a été produit par un courant d'air.

Rassuré et tout entier à son projet criminel, il marcha vers le boudoir. Juliette se plaça devant lui.

— Ne rentrez pas dans la chambre, je vous le défends, lui dit-elle tout bas.

Il arrêta sur elle son regard farouche et haussa les épaules.

Ses yeux injectés de sang lui sortaient de la tête; de larges taches rouges se plaquaient sur sa face blême, violacée. Il était repoussant, hideux!

— Oh! oh! vous m'épouvantez! fit-elle.

Il allongea le bras et l'écarta pour passer. Il entra dans le boudoir, elle l'y suivit. Une fois encore, elle se plaça devant lui comme pour défendre la porte de la marquise. La terreur était dans ses traits, la folie dans son regard. Elle leva la lanterne dont la lumière blafarde éclaira en plein le visage de Sosthène.

— Je vois ce que c'est, dit-elle avec horreur, vous voulez la tuer !

Il répondit à ces paroles par une sorte de grognement.

François, le valet de pied, venait de descendre au rez-de-chaussée, laissant une seconde fois Morlot et Jardel dans l'obscurité.

Soudain, ce dernier appuya sa main sur le bras de Morlot.

— Avez-vous entendu? lui demanda-t-il à l'oreille.
— Oui, un chuchotement, répondit Morlot.
— Dans la pièce à côté. Ce sont eux.
— Je le crois. Vous avez des allumettes?
— Oui.
— Allumez-en une.
— Jardel s'empressa d'obéir.

Morlot jeta autour de lui un regard rapide.
— Voilà une lampe, dit-il, allumez-la.

Tout cela était dit à voix basse.

Sosthène ayant repoussé rudement Juliette, qui voulait lui barrer le passage, rentra dans la chambre de sa sœur. Il se précipita vers le guéridon, s'empara du coffret aux diamants et le cacha dans sa poitrine entre la peau et sa chemise, puis, pour le maintenir, il boutonna son vêtement.

Cela fait, il marcha vers le lit, les yeux enflammés, le regard féroce, voyant rouge. Et quand il fut devant sa sœur, sans avoir peur, sans trembler, il leva la main qui tenait le couteau, la pointe en bas, et il chercha l'endroit où il devait frapper pour que le coup fût sûrement mortel.

Un cri d'épouvante, rauque, semblable à un râle, poussé par Juliette, le fit bondir en arrière.

Morlot venait d'ouvrir brusquement la porte du boudoir, que la lampe allumée dans l'antichambre inondait d'une nappe de lumière. Menaçant la poitrine de Juliette de son revolver, il lui dit d'une voix rude :

— Si tu pousses encore un cri, si tu fais un mouvement, je te loge une balle dans la tête.

La misérable ne pouvait plus crier, ni songer à prendre la fuite, la peur l'avait paralysée. Ses yeux égarés, démesurément ouverts, restaient fixés sur Morlot, qui lui apparaissait comme un fantôme ou un démon venant de sortir des entrailles de la terre.

Derrière Morlot se tenait Jardel, également armé de son revolver.

En entendant une voix d'homme, la peur s'empara de Sosthène et il ne songea plus qu'à prendre la fuite pour échapper au danger qui le menaçait. Pour le moment, l'homme étant dans le boudoir, il comprit qu'il lui était impossible de se sauver par la porte de la chambre. Or, la chambre de la marquise n'avait que cette issue et les deux fenêtres. Sosthène courut à une fenêtre et l'ouvrit. Avant de s'élancer, il regarda en bas et fut effrayé de la hauteur. Le saut était périlleux, sans doute, mais il pouvait être tenté, même avec chance de succès. Pourtant, il recula en frissonnant. Il pensait que sa mère avait été tuée, en tombant de moins haut. Et pantelant, affolé, perdant la tête, il recula encore, jetant autour de lui des regards éperdus. Il vit la porte entr'ouverte du cabinet de toilette, il s'y précipita comme dans une retraite sûre et se blottit au fond, dans un coin, entre deux meubles, derrière un rideau. Il ne réfléchissait pas; il voulait se cacher, il se cachait.

Cependant Morlot s'approcha de Juliette, la saisit par le bras et la secoua avec violence.

— Qui était ici avec toi tout à l'heure ? lui demanda-t-il.

Elle n'eut pas l'air d'avoir entendu.

— Je sais tout, continua Morlot; allons parle, réponds, et surtout ne cherche pas à mentir. Où sont les deux hommes que tu as fait entrer au château ?

Elle eut un tressaillement convulsif, mais elle garda le silence.

Morlot sentait une colère sourde gronder en lui. Il la secoua de nouveau et avec plus de force :

— Mais, réponds donc, coquine, reprit-il sourdement, car, par respect pour la marquise, il n'osait pas trop élever la voix ; réponds donc : où est Sosthène de Perny, où est son complice ?

Juliette s'obstinait à rester muette. Morlot s'emporta.

— Si tu ne réponds pas, lui dit-il avec une fureur concentrée, aussi vrai que je m'appelle Morlot, et que je suis agent de police, je te brûle la cervelle.

Enfin Juliette se décida à remuer la langue.

— Je... je ne sais pas, balbutia-t-elle.

— Tu mens, misérable, tu mens !

— Non ! non ! je ne sais pas.

Elle tremblait comme la feuille au vent. La peur faisait claquer ses dents.

— Je comprends, fit Morlot d'une voix vibrante de colère, tu ne veux rien dire ; mais je te forcerai bien à parler un peu plus tard. En attendant, tu vas dire à ta maîtresse que je suis là et que je veux lui parler.

— Elle... elle dort, bégaya-t-elle d'un ton effrayé.

— Tu la réveilleras. Allons, obéis ;

Et il la poussa vers la porte de la chambre.

Mais elle se rejeta brusquement en arrière, l'épouvante et l'horreur peintes sur le visage.

— Non, je ne veux pas, je ne veux pas ! prononça-t-elle d'une voix étranglée.

La misérable avait peur, sans doute, de se trouver en

présence du cadavre de la marquise baignant dans son sang.

Morlot resta un instant stupéfié, la regardant; tout à coup, un horrible soupçon traversa sa pensée et l'éclaira d'une sinistre lueur.

Un frisson courut dans tous ses membres et ses cheveux se hérissèrent sur sa tête.

— Oh! fit-il, assassinée!

Il se tourna vers Jardel:

— Ne laissez pas échapper cette misérable, lui dit-il.

Et oubliant que pour tout autre homme que son mari la chambre d'une femme est un sanctuaire inviolable et sacré, il ouvrit la porte et se précipita comme un fou dans la chambre de la marquise.

Dès qu'il fut près du lit, un long soupir de soulagement s'échappa de sa poitrine oppressée.

La marquise avait les yeux fermés et dormait. Il entendait le bruit égal et doux de sa respiration. Toutefois, il s'étonna de ce sommeil lourd et profond que n'avait point troublé le bruit qu'il venait de faire en entrant. Il s'éloigna du lit lentement, et l'air du dehors venant tout à coup frapper son visage, il vit la fenêtre ouverte.

— Ils ont commis un vol, murmura-t-il, et la retraite étant fermée à l'intérieur, ils se sont enfuis par la fenêtre.

En jetant un regard rapide autour de la chambre, il vit les tiroirs ouverts. Il ne pouvait plus douter: la marquise venait d'être volée. Alors sa pensée reçut une nouvelle clarté, qui lui expliqua le sommeil étrange de la marquise. Il devinait que la jeune femme avait été endormie à l'aide d'un narcotique.

Il s'approcha de la fenêtre, et, penché au dehors,

appuyé sur le balcon, il ouvrit ses oreilles et plongea son regard dans toutes les directions.

Après l'avoir entendu entrer dans la chambre, Sosthène était sorti de sa cachette, prêt à se ruer sur lui et à le frapper de son poignard si l'idée lui venait de pénétrer dans le cabinet de toilette.

Anxieux, sombre, retenant sa respiration, il suivit tous les mouvements de Morlot, qu'il prenait pour un domestique du marquis de Coulange.

Quand il le vit s'appuyer au balcon, il comprit qu'il devait profiter de ce moment pour gagner la porte et prendre la fuite. Il n'y avait pas à hésiter, car les instants étaient précieux. Il sortit du cabinet et rapidement, sans bruit, traversa la chambre. Comme il ouvrait la porte, Morlot se retourna.

— Au voleur! cria-t-il.

Sosthène bondit hors de la chambre. Mais le cri de Morlot avait prévenu Jardel, qui venait d'être rejoint par le valet de pied. Il se trouva en face du voleur. Sosthène, brandissant son poignard, voulut se faire livrer passage. Le canon du revolver le força à reculer. Alors, saisi d'une peur folle, il songea à rentrer dans la chambre, bien décidé, cette fois, à sauter par la fenêtre. Mais, déjà, Morlot était sur le seuil et il vit le canon d'un second revolver à la hauteur de ses yeux.

Pris entre les deux agents, le misérable sentit qu'il était perdu.

XIV

LA COMPLICE

Sans lui laisser le temps de se reconnaître et de faire une tentative pour s'échapper, Jardel se jeta sur lui et le désarma. Il poussa un rugissement de rage, accompagné d'un roulement d'yeux d'insensé. Cependant il essaya de lutter encore et se débattit furieusement entre les mains de Jardel et de Morlot, qui s'était empressé de prêter main-forte à son camarade. Au bout d'un instant, ils parvinrent à le terrasser et à le tenir en respect étendu tout de son long sur le parquet.

Mais, doué d'une force extraordinaire, et ignorant toujours qu'il avait affaire à deux agents de police, Sosthène cherchait encore à se relever, en les repoussant des pieds et des mains.

— Nous ne pouvons pas le tenir ainsi jusqu'au jour, dit Morlot, il faut que nous l'enfermions dans un lieu sûr.

Le domestique ne connaissait pas M. de Perny.

— Faut-il aller chercher les gendarmes? demanda-t-il.

— Non, répondit Morlot; nous attendrons pour prendre une décision.

— Alors, reprit François, on peut l'enfermer dans ma chambre; la porte et les barreaux de la fenêtre sont solides; il sera là comme dans une prison.

A ce moment, d'une ruade vigoureuse, Sosthène envoya Jardel rouler à l'extrémité du boudoir. Morlot lui appuya son genou sur la poitrine et, le serrant à la gorge:

— Tenez-vous donc tranquille, lui dit-il sourdement, vous voyez bien que vous êtes pris et que vous ne pouvez pas nous échapper.

Puis, se tournant vers François :

— Allez me chercher des cordes, ordonna-t-il.

Le domestique s'empressa d'obéir.

Juliette s'était affaissée sur un canapé, où elle restait à demi pâmée.

François revint avec des cordes. En un instant Sosthène eut les poignets solidement liés et les jambes garrottées. Alors une difficulté se présenta. Pour transporter Sosthène dans la chambre du domestique il fallait être trois, deux pour le porter, un autre pour éclairer. Or, on ne pouvait se servir de Juliette, et il fallait qu'elle fût gardée à vue. L'embarras de Morlot était visible.

La difficulté fut levée par l'apparition d'une femme dans l'encadrement de la porte du boudoir. C'était la gouvernante de Maximilienne. Réveillée en sursaut par le bruit, elle s'était levée, avait revêtu un peignoir et venait voir ce qui se passait.

Sans lui donner aucune des explications que son regard effaré sollicitait, Morlot lui dit :

— Vous arrivez bien, madame, vous allez nous éclaijusqu'à la chambre de François.

Il fit un signe au domestique. Celui-ci prit Sosthène par les jambes, Morlot par les épaules, et ils l'enlevèrent. Un instant après, quand M. de Perny fut enfermé, Morlot dit à la gouvernante :

— Vous ne devez rien savoir de ce qui s'est passé au château cette nuit. Vous allez rentrer dans votre chambre et vous remettre au lit. Mais écoutez bien ceci : Je vous donne l'ordre absolu, au nom de madame la marquise de Coulange, de ne parler à qui que ce soit de ce que vous avez vu.

S'adressant au domestique, il ajouta :

— Vous, François, vous allez veiller avec nous, et, en compagnie de mon camarade, vous garderez le prisonnier. Comme à madame, je vous donne l'ordre de ne rien dire à personne. Je n'ai pas besoin d'ajouter que la plus légère indiscrétion vous ferait perdre votre place.

La gouvernante retourna dans sa chambre. Morlot remonta au premier, envoya Jardel rejoindre le domestique et resta seul avec Juliette.

— Levez-vous, lui ordonna-t-il d'un ton impérieux.

Elle fit un effort et se dressa sur ses jambes chancelantes. Morlot la poussa dans l'antichambre.

Elle était dans un état pitoyable. Elle tremblait affreusement ; son visage livide avait des marbrures verdâtres et ses cheveux dénoués se plaquaient épars sur ses épaules. Ne pouvant se tenir debout, elle se laissa tomber dans un fauteuil. Morlot, après avoir fermé les portes, s'assit en face d'elle.

— Maintenant, lui dit-il, vous allez parler ; je veux tout savoir, tout, vous entendez ? D'abord, dites-moi pourquoi vous êtes entrée au service de madame la marquise.

— Pourquoi ? fit-elle en arrêtant sur lui ses yeux ahuris.

— Oui, pourquoi ?

— Mais pour lui servir de femme de chambre.

— Et ensuite ?

— Je ne sais pas ce que vous me demandez, monsieur.

— Avouez donc, misérable, avouez donc tout de suite que vous avez joué près de madame de Coulange, au profit de M. de Perny, le rôle ignoble d'espionne ; avouez donc que vous êtes entrée à son service pour la trahir.

Juliette laissa échapper un gémissement. Elle était atterrée.

— Vous avez écrit à M. de Perny que M. de Coulange était parti en voyage ?

— Oui, répondit-elle d'une voix tremblante.

— Aujourd'hui, entre six et sept heures, un homme est venu vous trouver de la part de Sosthène ?

— Oui.

— Que vous a dit cet homme ?

Elle hésitait à répondre.

— Prenez garde, reprit Morlot d'un ton dur, en la menaçant du regard, je vous ai dit que je voulais tout savoir.

— Il m'apportait un ordre de M. de Perny.

— Quel était cet ordre ?

— De trouver le moyen de le faire entrer au château cette nuit.

— Vous me direz tout à l'heure pourquoi vous obéissiez ainsi à des ordres d'un homme qui n'est pas votre maître. Connaissiez-vous l'individu qui s'est présenté au nom de M. de Perny ?

— Non.

— Alors il avait une lettre ?

— Oui.

— Donnez-la moi.

Elle tira la lettre de sa poche et la remit à Morlot, qui la lut rapidement.

— Ah ! voilà, voilà, fit-il, les yeux étincelants, il s'agissait de s'emparer d'un petit coffre de cuivre: madame de Coulange ne l'a donc pas laissé à Paris ?

— Elle l'a apporté à Coulange.

— Et par vous, M. de Perny l'a su?

Elle baissa la tête.

— La lettre parle d'un petit flacon; le complice de Sosthène vous l'a remis; il contenait un narcotique, du laudanum, probablement, vous l'avez mêlé à un breuvage que vous avez fait prendre à madame la marquise, au risque de l'empoisonner... Vous êtes hardie et on voit qu'un crime ne vous coûte guère. Où est le flacon?

— Je l'ai jeté.

— Où?

— Dans les lieux d'aisance.

— Ah! fit Morlot frappé d'une clarté soudaine; ce n'est peut-être pas la première fois qu'un pareil endroit vous sert pour faire disparaître quelque chose d'embarrassant. Il y avait aussi des cabinets d'aisance rue de Ponthieu.

D'un seul mouvement Juliette se dressa debout, les yeux lui sortant de la tête, puis retomba aussitôt comme une masse.

— J'ai touché juste, pensa Morlot.

Il reprit :

— La nuit venue, vous vous êtes emparée de la clef d'une porte du parc, et vous l'avez portée à l'homme qui l'attendait. Peu de temps après, M. de Perny a rejoint son complice, et ils sont entrés dans le parc. Comment M. de Perny a-t-il pénétré dans le château?

— J'ai ouvert une porte.

— Est-il entré seul?

— Avec l'autre.

— Ah! l'autre aussi! Où est-il? Qu'est-il devenu?

— Il est parti.

— Je comprends, il a sauté par la fenêtre. Ainsi, M. de Perny n'a pas eu honte de faire entrer un misérable dans la chambre de sa sœur! Et vous, gardienne de cette chambre, vous ne vous êtes pas opposée à cette chose odieuse!

— Non, répondit-elle d'une voix brisée, M. de Perny est entré seul dans la chambre de madame.

— Eh bien! répliqua Morlot, racontez-moi ce qui s'est passé.

Elle lui fit le récit qu'il demandait.

Quand elle eut fini, il resta un moment silencieux, pâle, frémissant, les sourcils froncés, ayant sur le front de grosses gouttes de sueur.

— Ainsi, reprit-il d'une voix creuse, je suis arrivé trop tard pour empêcher le vol; le complice de M. de Perny a pu se sauver emportant le coffre de cuivre dont le couvercle a été soudé. C'est par vous encore que M. de Perny a su ce qu'il contient. Ah! vous êtes une fille bien dangereuse! On va, heureusement, mettre un terme à vos exploits.

Après avoir essuyé son visage, Morlot continua:

— Nous n'avons pu empêcher le vol du coffret, mais nous avons sauvé la marquise, car c'est évidemment dans la pensée d'assassiner sa sœur que M. de Perny s'est emparé du poignard de son complice et qu'il est revenu dans la chambre. Oh! le lâche! oh! l'infâme! Crime sur crime! Quelle épouvantable vie!

Et il se sentit frissonner et ses cheveux se hérissèrent sur sa tête, en pensant que, s'il était entré dans le boudoir quelques secondes plus tard, la marquise aurait été poignardée.

Il se leva, fit deux ou trois fois le tour de l'antichambre en marchant à grands pas, puis, le front plissé et les yeux enflammés, il s'arrêta devant Juliette.

— Vous pouvez vous féliciter de notre intervention

dans cette grave affaire, lui dit-il rudement ; sans nous, la marquise de Coulange était assassinée... Savez-vous, misérable fille, savez-vous dans quelle situation vous vous trouveriez ? Complice de l'assassinat de votre maîtresse, que vous aviez lâchement endormie au moyen d'un narcotique, c'était pour vous la mort sur l'échafaud ou les travaux forcés à perpétuité.

La misérable se remit à trembler très-fort et, joignant les mains :

— Grâce, grâce ! dit-elle d'une voix étranglée.

Morlot haussa les épaules et la couvrit d'un regard écrasant de mépris.

— Nous verrons ce que dira madame la marquise de Coulange, à son réveil, lorsqu'elle apprendra ce qui s'est passé, reprit-il ; mais en admettant que son indulgence soit excessive et qu'elle se borne seulement à vous chasser de sa maison, vous ne pouvez pas échapper à la justice, avec laquelle vous avez un compte déjà ancien à régler. Je n'ai pas encore décidé si je vous ferai emmener par les gendarmes ; mais je vous avertis, dès maintenant, que vous sortirez d'ici demain pour aller droit en prison. Je suis inspecteur de police, et il y a longtemps déjà que je vous cherche. Certes, ce n'est pas au château de Coulange que je pensais vous trouver.

La malheureuse écoutait Morlot avec une indicible terreur.

L'impitoyable agent continua :

— Vous aurez à dire à un juge d'instruction, d'abord, et ensuite devant les jurés de la cour d'assises, ce que vous avez fait d'un enfant que vous avez mis au monde il y a un peu plus de dix-huit mois, lorsque vous étiez au service d'une courtisane qui se faisait appeler madame de Nève. Du reste, M. de Perny pourrait le dire aussi, et c'est pour cela...

Il s'interrompit. Juliette venait d'être prise d'une horrible crise nerveuse. Elle tomba de son fauteuil et se roula sur le parquet en se tordant dans d'atroces convulsions.

Morlot s'approcha de la cheminée, sur laquelle il y avait une carafe, pleine d'eau. Il remplit un verre à moitié et jeta le liquide à la figure de la femme de chambre. Celle-ci se calma presque aussitôt; il l'aida à se relever et il la fit asseoir sur un fauteuil où elle resta immobile, la tête dans ses mains, dans une prostration complète.

Morlot ne s'occupa plus d'elle. Pendant un quart d'heure il se promena de long en large dans la chambre, puis il s'assit dans un coin et, sombre, le regard fixe, il se mit à réfléchir. Il n'avait plus que cela à faire en attendant le jour.

Il pensait à la marquise, et, ne pouvant se faire illusion, il voyait une fois de plus l'impunité du criminel.

— Tonnerre! se disait-il, j'aurais bien fait de lui loger trois balles de mon revolver dans la tête! Comme cela, nous en serions tous débarrassés.

Pendant ce temps, grâce à François, son compagnon de veille, Jardel, qui mourait de faim, dévorait à belles dents une moitié de poulet rôti, et vidait en même temps une excellente bouteille de vieux bourgogne.

Sosthène rongeait son frein sur le lit du domestique, où il avait été jeté comme un paquet.

XV

NOUVELLE DOULEUR

A sept heures du matin, à l'exception de la marquise, qui n'était pas encore sortie de son lourd sommeil, tout le monde était levé au château. Les jardiniers arrosaient les plates-bandes et les gazons anglais, le cocher et le palefrenier pansaient les chevaux, le cuisinier allumait son fourneau ; chacun, enfin, vaquait à ses occupations.

Les domestiques ne tardèrent pas à découvrir que deux étrangers étaient au château et qu'ils y avaient passé une partie de la nuit ; ils furent alors très-intrigués, et, curieusement, ils interrogèrent François. Celui-ci leur répondit simplement :

— Vous ne devez rien savoir, vous ne saurez rien.

Les questions cessèrent. Mais on chuchotait entre les portes. Évidemment, quelque chose d'extraordinaire s'était passé au château dans la nuit. Quoi ? On se le demandait, et chacun cherchait à deviner le mystère.

Appelé par Morlot, François s'était mis à sa disposition. Le domestique obéissait passivement, sans même s'étonner que l'agent de police commandât en maître. Sur l'ordre de Morlot, il alla chercher la gouvernante de Maximilienne. Celle-ci s'était levée avec le jour, car, après s'être recouchée, elle n'avait plus fermé les yeux.

— Madame, lui dit Morlot, mademoiselle Juliette n'est

plus au service de madame la marquise ; j'ai pensé que vous voudriez bien la remplacer aujourd'hui.

— Certainement, monsieur.

— Madame la marquise dort encore, vous allez vous installer dans sa chambre et vous attendrez son réveil.

— C'est que... fit-elle embarrassée.

— Dites, madame.

— Je ne dois pas quitter Maximilienne.

— La gouvernante de M. Eugène, que je vais faire prévenir, se chargera momentanément de votre service. Soyez sans inquiétude, tout ce que j'aurai fait sera approuvé par madame la marquise.

— En ce cas, monsieur, je n'ai plus rien à objecter.

— Il peut se faire que madame la marquise, en se réveillant, vous interroge ; vous lui direz que M. Morlot est ici et que j'attends qu'elle puisse me recevoir pour répondre à toutes ses questions.

La gouvernante entra dans la chambre de la marquise.

Le soleil était déjà haut au-dessus du coteau, il pénétrait dans la chambre, en faisant passer à travers les carreaux des fenêtres des raies obliques, au milieu desquelles dansait une poussière d'or volante.

La gouvernante s'assit sur un fauteuil en face du lit et attendit. Un peu après huit heures la marquise ouvrit les yeux. Elle poussa un long soupir, respira avec force, comme si l'air lui manquait, et passa plusieurs fois ses mains sur son front moite de sueur. Sa tête était encore lourde des vapeurs du sommeil.

Soudain, elle se dressa brusquement sur son lit et regarda autour d'elle avec les yeux étonnés d'un enfant qui se réveille.

— Comme j'ai dormi longtemps ! murmura-t-elle. Et quel étrange sommeil !

Son corps eut un frémissement. Elle avait encore le cauchemar au cerveau; elle se secoua pour le chasser.

La gouvernante se leva et s'approcha du lit. Les yeux de la marquise se fixèrent sur elle.

— J'attends les ordres de madame la marquise, dit-elle, voyant que sa maîtresse ne lui parlait point.

— Mes ordres? Quels ordres?

— Je remplace en ce moment Juliette.

— Juliette? Est-ce qu'elle est malade?

— Non, madame la marquise; mais...

— Et ma fille? s'écria-t-elle.

— La gouvernante de M. Eugène est près d'elle.

— Ah! ah! fit la jeune femme, la main sur son front.

Après un court silence elle reprit:

— Vous ne m'avez pas dit pourquoi vous remplacez Juliette.

— Je ne puis répondre à madame la marquise; mais M. Morlot est ici; il attend que madame la marquise puisse le recevoir pour lui donner des explications.

Madame de Coulange ouvrit tout à fait les yeux.

— M. Morlot ici! exclama-t-elle.

Ses jambes glissèrent sous la couverture et ses pieds nus touchèrent la peau de tigre servant de descente de lit. En moins d'un quart d'heure elle fut coiffée et habillée.

— Où est M. Morlot? demanda-t-elle à la gouvernante, qui achevait de faire le lit.

— Dans l'antichambre.

— Je le recevrai dans ma chambre; allez lui dire que je l'attends.

La gouvernante sortit.

Préoccupée et très-inquiète, sans savoir pourquoi, la marquise sentait à peine qu'elle avait les jambes et les reins comme brisés.

— Pourquoi ai-je dormi ainsi? et Morlot au château... Que se passe-t-il donc? se demandait-elle.

L'agent de police, grave, la figure pâlie et se tenant plus raide que jamais, entra dans la chambre. La marquise s'avança vers lui la main tendue. Morlot n'hésita pas à mettre sa main dans celle de la jeune femme. A son respect et à son admiration se joignait maintenant une affection sincère, profonde. Il l'aimait comme il aurait aimé une sœur. Entre la grande dame et le policier, il n'y avait plus de distance; elle s'effaçait devant le dévouement. La marquise entraîna doucement Morlot, le fit asseoir sur un canapé et se plaça à côté de lui comme près d'un vieil ami. L'agent comprit ce qu'il y avait d'affectueux dans cet accueil, et il sentit une douce émotion pénétrer son cœur.

— Monsieur Morlot, lui dit-elle, ma vie n'est plus qu'une angoisse aiguë et continuelle; je ne me rends plus compte de rien, ni de mes sensations, ni de ce qui se passe autour de moi. Est-ce donc la douleur qui me rend ainsi? Suis-je donc déjà à moitié morte?... Vous ai-je fait attendre longtemps? Je dormais. J'ai dormi plus de douze heures. Je ne comprends pas cela. Depuis quelque temps je ne dors plus. Enfin, vous m'excusez, n'est-ce pas? Pourquoi êtes-vous venu? Qu'avez-vous à me dire?

— J'ai à vous dire, d'abord, madame la marquise, répondit Morlot, que j'ai passé une partie de la nuit au château avec un de mes camarades de la préfecture de police.

Elle le regarda avec surprise. Il continua:

— Et je vous annonce que votre femme de chambre sera en prison ce soir.

— En prison ! s'écria la marquise; et pourquoi, mon Dieu? Qu'a-t-elle fait?

— Elle a commis, il y a environ vingt mois, le crime d'infanticide.

— Oh! fit la marquise en sursautant.

— Ce n'est pas tout : cette misérable fille vous trahissait; elle est entrée à votre service par ordre de M. de Perny, dont elle était l'espionne.

— Est-ce possible, monsieur Morlot! Est-ce possible?

— Dans un instant vous en serez convaincue. Vous êtes étonnée d'avoir fait un long sommeil de douze heures; eh bien, madame la marquise, hier soir Juliette vous a fait boire un narcotique.

— Dans une tasse de lait! Je me souviens... Mais pourquoi, pourquoi?

— Pour qu'un homme, qui est entré cette nuit dans votre chambre, puisse vous voler.

— Oh! oh! fit la marquise frissonnante, un homme dans ma chambre!...

— Oui, et le vol a été commis, dit Morlot. Tenez, madame la marquise, regardez vos tiroirs ouverts.

Elle se dressa en poussant un cri, et marcha rapidement vers le meuble. Elle n'eut qu'à se baisser pour constater que les deux coffrets avaient disparu. Sans prononcer une parole elle revint vers Morlot. Sa stupeur la rendait muette. Mais du regard elle l'interrogeait anxieusement.

Morlot lui dit:

— Il y avait deux voleurs : pendant que l'un fouillait votre meuble, l'autre attendait dans le salon. Ce dernier a pu s'échapper emportant, malheureusement, le coffret de cuivre au couvercle soudé.

La marquise poussa un gémissement.

— Et l'autre? demanda-t-elle d'une voix hésitante.

— L'autre, madame la marquise, nous l'avons pris.

Le visage de la jeune femme se décomposa et elle eut un nouveau gémissement.

— Nous le tenons enfermé dans la chambre d'un de de vos domestiques, ajouta Morlot.

— C'est lui, n'est-ce pas, c'est lui? l'interrogea-t-elle.

— Oui, répondit-il.

Elle s'affaissa sur le canapé.

— Oh! l'infâme! murmura-t-elle d'une voix étranglée.

Morlot devina les horribles pensées qui la torturaient, il reprit vivement :

— Deux de vos serviteurs seulement l'ont vu et savent à peu près ce qui s'est passé; c'est François, qui nous a ouvert une porte du château, et la gouvernante de votre petite fille qui s'est réveillée et a été attirée par le bruit. Or, ni la gouvernante, ni François ne connaissent M. de Perny. Il n'y a donc au château que vous, sa complice et moi qui connaissons le voleur. Vos autres domestiques ne savent rien et ne sauront rien, car, en votre nom, j'ai menacé la gouvernante et François d'un renvoi immédiat, s'ils commettaient une indiscrétion. Quant à Juliette, elle se gardera bien de parler.

La marquise saisit les mains de Morlot et les serra fiévreusement dans les siennes.

— Oh! merci, merci, dit-elle vivement émue; que de preuves de votre amitié et de votre dévouement vous me donnez !

— J'ai compris que vous seule deviez décider du sort de votre frère.

— Ah! vous savez bien que je ne peux pas le livrer à la justice, le misérable! s'écria-t-elle avec douleur.

Morlot resta silencieux; mais son front devint plus sombre.

— Voleur ! voleur ! reprit la jeune femme, comme se parlant à elle-même ; il m'a volé la boîte où j'avais enfermé mon secret avec les langes de l'enfant ; il m'a volé mes diamants.

— Vos diamants ! exclama Morlot.

— Qui étaient dans un petit coffret d'or, à côté de l'autre coffret. Mais, croyez-le, mon ami, je suis peu sensible à la perte de mes diamants ; ce sont les autres objets que je regrette. Je me sens frissonner de terreur en pensant à l'usage qu'on en peut faire.

— Rassurez-vous, madame la marquise, dit Morlot, dont les yeux avaient le luisant d'une lame d'acier ; j'espère être assez heureux pour pouvoir retrouver le tout.

Les lèvres de la jeune femme se plissèrent amèrement.

— Monsieur Morlot, dit-elle, voulez-vous m'apprendre comment vous vous êtes trouvé au château au moment du vol ?

— Volontiers, madame la marquise.

Aussi brièvement que possible, il raconta tout ce qui s'était passé, en commençant par sa rencontre avec Jardel à Nogent-l'Artaud et en finissant par sa conversation avec Juliette. Seulement, pour ne point porter à la jeune femme un coup trop cruel, il lui cacha que son frère avait eu la pensée de l'assassiner.

Après l'avoir écouté sans l'interrompre et avec le plus grand calme, madame de Coulange resta plongée dans une rêverie profonde.

Au bout d'un instant Morlot se leva.

— Madame la marquise, dit-il, j'attends que vous me disiez ce que je dois faire.

Elle redressa la tête et le regarda fixement. Il vit

qu'elle n'avait pas compris ses paroles. Il répéta sa phrase.

— Ce que vous m'avez promis, répondit-elle d'une voix vibrante.

— Pourtant, madame la marquise...

— La situation est la même, l'interrompit-elle vivement ; il n'y a qu'un vol de plus, et, j'en remercie le ciel, c'est moi qui en suis victime !

Elle se leva, et, se dirigeant vers la porte :

— Venez, monsieur Morlot, venez, dit-elle, vous allez me conduire devant votre prisonnier.

Ils sortirent de la chambre. Dans l'antichambre, la marquise vit Juliette gardée à vue par François.

L'espionne tendit vers elle ses mains suppliantes.

— Malheureuse, malheureuse! dit tristement madame de Coulange.

Et elle passa sans s'arrêter.

XVI

LE PRISONNIER

Il fallait que les jambes et les poignets de M. de Perny eussent été solidement liés, car, malgré les efforts qu'il avait dû faire pour se débarrasser de ses liens, il n'avait pu dégager ni ses pieds ni ses mains.

A la vue de sa sœur, il fut pris d'un spasme aigu, puis il lança de travers un regard sombre, haineux, et tourna ses yeux d'un autre côté.

La marquise était sous le coup d'une émotion poignante. A peine entrée dans la chambre, elle avait dû s'appuyer sur le marbre d'une commode, enveloppant Sosthène d'un regard étrange, un regard qui contenait en même temps de l'horreur et du mépris, du dégoût et de la pitié.

Morlot était entré derrière elle et avait refermé la porte. Jardel restait à son poste au dehors. Quand la marquise fut parvenue à vaincre son émotion, elle se tourna vers l'agent de police :

— Monsieur Morlot, dit-elle, soyez assez bon pour lui ôter ses liens.

Il s'approcha de Sosthène et, aussitôt, poussa un cri de joie.

— Le coffret d'or, madame la marquise, dit-il, voilà le coffret d'or !

Il le prit, s'empressa de l'ouvrir et le tendit à la jeune femme, en ajoutant :

— Et voilà vos diamants !

La marquise referma le coffret, sans songer à faire l'inventaire de ses bijoux, et le posa sur la commode. Morlot se mit en devoir de délier Sosthène. La dernière corde enlevée, le misérable bondit sur ses jambes et se dressa audacieusement en face de sa sœur, le regard éclairé de lueurs livides. Madame de Coulange ne put s'empêcher de frissonner. Mais se redressant à son tour, le regard fulgurant, elle lui jeta ce mot à la face :

— Voleur !

De pâle qu'il était, Sosthène devint violet.

— Si entre sœur et frère nous avons des choses gracieuses à nous dire, répliqua-t-il d'une voix sourde et avec ironie, il me semble qu'il serait plus convenable de causer sans témoin. Qui est cet homme ?

— Cet homme est un ami de la famille de Coulange;

il peut, — il en a le droit, — entendre tout ce que j'ai à vous dire.

Morlot fit deux pas en avant en croisant les bras.

— Sosthène de Perny, lui dit-il, je vais répondre à la question que vous venez d'adresser à madame la marquise. Je suis un serviteur dévoué de la famille de Coulange, c'est vrai ; mais je suis avant tout inspecteur de police.

Sosthène poussa un hurlement de rage et eut l'air de se mettre en arrêt pour sauter à la gorge de Morlot. Mais celui-ci s'arma rapidement de son revolver.

— Oui, reprit-il, je suis inspecteur de police ; en ce moment j'ai le droit de vous tuer comme un loup ou un chien enragé. Sur mon honneur, je vous préviens que si vous manquez de respect à madame la marquise et essayez de vous révolter, je vous brise le crâne.

Sosthène recula avec terreur, en faisant entendre un grognement sourd.

— Ainsi, reprit la marquise, dardant sur son frère son regard écrasant de mépris, quand on a tout fait pour vous sauver, voilà où vous ont conduit la paresse, la fureur du plaisir, le manque de dignité, l'oubli de vos devoirs, l'horreur du bien. Un à un vous avez descendu tous les échelons de l'échelle du mal, et au bas vous êtes tombé dans l'abîme, jusqu'au fond des sombres profondeurs du crime. Aujourd'hui, vous êtes perdu sans ressources ; et ici, au château de Coulange, où tous les domestiques devraient vous respecter, mais où vous êtes entré la nuit pour commettre un vol audacieux, monsieur, qui est un agent de la justice et de la force publique, peut vous tuer sous mes yeux sans que j'aie le droit de vous protéger. Et vous êtes mon frère, mon frère !... C'est épouvantable, c'est horrible !...

Après s'être arrêtée un instant pour respirer, elle continua :

— S'il vous reste encore quelque chose dans le cœur et dans l'âme qui ne soit pas pourriture et que vous regardiez autour de vous, en avant ou en arrière, vous ne pouvez voir que des choses sombres, hideuses, et, que vous vous avanciez ou reculiez, vous vous enfoncez dans l'horrible. En arrière, vous voyez l'ignominie de votre vie passée; en avant une porte noire, à jamais fermée pour vous, la porte de l'avenir... Mais entre vous et cette porte que de choses effroyables ! La prison préventive, le juge d'instruction, la cour d'assises, la justice, et après le bagne, c'est-à-dire le châtiment !

Le misérable avait baissé la tête, puis peu à peu il s'était courbé et il restait ainsi le dos voûté, le menton tendu, affaissé, écrasé.

— Et aucun de vos forfaits ne restera enseveli dans l'ombre, reprit la marquise ; devant la justice vous aurez à rendre compte de tous vos crimes, car M. Morlot les connaît tous.

— Tous ! dit la voix grave de l'agent.

— Ce n'est point par hasard que M. Morlot s'est trouvé cette nuit au château pour vous arrêter, continua la marquise, lui et un autre agent vous ont suivis, vous et votre complice, depuis la rue Saint-Sauveur jusqu'à Coulange.

Sosthène écoutait frémissant, le front et les tempes baignés d'une sueur froide, les cheveux hérissés, les dents serrées, soufflant du nez.

— Voulez-vous que je vous dise ce que sait M. Morlot? poursuivit la marquise. Il sait quelle a été votre existence depuis le jour où vous êtes sorti du collège ; il sait qu'il y a ici un enfant que vous avez volé, et à la mairie de Coulange un acte civil faux signé de vous ; il sait que vous avez placé près de moi une espionne, laquelle m'a fait boire hier soir un narcotique qui aurait pu devenir un poison ; il sait que la veille de la mort de notre mère, il y avait chez elle vingt mille francs qui ont disparu ; il sait que notre malheureuse mère n'est point tombée de sa fenêtre, accidentellement, mais qu'elle a été précipitée par une main criminelle ; il sait, enfin, que le criminel, c'est vous !

Sosthène, arrivé au paroxysme de la terreur, se redressa en poussant un cri rauque, et recula jusque contre le mur où il resta adossé.

— Je sais autre chose encore, dit Morlot, je sais que M. Sosthène de Perny vole au jeu, et que la nuit dernière, si je n'étais pas arrivé à temps pour l'empêcher de commettre ce crime atroce, il aurait égorgé sa sœur endormie !

— Horrible ! murmura la marquise en mettant ses mains sur ses yeux.

Morlot reprit :

— Sosthène de Perny, voilà ce que vous êtes : faussaire, escroc, voleur et assassin !

Le misérable jeta autour de lui des regards de fou. Il tremblait si fort que ses dents grinçaient, que ses genoux flageolant se heurtaient.

Ses lèvres livides remuèrent, et il râla quelques paroles au milieu desquelles la marquise et Morlot distinguèrent le mot : Grâce !

La jeune femme se rapprocha de lui.

— Avez-vous dit grâce ? lui demanda-t-elle.

— Oui, Mathilde, grâce, ne me livrez pas à cet homme, répondit-il d'une voix étranglée par l'épouvante.

— Infâme, dit-elle, vous ne la méritez pas, cette grâce

que vous demandez, vous ne la méritez pas, cette pitié que vous implorez ! Cependant, je ne puis oublier que la même femme nous a portés dans son sein et que nous sommes nés du même sang. Dieu est miséricordieux, et, puisqu'il pardonne, une de ses créatures ne saurait être plus implacable que lui. Eh bien, oui, je vous prends en pitié... Ah! si j'avais seulement l'espoir d'apprendre un jour que vous vous êtes repenti !.....

En ce moment, vous tremblez, vous m'implorez ; mais c'est la peur qui vous fait crier : grâce ! Et c'est encore la peur du châtiment qui vous courbe et vous fait trembler sous mon regard... Libre, demain, resterez-vous écrasé, anéanti, sous le poids énorme de vos crimes ? Hélas! je ne le crois point. Le démon qui s'est emparé de vous relèvera votre front audacieux et vous poussera de nouveau vers le mal. Et pourtant, il n'est jamais trop tard pour se repentir, et si vous le vouliez bien, vous pourriez encore sortir du gouffre où vous êtes tombé, et racheter votre vie passée par une existence nouvelle consacrée à vous réhabiliter par le travail. Je ne vous livrerai pas à la justice, mais à une condition.

— Je ferai tout ce que vous voudrez, dit Sosthène, qui avait retrouvé un peu de son assurance.

— Ecoutez-moi donc... Vous ne pouvez plus rester en France, il faut que vous partiez et que vous mettiez les mers entre vous et les tristes souvenirs que vous laisserez à Paris; plus loin vous irez, mieux cela vaudra pour vous. Voilà ce que vous auriez dû faire autrefois, le lendemain du jour où le marquis de Coulange vous avait mis dans la main deux cent mille francs. Si vous consentez à vous expatrier, — et c'est à cette condition seulement que je vous sauve, — vous partirez avec une nouvelle somme de deux cent mille francs.

Les yeux de Sosthène étincelèrent.

— Je vous donne deux jours pour vous rendre au Havre ou à Saint-Nazaire et quitter la France, poursuivit la marquise. M. Morlot vous accompagnera, et c'est lui, au moment de votre départ, sur le pont même du navire, qui vous remettra les deux cent mille francs. Maintenant, choisissez : ce que je vous propose ou le bagne !

— Je partirai, dit-il.

En écoutant la jeune femme, l'agent de police avait eu de petits hochements de tête qui n'étaient pas toujours approbatifs. Bien qu'il comprît parfaitement que la marquise ne pouvait pas livrer son frère, il oubliait par instants à quels sentiments elle obéissait, et l'impunité du criminel se présentait à lui comme une chose énorme qui le confondait.

Et tout en se livrant à ses réflexions mentales, qui donnaient tort et raison tour à tour à madame de Coulange, il examinait les mouvements successifs de la physionomie de Sosthène ; son regard scrutateur semblait vouloir mettre à nu les pensées les plus secrètes du misérable.

— Madame la marquise, dit-il d'un ton brusque, quand Sosthène eut répondu qu'il partirait, vous avez pitié de lui et vous lui faites grâce... Eh bien, vous avez tort ! Il vient de vous écouter comme si vous lui aviez parlé dans une langue inconnue ; il n'a rien compris, rien senti. Croyez-vous qu'il est touché de votre générosité et de votre admirable bonté ? Non. Son cœur reste plein de haine et de rage, et en ce moment, s'il pouvait vous mordre et vous étrangler, il le ferait.

— Ah ! monsieur Morlot, je vous en supplie... dit la marquise avec des larmes dans la voix.

— Si M. de Perny pouvait s'inspirer encore d'un

sentiment honnête, reprit Morlot, s'il restait seulement en lui l'instinct du bien, il vous prierait de vous retirer, il me demanderait mon revolver et il se brûlerait lui-même la cervelle. Oui, voilà ce qu'il aurait de mieux à faire.

Les yeux de Sosthène eurent comme un jet de flamme, et il lança à Morlot un regard farouche.

— Je ne désire point sa mort, répliqua tristement la marquise ; mon Dieu, qu'il ait le regret du passé, qu'il se repente, qu'il devienne meilleur, qu'il mérite son pardon, voilà ce que je voudrais, ce que je souhaite. Aujourd'hui plus que jamais j'aurais le droit de le maudire : je ne le fais pas. J'aime mieux lui dire : Devenez meilleur, repentez-vous ! Et je prierai pour lui afin que Dieu le prenne en pitié !

En achevant ces mots, la jeune femme ne put retenir ses larmes. Elle les essuya vivement, et, après un moment de silence, s'adressant à son frère, elle reprit :

— Ici, nul ne doit savoir que Sosthène de Perny, le frère de la marquise de Coulange, est enfermé dans cette chambre. Vous y passerez la journée, et ce soir, dès que la nuit sera venue, vous sortirez du château sans être vu. Vous retournerez à Paris. Vous emploierez votre journée de demain à régler vos affaires, et après-demain vous quitterez Paris, en faisant savoir à M. Morlot dans quelle ville maritime il devra vous rejoindre. M'avez-vous bien comprise ?

— Oui.

— Votre complice de la nuit dernière a emporté le coffret de cuivre que vous avez pris dans ma chambre ; il le déposera chez vous, je suppose ?

— Je ne sais pas.

— Je veux qu'il me soit rendu.

— Il ne sera peut-être pas remis chez moi.
— Dans tous les cas, madame la marquise, dit Morlot, je ferai tout ce qu'il faudra pour le retrouver. J'espère bien vous le rapporter avant huit jours.

Madame de Coulange n'avait plus rien à dire à son frère. Elle prit ses diamants et, suivie de l'agent, elle sortit de la chambre

XVII

LE MANDATAIRE

Une heure plus tard, après avoir porté à manger à son prisonnier et ayant déjeuné lui-même, Morlot était seul dans une chambre occupé à écrire. Il avait décidé que Jardel partirait l'après-midi, emmenant Juliette, qu'il conduirait directement au dépôt de la préfecture de police.

Or, il rédigeait un rapport que Jardel devait remettre au chef de la police de sûreté. Ce rapport, en établissant d'une façon claire et précise la prévention du crime d'infanticide commis par la femme de chambre lorsqu'elle demeurait rue de Ponthieu, devenait presque un acte d'accusation. Il est inutile d'ajouter qu'il était absolument muet sur les événements de la nuit.

A onze heures, Juliette, sous les yeux de François transformé en geôlier, avait enfermé dans une malle tout ce qui lui appartenait. A midi, la charrette d'un paysan de Coulange s'arrêta devant le château. La malle fut chargée sur le véhicule dans lequel la femme de chambre et Jardel prirent place à côté du paysan. Ils partirent.

Morlot avait donné ses instructions à Jardel, et la marquise, en le remerciant, lui avait glissé dans la main cinq cents francs en or enveloppés dans du papier.

Le reste de la journée s'écoula rapidement.

Un peu avant la nuit, la marquise fit appeler Morlot.

— Vous avez voulu rester toute la journée au château, lui dit-elle; je vous en suis très-reconnaissante, car votre présence m'a fait sentir moins cruellement ma peine; votre dévouement a toutes les délicatesses et je m'habitue à recevoir vos services en ne les comptant plus. Je dirai tout cela à M. de Coulange, et c'est lui qui se chargera de vous offrir une récompense digne de vous et de lui.

— Ne parlons pas de cela, je vous en prie, madame la marquise.

— Oh! je serais désolée de vous blesser, répliqua vivement la marquise; mais il faut que le marquis sache ce que nous vous devons. J'ignore si vous êtes riche ou pauvre, monsieur Morlot; mais auriez-vous de la fortune, je ne puis pourtant pas réclamer vos services et vous faire dépenser votre argent. Je tiens absolument à vous donner aujourd'hui la somme nécessaire pour couvrir les dépenses que vous avez déjà faites et que vous allez encore faire pour moi. Cela, monsieur Morlot, vous ne pouvez pas le refuser.

Elle lui présenta deux billets de mille francs.

— Madame la marquise, dit-il, la moitié de cette somme est plus que suffisante.

Et il prit un des billets.

A neuf heures du soir, pendant que les domestiques

étaient occupés à l'intérieur du château, Morlot ouvrit à Sosthène la porte de sa prison.

— Nous partons, lui dit-il, venez.

Ils sortirent sans bruit par la porte de l'aile gauche, tournèrent derrière le château et s'enfoncèrent bientôt dans la profondeur sombre du parc. La marquise avait sans doute renseigné Morlot, car sans rien demander à Sosthène, il prit une large avenue du parc qui les conduisit directement à la porte des Loches, dont l'agent de police avait une clef.

Ils prirent chacun un côté de la route et marchèrent sans s'adresser la parole jusqu'à Nogent-l'Artaud.

A minuit, ils étaient à Paris.

En sortant de la gare, Morlot s'approcha de Sosthène.

— Voici mon adresse, lui dit-il, en lui présentant sa carte.

— C'est inutile, répondit M. de Perny d'une voix creuse, après-demain vous me trouverez au Havre.

— A quel endroit?

— Sur le port, devant le paquebot prêt à partir.

— C'est bien.

Et, sans se saluer, ils se séparèrent.

Sosthène se jeta dans une voiture pour se faire conduire chez lui, rue Richepanse. Morlot alluma un cigare et descendit à pied vers le centre de Paris.

Le lendemain, à huit heures du matin, il dormait encore. Trois ou quatre coups frappés à sa porte le réveillèrent. Il sauta à bas du lit, passa son pantalon, endossa une vareuse et alla ouvrir. C'était Jardel.

— Eh bien? l'interrogea Morlot.

— La femme de chambre est coffrée.

Jardel riait.

— Pourquoi riez-vous? lui demanda Morlot.

20.

— Je pense au chef. En lisant votre rapport, il faisait une tête...

— Qu'a-t-il dit ?

— « Ce diable de Morlot devient enragé! » Alors je n'ai pas pu tenir ma langue.

— Hein! fit Morlot, dont le front s'assombrit subitement.

— Oh! rassurez-vous; je n'ai rien dit de compromettant.

— Enfin, quoi ?

— Que vous lui ménagiez certainement d'autres surprises.

— A la bonne heure! Mais rappelez-vous, Jardel, qu'il ne faut jamais parler trop tôt et trop vite. Et Jules Vincent ?

— Hier, dans la soirée, l'oiseau a déniché. Il faut croire que le vent lui a soufflé quelque chose à l'oreille.

— Diable! diable! fit Morlot tout pensif.

— Nous le retrouverons, hasarda Jardel.

— Sans doute, mais peut-être trop tard.

— L'heure est toujours bonne pour empoigner un coquin, répliqua Jardel, qui ne pouvait deviner la pensée de Morlot.

— Enfin, reprit celui-ci, nous verrons.

Puis, après avoir réfléchi un instant :

— Il faut que je voie Mouillon tantôt, dit-il, sans cela je ferais moi-même ce dont je vais vous charger.

— De quoi s'agit-il ?

— Il faut vous promener aujourd'hui sur les trottoirs de la rue Richepanse. Le hasard vous y fera peut-être rencontrer Jules Vincent...

— J'y serai dans vingt minutes. A propos, et l'autre voleur?

— Vous savez ce que madame la marquise de Coulange vous a dit ; il lui a parlé de sa famille, il l'a émue et elle lui a fait grâce. Il est rentré hier soir à Paris en même temps que moi. Quant à présent, nous n'avons plus à nous occuper de lui. Si vous le rencontrez, vous détournerez la tête et le laisserez passer.

— J'ai compris. C'est fâcheux tout de même que madame la marquise...

— Bah ! fit Morlot, d'un air indifférent, nous le repincerons un de ces jours.

— J'en ai l'idée. Cette fois il n'aura pas la chance d'attendrir une marquise. Quelle bonne et généreuse dame !

Il ouvrit la porte pour s'en aller.

— A demain matin, lui dit Morlot.

— Quelle heure ?

— Six heures.

Jardel fut exact au rendez-vous.

— J'ai fait ce que vous m'avez ordonné, dit-il à Morlot, mais je n'ai pas eu de chance.

— Ainsi, vous n'avez pas vu notre voleur ?

— Plus que jamais, je suis convaincu qu'il a flairé le danger, il se cache.

— Je le crois, fit Morlot soucieux.

— Vous avez vu Mouillon ?... demanda Jardel.

— Oui.

— Etes-vous satisfait de ce côté ?

— Au delà de ce que j'espérais ; il m'a donné de précieux renseignements. J'ai passé une partie de la soirée d'hier et de la nuit à préparer mon plan d'attaque. Nous avons déjà cinq souricières, en comptant celle de Gentilly. Dans cinq jours la bande entière sera capturée.

— Bravo!

— Nous avons au moins six receleurs.

— Alors les voleurs sont nombreux?

— Cent peut-être.

— Si nous les prenions tous, il ne resterait plus un seul voleur dans Paris, dit Jardel en riant.

— On a beau sarcler les chardons dans un champ, répliqua Morlot en secouant la tête, il en repousse toujours.

— C'est vrai, les coquins sont comme les mauvaises herbes, on ne pourra jamais en détruire la graine.

— Ce soir, Jardel, il faudra faire une promenade du côté de Gentilly.

— C'était mon intention. Avez-vous autre chose à me dire?

— Non. Nous nous verrons demain.

Morlot était habillé, prêt à sortir. Ils descendirent ensemble et se séparèrent devant le Pont-Neuf. Morlot prit une voiture et se fit conduire rue Richepanse.

— M. de Perny est-il chez lui? demanda-t-il au concierge.

— Non, monsieur. Il y a passé l'avant-dernière nuit ; il est sorti hier matin de bonne heure et nous ne l'avons pas revu.

— Que vous a-t-il dit, en sortant?

— Rien. Il est seulement entré dans la loge pour me donner la clef de son appartement. C'est assez drôle. Mais comme il est parti sans attendre que je lui demande pourquoi il me laissait sa clef, je suppose qu'il a l'intention de faire un voyage.

— Avant-hier ou hier, un homme n'est-il pas venu le demander?

— Non, monsieur.

Morlot se retira.

— Le complice de M. de Perny se cache, c'est certain, se disait-il ; mais qu'a-t-il donc fait du coffret de cuivre?

Il remonta dans sa voiture en disant au cocher de le mener rue Laugier, aux Ternes.

Là, il apprit que la veille, dans la matinée, M. de Perny était venu accompagné d'un marchand de meubles, auquel il avait vendu le mobilier de sa mère. Pour que les meubles pussent être enlevés, il avait payé deux termes au propriétaire. Le soir, il avait fait charger sur une voiture, pour être transportées au chemin de fer, deux lourdes malles. Au sujet de Des Grolles ou Jules Vincent, on fit à Morlot la même réponse que rue Richepanse.

L'agent de police éprouvait une vive contrariété. Il commençait à être sérieusement inquiet au sujet du coffret.

A neuf heures et demie il était rue de Lille, chez le notaire du marquis de Coulange, qui lui remit deux cent mille francs en billets de mille francs de la banque de France.

De la rue de Lille il se fit conduire à la gare Saint-Lazare. Il était en avance d'une heure. Il déjeuna en attendant le départ du train pour Rouen et le Havre.

XVIII

COMMENT ON PEUT FAIRE D'UNE HISTOIRE VRAIE UN CONTE DE FÉES

Chez le cousin Blaisois, de Miéran, on déjeunait tous les jours à onze heures. Or, le jour où Morlot partait pour le Havre, afin de remplir la mission que lui avait confiée la marquise de Coulange, Gabrielle remonta dans sa chambre, après avoir partagé le repas de la famille. Mélanie parlait à sa cousine des merveilles de Paris, ce qui faisait ouvrir de grands yeux à deux jeunes filles, dont l'aînée avait quinze ans. Midi sonnait à l'horloge de la paroisse.

Gabrielle s'assit devant sa fenêtre ouverte, ayant vue sur un verger, et elle ouvrit un livre qu'elle avait trouvé dans la maison, sur une étagère, entre une pile d'assiettes de faïence imagée et un pot de terre cuite.

Tout près d'elle, une fauvette chantait dans un coudrier; plus loin, des pinsons se poursuivaient à travers les pommiers. Ceux-ci commençaient à montrer leurs feuilles d'un vert tendre, pendant qu'un petit vent doux détachait les pétales des fleurs qui tombaient, légèrement teintées de rose, comme des flocons de neige.

Tous les jours, vers quatre heures, la grande chaleur étant passée, Gabrielle et Mélanie faisaient une promenade aux environs de Miéran. Mais depuis leur rencontre au bord de la Marne, Gabrielle n'avait plus témoigné le désir d'aller du côté de Coulange. Elle craignait évidemment de se retrouver en présence du comte de Sisterne. C'est ce que pensait Mélanie.

Après avoir causé un moment avec ses parentes, celle-ci vint rejoindre son amie.

— Ma chère Gabrielle, dit-elle, si j'eusse su que vous lisiez, je ne vous aurais pas dérangée.

— Oh! j'ai tout le temps de lire, répondit Gabrielle en fermant le volume.

— Est-il intéressant, ce livre?

— Très-intéressant. C'est un recueil de contes et nouvelles, et, vous le savez, j'aime beaucoup ce genre d'historiettes, petits drames ingénieux, délicatement écrits, que l'imagination fantaisiste de l'auteur rend attrayants, en s'adressant au cœur et à l'esprit.

— Alors, ce sont encore des histoires que vous allez apprendre par cœur, en pensant à vos petits amis du jardin des Tuileries, dit Mélanie souriante.

— Oh! il me suffit de les lire une fois.

— Quelle excellente mémoire vous avez, Gabrielle! Et quel admirable talent vous avez aussi pour raconter! Quand on vous écoute, on est absolument charmé et l'on voudrait toujours vous entendre.

— Oh! flatteuse!

— On n'est pas flatteuse quand on dit la vérité. Gabrielle, je sais une petite histoire, voulez-vous que je vous la conte?

— Vous me ferez plaisir, Mélanie.

— Vous me direz si je raconte bien?

— Oui, répondit Gabrielle avec son doux sourire.

Mélanie s'assit en face de son amie, et son visage prit aussitôt une certaine gravité. Après avoir réfléchi un instant, elle inclina son buste, allongea le cou et, les yeux fixés sur Gabrielle, elle commença ainsi:

— Il était une fois, — je ne me rappelle plus dans quel pays, — un jeune prince à qui une bonne fée, d'un coup de sa baguette d'or, avait donné la beauté, l'intelligence, la générosité, la bonté et toutes les autres qualités du cœur et de l'esprit.

Le jeune prince était, de plus, immensément riche; il possédait partout de beaux domaines, il avait plusieurs châteaux magnifiques avec de grands parcs, où il chassait le chevreuil et le cerf avec ses amis, et des coffres pleins de pièces d'or et d'argent. Et comme il était bon et généreux, il faisait beaucoup de bien aux pauvres gens, et tous les malheureux l'aimaient et le bénissaient.

Un jour, il se dit qu'il devait se marier, et tout de suite il se mit à chercher une femme digne de lui. Il rencontra bientôt une jeune fille d'une merveilleuse beauté, et il en devint éperdument épris. Elle était absolument pauvre; mais, comme en plus de sa beauté elle avait toutes les vertus, le prince jugea sagement que cela valait mieux que des tonnes d'or et il la fit princesse.

Le prince était toujours protégé par la bonne fée; mais voilà qu'un jour cette bonne fée se prit de querelle avec une autre fée, vieille et méchante. Laquelle avait tort? Laquelle avait raison? Elles portèrent leur différend devant le tribunal des fées, qui donna raison à la bonne fée. L'autre, furieuse d'avoir été condamnée, jura de se venger de sa rivale en la frappant dans ses plus chères affections. Elle savait que la bonne fée aimait beaucoup le prince et la princesse, dont le bonheur était son ouvrage. Elle résolut de porter ses premiers coups à son ennemie en détruisant la félicité des jeunes époux. Alors elle eut une idée infernale, telle que le démon seul pouvait l'inspirer.

Profitant d'un long voyage que la bonne fée ava

entrepris dans les étoiles, elle fit tomber sur le prince et la princesse un souffle de son haleine venimeuse et les enveloppa de ses maléfices. Le prince tomba dangereusement malade, et les plus grands médecins du monde, appelés près de lui, déclarèrent qu'il était perdu. Toutefois, afin de prolonger sa vie de quelques mois, mais sans espérer qu'il guérirait, les savants docteurs le firent partir pour un pays lointain.

Ici, Mélanie s'arrêta.

— Est-ce que cela vous intéresse? demanda-t-elle à Gabrielle, qui l'écoutait avec la curiosité naïve d'un enfant.

— Oui, beaucoup, et vous racontez d'une façon charmante, ma chère Mélanie. La princesse partit-elle avec le prince? J'ai hâte de savoir...

— Non, la jeune et belle princesse resta dans un de ses châteaux.

— Et le prince mourut?

— Au contraire, il revint à la santé.

— Oh! quel bonheur! exclama Gabrielle.

— Il n'était jamais entré dans les intentions de la méchante fée de le faire mourir. Comme vous le verrez tout à l'heure, la maladie du prince lui était nécessaire pour accomplir la chose ténébreuse qu'elle avait conçue. Aussi, dès que la maladie du prince ne lui fut plus utile, elle agita sa baguette en l'air et le prince fut guéri. Et il se mit en route pour revenir près de la princesse.

Maintenant, Gabrielle, je vais vous raconter ce qui s'était passé en l'absence du prince; vous allez voir ce que la haine de la méchante fée avait imaginé.

Alors, tout en continuant son récit sous la forme de l'apologue, Mélanie raconta à Gabrielle le martyre de la marquise de Coulange. Elle lui fit voir la jeune princesse isolée, dominée, opprimée et séquestrée, placée entre une mère qui ne l'aimait point et un frère ambitieux et cupide, qui, comptant sur la mort du prince, voulait s'emparer de tous ses domaines et de tous ses trésors.

Ensuite, faisant apparaître une jeune bergère, qui avait été séduite par un beau chasseur rencontré sur la montagne, elle raconta à Gabrielle sa propre histoire. L'enfant de la pauvre bergère, un joli petit garçon, lui était volé par le frère et la mère de la princesse, et celle-ci était forcée de l'accepter comme son enfant.

Gabrielle écoutait toujours et avec une attention de plus en plus ardente; mais, depuis un instant, elle pleurait à chaudes larmes.

Haletante, les mains appuyées sur son cœur et les lèvres frémissantes, elle se violentait pour ne pas interrompre Mélanie. Elle sentait venir la grosse révélation qui allait lui être faite et comprenait que son amie prît toutes sortes de précautions pour ne pas lui causer une émotion trop violente. Mélanie continuait à raconter, précipitant les faits, afin d'arriver rapidement à son dénouement.

Tout à coup, elle montra à Gabrielle la bergère assise sur une pierre au bord d'un chemin. Et pendant qu'elle regardait paître son troupeau et pleurait en pensant à son enfant, Mélanie fit arriver près d'elle la princesse, ayant à ses côtés un petit garçon et une petite fille. En voyant le fils de la princesse, qui lui rappelait l'enfant qu'on lui avait volé, la pauvre bergère sentit son cœur battre très-fort et, sans savoir pourquoi, devint toute joyeuse. Son regard exprimait si bien le désir d'embrasser l'enfant, que la princesse dit aussitôt: — Mon fils, embrassez la bergère !...

D'un seul mouvement Gabrielle se dressa sur ses jambes.

— Ah! ah! ah! fit-elle:

Elle essaya de parler, les sanglots lui coupèrent la voix.

Mélanie l'entoura de ses bras et, pendant un instant, elles restèrent enlacées pleurant toutes les deux. Enfin Gabrielle parvint à se rendre maîtresse de son émotion. Elle tourna vers le ciel ses yeux illuminés d'une joie ineffable.

— Ainsi, dit-elle, avec un accent que rien ne saurait rendre et comme en extase, mon enfant existe, il est tout près de moi, au château de Coulange... Eugène, Eugène de Coulange, c'est mon fils, c'est mon enfant! Mon Dieu! mon Dieu! comme vous êtes bon!... Je ne m'étais pas trompée, mon cœur l'avait reconnu, et lui-même sentait que je n'étais pas pour lui une étrangère. Oh! Mélanie, quand il saura que je suis sa mère, comme il va m'aimer!

— Et vous aussi, Gabrielle, vous l'aimerez.

— Oh! moi, c'est mon cœur, c'est mon âme, mon amour, mon sang, ma vie, tout, que je lui donne!

Elle avait le front irradié et dans le regard des rayonnements célestes.

— Comme la joie me fait du bien! reprit-elle; je n'ai jamais senti en moi une pareille allégresse; il y a dans ce que j'éprouve quelque chose de divin. Il me semble que je n'aurai pas la patience d'attendre votre mari, Mélanie, et que j'irai seule réclamer mon enfant.

— Ma chère Gabrielle, votre fils vous sera rendu; Morlot a la promesse de la marquise de Coulange; mais il faut que vous ayez la force d'attendre avec patience.

— Attendre? pourquoi attendre?

Mélanie se mit alors à lui expliquer dans quelle situation difficile se trouvait la marquise. Le marquis ne sachant rien, il fallait qu'elle lui confessât la vérité. Ensuite il existait un acte de l'état civil qui devait être annulé.

Gabrielle n'avait point d'abord pensé à toutes ces difficultés qui ouvraient une large voie à ses réflexions.

Mélanie, continuant, parla du marquis qui adorait l'enfant; de la marquise, qui l'avait pris en grande affection, et définitivement adopté pour son fils. Enfin, plaidant avec chaleur sans s'en apercevoir la cause de la marquise, elle rapporta à Gabrielle toute la conversation que Morlot avait eue avec madame de Coulange.

A mesure que Mélanie parlait, la physionomie de Gabrielle changeait d'expression; son regard brillait d'un éclat singulier; comme ces rayons de soleil qui courent à travers la pluie, des lueurs miroitantes jaillissaient de ses yeux pleins de larmes où se reflétaient en même temps une pitié profonde et une grande admiration.

Mélanie cessa de parler.

— Alors, dit Gabrielle d'une voix qui tremblait légèrement, la marquise de Coulange croit que son mari ne lui pardonnera point de lui avoir caché la vérité ; elle croit qu'il cessera de l'aimer et n'aura plus pour elle que du mépris ?

— Oui, elle le croit, la malheureuse femme, et c'est pour cela que, décidée à renoncer à tout, elle se retirera dans un cloître, comme elle l'a dit à Morlot.

— Et sa fille, Mélanie?

— Elle laissera l'enfant au marquis. Cette séparation rend sa situation exceptionnellement cruelle et il lui faudra une force surhumaine pour accomplir ce sacrifice.

Gabrielle poussa un long soupir, puis sa tête s'inclina sur sa poitrine oppressée, et, oubliant la présence de Mélanie, elle s'absorba dans une rêverie profonde.

Mélanie se mit à la fenêtre et regarda dans le jardin. Après un assez long silence, croyant avoir suffisamment respecté la méditation de son amie, elle se retourna vers elle.

— Gabrielle, à quoi pensez-vous ? lui demanda-t-elle.

— Je pense à mon fils et à la marquise, répondit la jeune femme.

Depuis un instant, il se faisait, au rez-de-chaussée de la maison, un bruit inaccoutumé. Mélanie avait entendu des exclamations, remuer des chaises, puis des pas dans l'escalier. On frappa doucement à la porte de la chambre. Mélanie alla ouvrir.

La fille aînée de Blaisois se montra sur le seuil. Elle était rouge comme un coquelicot et paraissait essoufflée comme si elle eût gravi une montagne.

— Qu'y a-t-il donc ? lui demanda Mélanie.

— Madame la marquise de Coulange est en bas avec son petit garçon; elle vient vous faire une visite.

XIX

LES DEUX MÈRES

Gabrielle éprouva un saisissement extraordinaire. Toute tremblante, elle se dressa debout. Elle voulut marcher vers la porte ; mais ses jambes fléchirent et elle retomba sur son siège en murmurant :

— La marquise de Coulange ici, ici !...

Mélanie se rapprocha d'elle vivement.

— Eh bien, que faut-il faire ? demanda-t-elle.

— Voyez comme je tremble, répondit Gabrielle, c'est l'émotion. Il me faut un instant pour me remettre. Mélanie, allez seule recevoir madame la marquise, puis dans un instant vous m'appellerez, à moins que madame la marquise ne préfère monter dans cette chambre.

Mélanie, très-émue aussi, s'empressa de descendre.

Gabrielle pressait ses mains sur son cœur comme pour en comprimer les battements précipités.

— C'est elle qui vient à moi, c'est bien, murmura-t-elle.

Et retrouvant subitement une grande énergie :

— Allons, allons, soyons forte, dit-elle.

Quelques minutes s'écoulèrent.

Soudain, elle entendit qu'on montait l'escalier.

— Les voici, dit-elle en se levant.

Elle ne tremblait plus. Elle avait l'air grave, résolu, et quelque chose de fier éclatait dans son regard.

La porte s'ouvrit, et la marquise entra, pâle, les traits fatigués, les yeux éteints, tenant Eugène par la main.

Gabrielle tressaillit devant cette image de la douleur et de la résignation.

Elles se saluèrent silencieusement.

Sa bonne amie ne lui tendant pas ses bras, l'enfant paraissait interdit. La marquise le poussa doucement vers Gabrielle. Celle-ci ne put retenir un cri qui s'échappa de ses entrailles maternelles. Elle se baissa, enleva l'enfant, et le tenant serré contre elle, ses lèvres se collèrent sur son front. Sa poitrine était pleine de sanglots ; mais elle eut la force de se contenir, elle ne versa pas une larme.

Elle paraissait presque froide en donnant à son enfant ce long baiser qui contenait toute sa tendresse, tout son amour; c'est au fond de son cœur qu'elle cachait son ravissement, son ivresse, son délire. Enfin, faisant un nouvel effort de volonté, elle laissa glisser l'enfant sur le parquet.

— Pensant que vous ne viendriez pas au château, dit la marquise, je vous l'ai amené pour que vous puissiez l'embrasser.

— Madame la marquise, est-ce que vous lui avez dit?...

— Non, rien encore. On a dû vous apprendre que M. de Coulange est absent, j'attends son retour.

— Madame la marquise, reprit Gabrielle, ne pouvez-vous pas l'éloigner un instant?

— J'allais vous en demander la permission.

Gabrielle fit un signe à Mélanie, qui se tenait discrètement près de la porte. Celle-ci comprit et vint prendre la main de l'enfant.

— Oui, mon ami, dit la marquise, va avec madame qui désire te montrer le jardin de M. Blaisois.

Le petit garçon hésitait; mais il se laissa emmener lorsque la marquise eut ajouté:

— Madame Louise et moi nous désirons être seules pour causer.

Dès que Mélanie eut fermé la porte derrière elle, la marquise s'écria:

— Ah! maintenant, embrassons-nous!

Et elle jeta ses bras autour du cou de Gabrielle.

— Oh! madame, madame, madame! balbutiait Gabrielle éperdue.

En s'embrassant, toutes deux se mirent à pleurer.

La marquise reprit la parole.

— Pauvre mère, dit-elle, je sais tout ce que vous avez souffert; votre vie n'a été, comme la mienne, qu'une longue suite d'épreuves et de douleurs... Allez, Gabrielle, nous sommes sœurs par la souffrance et nous pouvons nous plaindre et pleurer dans les bras l'une de l'autre !

Mais vous, continua-t-elle, vous voyez la fin de vos tourments; en vous rendant votre enfant, je vous fais retrouver une partie de vos joies perdues, et l'avenir vous promet le bonheur.

Elle s'interrompit pour essuyer ses yeux.

— Moi... reprit-elle d'un ton douloureux, je n'ai plus d'avenir; j'ai été fatalement condamnée à l'heure de ma naissance et je dois subir ma triste destinée. Je garde toutes mes douleurs auxquelles d'autres plus cruelles encore vont se joindre. Ma fille ne pourra rien faire pour sa mère, tandis que vous, Gabrielle, vous avez un fils qui vous aimera et vous fera oublier !

Elle se laissa tomber sur un siège. Elle était accablée.

— Madame la marquise me permet-elle de lui adresser une question ? demanda Gabrielle.

— Ah ! vous avez le droit de m'interroger.

— Madame la marquise, quand vous aurez tout appris à M. le marquis de Coulange et que vous m'aurez rendu mon enfant, que ferez-vous ?

— Ce que je ferai ? Le jour et la nuit, c'est ma pensée de tous les instants. J'avais d'abord pris la résolution de m'exiler du monde en m'ensevelissant au fond d'une retraite impénétrable. Mais j'ai un espoir.

— Un espoir !

— Depuis quelques jours il s'est fait dans tout mon être un tel changement que je suis à peine reconnaissable; je sens toutes mes forces physiques et morales s'éteindre... Eh bien, oui, j'ai l'espoir qu'après la dernière et effroyable épreuve, la mort viendra me délivrer de la vie.

— Non, non, vous ne mourrez pas ! s'écria Gabrielle.

La marquise secoua la tête et eut une sorte de gémissement.

Le regard de Gabrielle s'était illuminé. Pour la première fois, depuis peut-être des années, un peu de rose teinta ses joues. Elle reprit :

— Voyons, si je vous disais : Madame la marquise, ne dites rien à M. le marquis de Coulange, je n'accepte pas votre sacrifice.

La marquise se dressa en face d'elle, et, les yeux dans les yeux, elle l'interrogea du regard.

— Ah ! moi aussi je sais tout ce que vous avez souffert, reprit Gabrielle avec animation ; plus que moi encore vous avez été une victime des méchants... Comme vous venez de le dire, nous sommes sœurs par la souffrance. Eh bien, c'est parce que nous sommes deux sœurs, deux mères martyres, que je ne veux point des joies qui seraient payées par vos larmes !... Je n'oublie pas en ce moment notre rencontre au jardin des Tuileries ; elle m'a laissé un souvenir impérissable. Ce jour-là, ainsi qu'aujourd'hui, vous m'êtes apparue noble et grande, douce et souriante comme l'espérance ! Vous aimez mon enfant, vous l'avez adopté, vous en avez fait votre fils... Je sais tout, allez, je sais tout. Aujourd'hui, mon enfant est autant le vôtre que le mien... Eh bien, je renonce à mes droits, je ne le réclamerai pas !...

— Gabrielle, Gabrielle, que dites-vous ? exclama la marquise.

— Madame la marquise, répondit Gabrielle avec exaltation, je vous laisse mon enfant, je ne veux pas que vous vous immoliez vous-même !

Madame de Coulange laissa échapper un cri de surprise et de joie.

— Quoi ! dit-elle d'une voix tremblante, vous voulez ?...

— Je veux que votre bonheur ne soit pas détruit et votre vie brisée ! Il ne faut pas que seule je sois heureuse; car je le suis, ajouta-t-elle ; oui, je suis heureuse de savoir que mon fils existe et qu'on l'aime !

En prononçant ces paroles, ses joues pâles s'étaient encore colorées; le front haut, radieux, et le regard plein de rayonnements, elle paraissait transfigurée. Elle était superbe !

La marquise la contemplait saisie d'admiration.

— Elle dit que je suis noble et grande, pensait la jeune femme, quand c'est elle qui est admirable et sublime !

Gabrielle changea subitement d'attitude et reprit d'une voix douce et émue :

— Vous me permettrez de le voir quelquefois, n'est-ce pas ? et on ne lui défendra point de m'aimer. Soyez tranquille, madame la marquise, je serai forte et je saurai empêcher mon cœur de parler trop haut; il ne se doutera jamais que je suis sa mère ! Allez, quand je le veux, j'ai de la volonté. Pour M. le marquis de Coulange et pour lui, je ne serai jamais autre chose que madame Louise, la pauvre Figure de cire du jardin des Tuileries. D'ailleurs, je ne serai pas exigeante; pourvu que je puisse le voir et l'embrasser de loin en loin, — tant qu'il sera enfant, — je serai satisfaite ; plus tard, quand il sera grand, je me contenterai de savoir qu'il est heureux et qu'il ne m'a pas tout à fait oubliée. Il sera bon et il aura du cœur, j'en suis sûre ; mais pour qu'il ne m'oublie pas, madame la marquise, il faudra que vous lui parliez de moi quelquefois... un peu.

Elle se prit à pleurer ! la marquise, elle aussi, était toute en larmes.

— Gabrielle, dit-elle d'une voix entrecoupée de sanglots et en lui prenant les mains, puisque vous ne voulez pas de mon sacrifice, j'accepte le vôtre. Votre fils aura deux mères pour l'aimer et veiller sur son bonheur. Mais, après avoir été trop longtemps séparée de lui, Gabrielle, vous ne devez plus le quitter. Je vous ferai une place dans la maison de Coulange, près de votre enfant.

Une joie indicible éclata dans les yeux de Gabrielle.

— Oh ! dit-elle, vivre près de lui, le voir et l'entendre à chaque instant, ce serait le bonheur suprême ! Mais non, madame la marquise, cela ne se peut pas, c'est impossible !

— Gabrielle, il faut que cela soit. Ecoutez : je sais que vous avez reçu une excellente éducation et que vous êtes très-instruite.

— J'ai fait, il est vrai, d'assez bonnes études ; mais depuis j'ai beaucoup oublié...

— Vous avez appris l'anglais, l'allemand, vous êtes musicienne, vous jouez du piano.

— Oui, je sais un peu tout cela.

— Gabrielle, pour tout le monde, à Coulange et à Paris, vous serez madame Louise, l'institutrice de Maximilienne ; mais pour moi vous serez Gabrielle Liénard, la mère d'Eugène, mon amie, ma sœur !...

Gabrielle resta silencieuse. Les yeux baissés elle réfléchissait.

— C'est convenu, vous acceptez, n'est-ce pas ? reprit la marquise au bout d'un instant.

— Oui, j'accepte avec joie, avec ivresse, répondit Gabrielle ; mais il y a une chose que vous ignorez et qu'il faut que vous sachiez.

— Je vous écoute, Gabrielle.

— Je n'ai pas à vous raconter mon passé, vous le connaissez. J'ai été séduite parce que je n'ai pas su veiller sur moi-même. J'aimais, voilà mon unique excuse. Depuis longtemps, d'autres douleurs m'ont fait oublier les chagrins que cet homme m'a causés et je lui ai pardonné. D'ailleurs, je ne sais pas si j'aurais le droit de lui en vouloir. D'après certains renseignements qu'a recueillis M. Morlot, il paraîtrait qu'il ne m'a pas abandonnée, qu'il m'aimait réellement et qu'il avait l'intention de me donner son nom.

— Ah ! fit la marquise inquiète.

Gabrielle continua :

— N'ayant rien à lui demander, ne voulant vivre désormais que pour aimer mon enfant, ignorant complètement où il habite et quelle est sa position, je ne pensais plus à lui depuis longtemps lorsque, il y a quelques jours, je l'ai rencontré.

La marquise tressaillit. Son effroi était visible.

— Mais il ne m'a pas reconnue, s'empressa d'ajouter Gabrielle. Or, voici ce qu'il faut que vous sachiez : le père de mon enfant est l'ami de M. le marquis de Coulange et probablement le vôtre aussi.

— Oh ! mon Dieu, gémit la marquise, le cœur serré par une horrible angoisse.

— Rassurez-vous, madame la marquise ; comme je viens de vous le dire, il ne m'a pas reconnue.

— Gabrielle, vous vous êtes trompée, peut-être. Comment se nomme-t-il ? Dites-moi son nom.

— Octave Longuet.

— Octave Longuet ! s'écria la marquise frissonnante ; ah ! c'est affreux, c'est épouvantable !... Vous ne vous êtes pas trompée, Gabrielle ; oui, c'est bien le père de votre enfant que vous avez rencontré l'autre jour au bord de la Marne, en compagnie de M. de Coulange. Mon Dieu, quel enchaînement de choses menaçantes et terribles! Je tombe d'un danger dans un autre non moins effroyable! Essayer de lutter contre la fatalité, contre Dieu, audacieuse folie!... Et vous, Gabrielle, vous voulez me sauver! exclama-t-elle avec égarement.

— Oui, et je vous sauverai!
— Comment, dites, comment?
— En gardant le silence!
— Oh! garder le silence... voilà ce qui m'a perdue!
— Et c'est ce qui vous sauvera!

XX

CE QU'ON TROUVE DANS UNE ENVELOPPE DE LETTRE A MOITIÉ BRULÉE

Un instant après, Gabrielle étant parvenue à rassurer la marquise et à calmer son agitation, elles continuaient à causer, assises l'une près de l'autre, leurs têtes se touchant et leurs mains unies.

— Le père de votre enfant vous a caché son véritable nom, disait la marquise; c'est le comte de Sisterne, actuellement capitaine de frégate. Du reste, il porte le prénom d'Octave, et ce nom de Longuet, qu'il s'est donné, appartient à sa famille. Un de ses ancêtres, appelé Longuet, a été anobli et créé comte de Sisterne, en récompense de services exceptionnels rendus à la France.

Le comte de Sisterne a une grande fortune ; lui et mon mari sont des amis d'enfance, ils s'aiment comme deux frères. Le comte n'a jamais voulu se marier, c'est même lui être désagréable que de lui parler mariage ; maintenant, je comprends pourquoi. Il n'y a pas à en douter, Gabrielle, M. de Sisterne vous aimait, peut-être veut-il garder toujours votre souvenir dans son cœur. Si intime qu'il soit avec M. de Coulange, je suis à peu près certaine qu'il lui a caché son secret.

Forcé de se rendre à Toulon à bord de son navire, il n'est resté que trois jours à Coulange ; mais ce temps si court a suffi pour établir entre lui et Eugène une amitié extraordinaire. Il est impossible de le nier, la voix du sang existe réellement, elle parle au cœur, fait naître à première vue la sympathie et donne à l'âme une sorte de divination. Vous en êtes la preuve, Gabrielle ; la première fois que vous avez vu Eugène au jardin des Tuileries, votre cœur l'a reconnu.

L'enfant s'est immédiatement familiarisé avec M. de Sisterne. Il avait de la peine à s'éloigner de lui ; on aurait dit qu'il ne voulait plus le quitter. La même affinité mystérieuse qui l'attire vers vous le poussait vers le comte.

Je ne faisais pas beaucoup attention à cela, n'y voyant, comme M. de Coulange, qu'une idée ou un caprice d'enfant. Maintenant, toutes ces choses à peine observées me reviennent à la mémoire.

Après un court silence, la marquise reprit :

— Dès ce soir je vais faire préparer votre chambre au château, et demain, si vous le voulez, je viendrai vous chercher, ainsi que madame Morlot. Je vous dirai plus tard ce que M. Morlot a fait pour moi, pour nous, et tout ce que nous lui devons ; mais, je saurai bien lui prouver toute ma reconnaissance, à laquelle son excellente femme a droit aussi. On donnera à votre amie une chambre contiguë à la vôtre et elle restera au château tout le temps qu'elle voudra. Cet arrangement vous convient-il, Gabrielle?

— Oui, madame la marquise. D'ailleurs, je ne peux qu'approuver, quand vous répondez à mes pensées et prévenez tous mes désirs.

— Je suis sûre d'avance que nous nous entendrons toujours très-bien.

Pendant un instant encore, elles causèrent très-intimement d'Eugène et de Maximilienne. Maintenant, elles étaient deux pour les aimer et ils allaient être l'objet de leur sollicitude et de leurs constantes préoccupations.

Mélanie revint avec le petit garçon. Elle avait réussi à l'intéresser et à l'amuser en lui faisant faire cinq ou six fois le tour du verger du père Blaisois.

— Eugène, dit la marquise à l'enfant, je vais t'annoncer quelque chose qui te fera un grand plaisir.

Le regard du petit garçon devint interrogateur, et il se redressa pour écouter.

— Ta bonne amie, madame Louise, va venir demain avec nous au château.

Les yeux de l'enfant pétillèrent de joie. Tour à tour il regarda la marquise et Gabrielle.

— Vrai, fit-il, c'est bien vrai?

— Oui, mon petit ami, répondit Gabrielle vivement émue, c'est bien vrai.

— Oh! je suis content, content! dit-il.

Et il se mit à battre joyeusement des mains.

Puis, prenant tout à coup un air sérieux il se jeta dans les bras de la marquise.

Mélanie ne cherchait pas à cacher son étonnement. Elle ne pouvait deviner ce qui s'était passé entre les deux mères, mais elle éprouvait une grande joie.

L'enfant passa des bras de la marquise dans ceux de Gabrielle.

Madame de Coulange s'était levée pour partir.

Eugène prit la main de Gabrielle et, l'entraînant vers la porte :

— Venez, madame Louise, disait-il, venez ; le jardin du château est bien plus beau que celui de M. Blaisois ; il y a beaucoup de fleurs, de belles pelouses, de grandes allées pour se promener et courir, et partout des sièges pour s'asseoir à l'ombre quand on est fatigué.

— Il faut que je reste ici aujourd'hui encore, lui répondit Gabrielle ; c'est demain que j'irai au château.

L'enfant parut contrarié.

— Demain, dit la marquise, nous reviendrons à Miéran avec Maximilienne et nous emmènerons madame Louise.

Se tournant vers Mélanie.

— Et vous aussi, madame Morlot, lui dit-elle gracieusement ; veuillez accepter l'invitation que je vous fais de passer quelque temps au château de Coulange près de votre amie.

— Madame la marquise est trop bonne...

La marquise lui prit la main.

— Je sais que vous êtes mon amie, dit-elle avec un accent de reconnaissance.

Gabrielle et Mélanie accompagnèrent madame de Coulange jusqu'à sa voiture, et elles se séparèrent en se disant :

— A demain !

Gabrielle n'avait rien de caché pour Mélanie ; elle lui

raconta ce qui s'était passé entre elle et la marquise.

— Elle est venue à Miéran, m'amenant elle-même mon enfant, ajouta-t-elle, cette démarche m'a profondément touchée. Déjà, Mélanie, vous aviez fait entrer la pitié dans mon cœur en me disant dans quelle horrible situation elle se trouvait. J'avais devant moi une mère malheureuse, une femme qui a souffert, une victime prête à accomplir un dernier et suprême sacrifice : Je sentis en moi un affreux déchirement, et je n'eus plus la force de lui porter un coup terrible, qui pouvait être mortel.

Le soir Mélanie annonça à ses parents que Gabrielle allait entrer chez madame la marquise de Coulange en qualité d'institutrice et qu'elle-même était invitée à passer quelques jours au château.

Le lendemain, vers deux heures de l'après-midi, la marquise, accompagnée des deux enfants, arriva à Miéran dans une calèche attelée de deux chevaux.

Gabrielle et Mélanie étant habillées, prêtes à partir, la marquise ne fit qu'entrer chez Blaisois.

Les trois jeunes femmes et les deux enfants montèrent dans la voiture, qui reprit immédiatement le chemin de Coulange.

. . . .

Lorsqu'il eut vu disparaître en mer le paquebot qui emportait Sosthène de Perny vers l'Amérique du Sud, Morlot s'empressa de rentrer à l'hôtel où il était descendu afin d'écrire à la marquise de Coulange. Il tenait à lui annoncer le plus vite possible que la mission dont elle l'avait chargé était remplie. Il lui disait aussi qu'il n'avait pu retrouver encore le coffret de cuivre; M. de Perny ne savait pas ce qu'était devenu le précieux objet, car il n'avait pas revu son complice, lequel avait momentanément disparu.

Il porta sa lettre au bureau des postes et se rendit ensuite à la gare, où il prit le train express du soir pour revenir à Paris. Il n'était resté au Havre que vingt-quatre heures.

Le lendemain, dans la matinée, Mouillon et Jardel arrivèrent chez lui et ils eurent ensemble une longue conférence. Les deux agents avaient recueilli un supplément de renseignements.

Les notes de Morlot étaient parfaitement en ordre ; il n'eut que peu de chose à y ajouter.

— Maintenant, mes amis, dit-il, nous n'avons plus qu'à achever notre œuvre ; nous tenons la bande entière. Quand tous ces coquins seront à Mazas, en supposant qu'on puisse les y mettre tous, nous aurons rendu à Paris et surtout aux communes de la banlieue, qui sont le théâtre de leurs exploits, un immense service.

Ils déjeunèrent tous les trois dans un restaurant de la rue Dauphine. Ensuite ils se séparèrent pour se retrouver à cinq heures.

Morlot se rendit à la préfecture de police et fut reçu immédiatement par le chef de la police de sûreté, sous les yeux duquel il fit passer successivement toutes ses notes. Il lui soumit ensuite le plan qu'il avait conçu pour s'emparer rapidement, en quelques heures, de toute cette bande de voleurs.

Le chef approuva sans restriction. Il ne crut pas devoir cacher sa satisfaction à Morlot et il lui adressa de nombreuses félicitations.

— Morlot, ajouta-t-il, le moment est venu de récompenser vos services, dites-moi vous-même ce que vous désirez.

— Rien pour moi, monsieur, mais un avancement sérieux pour Mouillon et Jardel, mes deux amis, qui sont des agents actifs, courageux, intelligents et dévoués.

— Soyez sûr d'avance, Morlot, que Mouillon et Jardel seront récompensés ; mais vous avez des droits que je tiens à faire valoir.

— Je ne demande rien, répliqua Morlot ; du reste, mon intention est de donner prochainement ma démission.

— Quoi ! vous voulez nous quitter ?

— Bientôt, oui, monsieur.

— Pourquoi, Morlot ?

Il rougit comme une jeune pensionnaire et répondit avec embarras :

— Pour être agréable à ma femme.

— S'il en est ainsi, mon brave Morlot, je ne veux pas combattre votre résolution ; mais rappelez-vous que si vous avez besoin de moi, même quand vous n'appartiendrez plus à l'administration, je serai heureux de vous être utile.

Morlot remercia son chef avec émotion.

— Je garde vos notes, reprit celui-ci ; c'est un travail excellent qui servira à l'instruction de l'affaire. Quant à votre plan, auquel je ne vois rien à modifier, il sera exécuté la nuit prochaine. Il faut toujours agir rapidement. Je prendrai part à l'expédition, et, si vous le voulez, Morlot, vous serez avec moi...

— Oh ! de grand cœur !

Le chef de la sûreté désigna les six commissaires de police qui devaient arrêter les voleurs, en opérant séparément, et il envoya des agents pour les inviter à venir le trouver immédiatement à la préfecture.

Il fut convenu que Mouillon et Jardel seraient donnés à deux commissaires de police.

Le chef congédia Morlot en lui disant :

— A ce soir, huit heures.

Les indications fournies par Morlot étaient si rigoureusement exactes et toutes les mesures furent si bien prises, que quatre-vingt-six voleurs, des repris de justice et des forçats en rupture de ban, pour la plupart, furent arrêtés dans la nuit. Parmi eux se trouvaient une douzaine de femmes.

Dans la matinée du lendemain, vingt-deux individus tombèrent encore entre les mains de la justice. C'était le reste de la bande. Huit receleurs furent également arrêtés.

Les jours suivants, à la suite des premiers interrogatoires, quinze femmes et trois scélérats des plus dangereux, recherchés depuis longtemps, furent encore capturés par la police. C'était un magnifique coup de filet. On le devait à Morlot, à Mouillon et à Jardel. C'était leur œuvre.

Il y eut beaucoup de jaloux; mais nul ne chercha à amoindrir leur mérite et à diminuer leur gloire.

Mouillon et Jardel n'attendirent pas longtemps leur récompense. On proposa à Morlot de lui donner la croix. La croix! le ruban rouge à sa boutonnière! Depuis dix ans, c'était son rêve ambitieux.

Il refusa. Et en essuyant une larme, il se dit:

— Je ne la mérite pas!

— Eh bien, Jardel, disait Mouillon, nous voilà tous les deux inspecteurs de police.

— Oui, et bien notés à la préfecture.

— Morlot nous l'avait promis ; il nous a fait gagner nos galons.

— Ah! c'est un crâne, celui-là! Mais pourquoi diable a-t-il refusé la décoration ?

— Je n'y comprends rien.
— Il l'a pourtant bien gagnée.
— Et dire, mon cher Jardel, que la croix refusée par Morlot, notre superbe avancement et une armée de voleurs mise en prison, tout cela s'est trouvé dans une vieille enveloppe de lettre à moitié brûlée!

XXI

VISITE A MAZAS

Morlot avait reçu deux lettres, l'une de sa femme, l'autre de la marquise, qui lui avaient appris ce qui s'était passé à Miéran et que Gabrielle et Mélanie étaient au château de Coulange.

La lettre de la marquise, très-affectueuse, le remerciait encore de tout ce qu'il avait fait pour elle; elle la terminait en l'invitant à venir passer quelques jours à Coulange, dès que ses occupations le lui permettraient.

L'instruction de l'importante affaire des voleurs était commencée, et déjà on avait obtenu de très-curieux renseignements touchant l'organisation de la bande, sa manière d'opérer, sa discipline, ses rapports avec les receleurs et le nombre des crimes qu'elle avait commis. Ils étaient tellement nombreux qu'on ne pouvait plus les compter. Seulement à la charge de la compagnie du brigand qui portait le nom de Princet, il y avait plus de cent vols par escalade et effraction et deux assassinats : celui d'une vieille femme assassinée dans son lit ; l'autre, d'un homme que l'on avait trouvé dans la cour de sa maison, gisant au milieu d'une mare de sang. Ces deux assassinats remontaient à quelques mois.

Certes, Morlot avait le droit d'être fier de son succès. Cependant il n'était pas complètement satisfait. La dame Trélat ne se trouvait point parmi les femmes arrêtées. Malgré les recherches auxquelles il s'était livré secrètement, il lui avait été impossible de la découvrir. Comme toujours, la femme d'Asnières restait introuvable. Il semblait qu'elle eût le don de se rendre invisible, de se transformer comme certains insectes ou de changer de couleur comme le caméléon.

Il avait espéré que les révélations des détenus amèneraient l'arrestation de cette misérable; mais ni les uns, ni les autres ne parlèrent de Solange et de Blaireau. Ce dernier, du reste, n'était connu que de deux ou trois receleurs.

Morlot sentait, devinait que, comme la dame Trélat, le véritable chef des voleurs échappait à la justice. Comme lui, les magistrats chargés de l'instruction de l'affaire avaient cette conviction; aussi cherchèrent-ils par tous les moyens à déchirer le voile derrière lequel se cachait le mystérieux personnage. Inutiles efforts. Le silence obstiné des receleurs lassa leur patience. Les misérables ne craignaient point d'aggraver leur situation pour assurer l'impunité du maître.

Pendant ce temps, Solange se tenait cachée dans une petite maison de Joinville-le-Pont, achetée par Blaireau. Ce dernier n'était peut-être pas tout à fait tranquille; mais, comme Napoléon, il avait confiance en son étoile. Au milieu de cet effondrement il allait triompher une fois de plus, et, toujours fier de son génie, se grandir encore dans son orgueil. Mais plusieurs fois millionnaire et devenu avare, il n'allait plus avoir qu'une pensée : conserver son immense fortune mal acquise.

L'instruction était terminée. Les prochaines assises promettaient d'être excessivement intéressantes.

Morlot était allé passer trois jours au château de Coulange, puis il était revenu à Paris avec sa femme.

Gabrielle leur avait dit, en les embrassant au moment de leur départ :

— Maintenant, j'ai tout le bonheur que je pouvais désirer.

Le jour où le marquis était revenu de son voyage dans les Pyrénées, la marquise lui avait présenté Gabrielle en lui disant :

— J'ai découvert que madame Louise est très-instruite, je lui ai proposé d'être l'institutrice de Maximilienne et elle a bien voulu accepter.

A cela le marquis répondit simplement :

— C'est très-bien !

Puis, s'adressant à Gabrielle :

— Vous aimiez déjà nos enfants, lui dit-il, ils vont avoir en vous une seconde mère. Vous êtes maintenant de notre famille.

— Monsieur le marquis, répondit Gabrielle émue jusqu'aux larmes, je ferai tout ce qui dépendra de moi pour mériter votre confiance et celle de madame la marquise.

Une après-midi, une partie des détenus de Mazas étaient descendus dans le préau. Les uns causaient assis sur des bancs, les autres se promenaient par groupes de deux, trois ou quatre.

Un gardien de la prison s'approcha d'un des détenus et lui dit :

— Suivez-moi.

— Où cela? demanda le prisonnier.
— Au parloir.
— Pourquoi faire?
— Vous y trouverez quelqu'un qui veut causer avec vous.
— Ah! fit l'homme.
Et il suivit le gardien.
Dans le parloir, le détenu se trouva en présence d'un personnage qui lui était inconnu.
— C'est vous qui m'avez fait demander? dit-il.
— Oui.
— Je ne vous connais pas. Est-ce que vous me connaissez, vous?
— Beaucoup. Vous vous nommez Armand Des Grolles et vous demeuriez rue Saint-Sauveur sous le faux nom de Jules Vincent.
— Soit, que me voulez-vous?
— Vous avez été arrêté à Gentilly en même temps que Princet, Cholard et onze autres.
— Je le sais bien.
— L'instruction ne vous a pas beaucoup chargé; vous auriez eu des chances d'être déclaré non coupable, si vous n'aviez pas contre vous une ancienne condamnation à deux ans de prison par contumace.
Cependant, vous ne serez probablement condamné qu'à deux ou trois ans de prison.
— Je l'espère.
— Oui, mais si je révélais au juge d'instruction un fait que je connais, ce ne serait plus à trois ans de prison, mais à dix et peut-être à quinze ans de travaux forcés que vous seriez condamné.
Des Grolles tressaillit et devint très-pâle.
— Dans l'affaire à laquelle je fais allusion, reprit le

personnage inconnu, qui n'était autre que Morlot, vous n'avez pas été seulement de complicité dans un vol audacieux commis la nuit avec des armes dans une maison habitée, mais aussi de complicité dans une tentative d'assassinat.

Morlot tira de sa poche un poignard, et le mettant sous les yeux de Des Grolles :

— Le reconnaissez-vous ? lui demanda-t-il.

Le misérable ne répondit pas, il tremblait comme s'il eût eu la fièvre.

— Eh bien, reprit Morlot, avec ce poignard, qui vous appartenait, votre complice a voulu tuer la marquise de Coulange endormie au moyen d'un narcotique. Or, ce narcotique, c'est vous, Armand Des Grolles, qui l'avez remis à la femme de chambre, dans une petite fiole, en lui ordonnant de le verser à sa maîtresse.

Des Grolles n'osait plus regarder Morlot. Il était confondu et paraissait écrasé.

Morlot poursuivit :

— Je sais que, dans tout cela, vous n'avez été que l'instrument passif de Sosthène de Perny. Voilà pourquoi il n'est point parlé de ce qui s'est passé au château de Coulange dans l'acte d'accusation dirigé contre vous. Comme vous le voyez, pouvant vous envoyer au bagne, je ne l'ai pas fait.

— Oui, il ne l'a pas fait, se dit Des Grolles, qui, remis de sa peur, commençait à réfléchir ; mais ce n'est certainement point par amitié pour moi. Il a quelque chose à me demander, laissons-le venir.

Regardant Morlot en dessous, il reprit tout haut :

— Pouvez-vous me dire ce qu'est devenu Sosthène de Perny ?

— Je l'ignore.

— C'est bien étonnant, quand vous savez tant d'autres choses. Eh bien, moi, je sais qu'il a été arrêté par les gens du château.

— Comment le savez-vous ?

— Sorti du château le premier, je l'attendais ; ne le voyant pas venir et ne voulant pas m'en aller seul, c'est-à-dire l'abandonner, je rentrai dans le château, et j'entendis des voix d'hommes et le bruit d'une lutte. Je compris que Sosthène avait fait du bruit et que les domestiques, réveillés, étaient accourus. Alors je m'empressai de prendre la fuite, mon dévouement n'allant pas jusqu'à me donner le désir de partager son sort.

— En effet, les domestiques s'étaient emparés de M. de Perny, dit Morlot ; mais il est parvenu à s'échapper, et l'on suppose qu'il s'est sauvé en pays étranger.

— Bon, bon, je comprends, pensa Des Grolles ; on n'a pas voulu livrer Sosthène aux gendarmes, on a préféré le faire filer hors frontière. Allons donc, je ne suis pas un imbécile ; si on garde le silence sur l'affaire de Coulange, c'est qu'on craint le scandale. De ce côté, je n'ai rien à redouter, Sosthène me sert de bouclier.

— Maintenant, reprit Morlot, dites-moi ce que vous avez fait d'un coffret de cuivre que Sosthène de Perny vous a remis après l'avoir volé dans la chambre de madame de Coulange.

— Nous y voilà, se dit Des Grolles, c'est le coffret qu'il cherche.

Ah ! oui, fit-il à haute voix, le coffret de cuivre !

— Il ne contient que des papiers, et quelques autres objets sans aucune valeur pour vous, dit Morlot.

— Je n'ai pas eu la curiosité de regarder dedans, répliqua Des Grolles ; d'ailleurs, je savais que je n'y aurais trouvé ni de l'or, ni des bijoux, ni des billets de banque.

— On tient beaucoup à rentrer en possession de ces papiers, dit Morlot ; or, si vous me rendez le coffret, je vous promets de garder le silence sur la tentative d'assassinat et le vol de Coulange.

Des Grolles prit subitement une figure très-attristée.

— Où est le coffret ? A qui l'avez-vous confié ? demanda Morlot.

— A personne, monsieur.

— Alors vous l'avez caché quelque part ?

— Ah ! je suis contrarié, oui, bien contrarié, fit Des Grolles avec un grand accent de vérité.

— Pourquoi ? Que voulez-vous dire ?

— Je ne peux pas vous rendre le coffret.

— Vous ne pouvez pas ?

— Malheureusement !

— Pourquoi ? Voyons, pourquoi ? l'interrogea Morlot, en fronçant les sourcils pour dissimuler son inquiétude.

— Vous pourrez peut-être le retrouver.

— Où ?

— Dans la rivière.

— Dans la rivière ! exclama Morlot.

— Oui.

— Quelle rivière ?

— La Marne.

— Ainsi, reprit Morlot, regardant fixement Des Grolles, vous avez jeté le coffret dans la Marne ?

— Oui.

— Ce n'est pas croyable.

— C'est pourtant vrai, monsieur.

— Mais, enfin, pour quelle raison ?

— Pour m'en débarrasser.

— Ah ! pour vous en débarrasser ! fit Morlot, qui, malgré sa défiance, se laissait convaincre par l'air de sincérité de Des Grolles.

— Oui, monsieur. Comme je vous l'ai dit tout à l'heure, je me suis enfui du château après avoir entendu le bruit de la lutte entre Sosthène et les domestiques. Talonné par la peur d'être arrêté aussi, je me sauvai à toutes jambes. J'avais le coffret sous mon bras, et, bien qu'il ne fût pas très-lourd, il me gênait pour courir. Alors, je ne fis ni une ni deux, je le lançai au milieu de la rivière.

— Est-ce bien vrai, cela? fit Morlot, plongeant son regard ardent dans les yeux de Des Grolles.

— Je suis en prison pour plusieurs années, répondit celui-ci, je n'ai aucun intérêt à ne pas dire la vérité. D'ailleurs, pourquoi vous mentirais-je, à vous surtout qui pouvez me dénoncer et faire tripler ou quadrupler ma peine?

Le dernier doute de Morlot s'évanouit.

La chose, du reste, paraissait très-vraisemblable.

— Pouvez-vous vous rappeler à peu près à quel endroit de la rivière vous avez jeté le coffret? demanda-t-il.

— Dame, il me serait difficile de vous le dire au juste; mais je n'étais pas bien loin de la porte du parc par laquelle je suis sorti.

Morlot n'avait plus rien à demander à Des Grolles. Il se retira à moitié satisfait de sa visite à Mazas.

XXII

LA RÉCOMPENSE

Le lendemain, Morlot partit pour Miéran.

Sous le prétexte de retrouver une boîte en cuivre assez volumineuse, qu'il avait laissé tomber dans l'eau, en se promenant sur la Marne avec une nacelle, il embrigada une douzaine de pêcheurs, parmi lesquels se trouvaient quelques excellents nageurs.

Pendant quatre jours, du matin au soir, sous les yeux de Morlot, ces douze hommes fouillèrent le lit de la rivière sur une longueur de six à huit cents mètres, à partir de la porte du parc.

Ceux qui savaient nager plongeaient; les autres traînaient de long en large leurs filets, dont ils avaient doublé les plombs pour la circonstance.

Ce travail pénible fut inutile. On ne trouva rien. On dut conclure, en cessant les recherches, que le coffret s'était enfoncé dans la vase.

Morlot partagea l'opinion des pêcheurs.

Il ne crut pas devoir se présenter au château de Coulange; mais aussitôt revenu à Paris, il écrivit à la marquise pour l'informer qu'il n'avait pu retrouver le coffret.

La réponse de la jeune femme ne se fit pas attendre.

« Votre lettre m'a complètement rassurée, lui disait-elle. Je n'ai plus à craindre qu'il soit fait un usage criminel du manuscrit. La rivière gardera le coffret et ce qu'il contient mieux que je n'ai su le faire moi-même. »

Peu de temps après, s'ouvriront les assises où on allait juger la bande des voleurs et des receleurs.

Deux quinzaines furent consacrées presque exclusivement à ce mémorable procès, qui eut alors à Paris et dans toute la France un immense retentissement.

A l'exception de cinq femmes et de quatre hommes, qui furent acquittés, tous les autres, reconnus coupables par le verdict du jury, s'entendirent condamner plus ou moins sévèrement.

Princet et trois autres furent condamnés à mort.

Après ceux-ci, dix furent condamnés aux travaux forcés à perpétuité.

Il y eut ensuite de nombreuses condamnations aux travaux forcés à temps, puis à la réclusion, à la prison.

Cholard se trouva compris dans la catégorie des condamnés à douze ans de travaux forcés.

Armand Des Grolles, dit Jules Vincent, en fut quitte pour cinq ans de prison.

Le lendemain de la dernière séance des assises, Morlot donna sa démission.

— Maintenant, dit-il à sa femme, il faut que je me procure un emploi; nous ne sommes pas assez riches pour que je puisse vivre en rentier; d'ailleurs, j'aurais honte, à mon âge, de ne pas travailler.

— Tu as raison, mon ami, répondit Mélanie, il faut que nous travaillions encore afin d'augmenter notre bien-être à venir; mais tu as tout le temps de chercher une place convenable; nous avons quelques économies en dehors de notre petit capital auquel nous ne voulons pas toucher.

Morlot se mit à la recherche d'un emploi.

Au bout de quelques jours, il dit à Mélanie :

— Je ne croyais pas que ce fût aussi difficile de trouver une place.

— Bah! fit-elle, prends patience; Paris est grand.

— Peut-être trop grand, répliqua Morlot.

Toutefois, il ne perdit pas courage; mais quinze jours s'écoulèrent sans qu'il fût plus avancé que le premier jour.

Mélanie creusait bravement le trou de son épargne.

Morlot se disait :

— Si madame la marquise était à Paris, j'oserais peut-être lui demander de m'aider; mais elle est à Coulange, et je ne vois pas pourquoi je me permettrais de l'importuner. Et puis, cela aurait trop l'air de réclamer le prix de ce que j'ai eu le bonheur de faire pour elle.

Comme on le voit, Morlot ne comptait pas beaucoup sur la marquise.

Un matin, le marquis de Coulange se présenta chez Morlot à l'improviste.

La surprise de la femme ne fut pas moins grande que celle du mari.

Après leur avoir tendu la main à tous deux, le marquis s'assit sans façon sur la chaise que lui offrait Mélanie.

— Monsieur Morlot, dit-il, vous paraissez étonné de me voir chez vous; supposiez-vous donc que la marquise de Coulange vous oubliait?

— Monsieur le marquis... balbutia Morlot.

— Il y a quelque temps, reprit le marquis, vous aviez l'intention de donner votre démission. Avez-vous toujours la même idée?

— Cette démission est donnée, monsieur le marquis; je ne suis plus agent de police.

— Est-ce que vous avez un autre emploi ?

— Pas encore, monsieur le marquis, mais j'espère que bientôt...

— C'est très-bien, dit le marquis.

Après un court silence, il reprit d'une voix grave :

— Monsieur Morlot, depuis trois jours seulement je sais que vous et madame Morlot êtes deux amis de ma famille. La marquise de Coulange m'a longuement parlé de vous, monsieur Morlot, de votre dévouement et de sa reconnaissance. Elle m'a appris le vol audacieux commis à Coulange, l'effroyable danger auquel elle a échappé, grâce à votre intervention. Elle ne m'a pas caché non plus l'affreuse découverte que vous avez faite dans le pavillon des Ternes. Enfin je sais que, grâce à vous encore, nous sommes débarrassés pour toujours, je l'espère, d'un misérable fou, d'un malheureux qui menaçait la vie de ma femme, peut-être aussi celle de mes enfants, et plus que ces existences si chères, notre honneur à tous ! Monsieur Morlot, je vous remercie. J'ai tenu à vous apporter moi-même le témoignage de ma gratitude.

Je me suis demandé de quelle manière, digne de vous et de moi, je pouvais reconnaître les services que vous nous avez rendus. Etre reconnaissant, c'est bien. Mais la reconnaissance impose à ceux qui l'éprouvent le devoir de récompenser ceux qui l'ont fait naître. Je possède une grande fortune et je puis être généreux comme un prince ; mais si avec de l'or on paye un serviteur, c'est autrement qu'on récompense un ami, le véritable dévouement ne se taxe pas à prix d'argent.

Cependant, monsieur Morlot, je tiens à vous offrir une récompense et voici la proposition que je viens vous faire :

Nous possédons à quelques lieues de Moulins, sur la rive gauche de l'Allier, le domaine de Chesnel. Cette magnifique terre, dont pendant quelques années encore j'ai seulement la jouissance, appartient à mon fils. Le château est du moyen âge ; il est très-beau et dans un parfait état de conservation ; c'est une délicieuse résidence que j'ai comparée souvent à celle de Coulange. Outre le château et son parc, le domaine comprend quatre fermes très-riches et des bois qui donnent cinq coupes chaque année; il possède aussi une mine d'antimoine et deux carrières de marbre actuellement en exploitation.

Depuis plus d'un an, mon intendant de Chesnel me demande de le remplacer. C'est un vieillard ; il a soixante-seize ans. J'éprouve toujours beaucoup de peine lorsqu'il faut que je me sépare d'un vieux et brave serviteur. Cependant, je suis forcé de donner satisfaction à M. Gautier; après soixante années de travail, il a droit au repos.

Monsieur Morlot, je viens vous prier d'accepter la place d'intendant du domaine de Chesnel.

— J'accepterais avec joie, monsieur le marquis, répondit Morlot, mais je crains...

— Que craignez-vous ?

— De ne pouvoir répondre à la confiance que vous voulez bien me témoigner.

— Vous défieriez-vous de vous ? monsieur Morlot.

— Un peu, monsieur le marquis.

— Allons, vous êtes trop modeste ; eh bien, moi, je suis sûr de vous. D'ailleurs, je ne vous ai pas dit tout: M. Gautier restera avec vous pendant un an encore, et même plus longtemps si vous le désirez. C'est lui qui vous fera connaître les choses et vous mettra en rapport avec les hommes qui seront sous votre surveillance ou avec lesquels vous aurez à traiter. Je suis convaincu que dans trois mois M. Gautier pourra se livrer complétement au repos auquel il aspire. Allons, dites-moi que vous acceptez.

— J'accepte, monsieur le marquis.

— A la bonne heure. J'ai oublié de vous dire quels étaient les honoraires de l'intendant de Chesnel. Mille francs par mois, cela vous convient-il?

— Mais c'est trop, monsieur le marquis, beaucoup trop.

— Alors vous êtes satisfait, répliqua le marquis en souriant.

— Ah! comment ne le serais-je pas? s'écria Morlot avec émotion ; vous nous comblez, je ne sais plus que dire, je ne trouve pas de paroles pour vous remercier.

Mélanie essuyait ses larmes.

Le marquis reprit :

— Il me reste à vous demander combien de jours encore vous voulez rester à Paris.

Morlot se tourna vers Mélanie et eut un regard qui disait :

— A toi de répondre à M. le marquis.

— Le jour que vous désignerez, monsieur le marquis, dit-elle, nous partirons.

— Eh bien, mes amis, fixons dès maintenant votre départ à jeudi prochain, c'est à-dire d'aujourd'hui en huit.

— Nous serons prêts, dit Mélanie.

— Je tiens à vous installer moi-même à Chesnel, dit le marquis; madame de Coulange, votre amie madame Louise, les enfants et moi, nous vous attendrons au château de Chesnel. Je n'ai pas besoin de vous dire que vous trouverez votre appartement tout meublé.

Ils causèrent encore un instant ; puis après leur avoir de nouveau serré la main, le marquis se retira.

Mélanie se jeta dans les bras de son mari.

— Intendant, intendant ! disait-elle : ah ! il me semble que c'est un rêve !

— Je ne suis pas tout à fait content, fit Morlot.

— Pourquoi ?

— Le marquis est trop généreux.

XXIII

HUIT ANS PLUS TARD

Elles s'étaient écoulées rapidement et dans une tranquillité apparente, ces huit années.

— La marquise et Gabrielle, les deux mères, vivaient l'une près de l'autre, s'encourageant, se soutenant, s'aimant, donnant également et sans choix toute leur tendresse aux deux enfants.

Dans l'intimité, lorsqu'elles échangeaient leurs pensées et parlaient de leurs espérances, on aurait dit les deux sœurs.

Secondée et aidée par la marquise, Gabrielle faisait l'éducation de Maximilienne, qui grandissait, se développait, s'instruisait, devenait gracieuse, belle et bonne, surtout, sous le charme mystérieux d'une double tendresse maternelle.

Eugène faisait ses études au lycée Louis-le-Grand. Ses progrès rapides et son intelligence extraordinaire annonçaient déjà qu'il serait plus tard un homme remarquable.

Un jour, revenant de Chesnel, le marquis avait dit à sa femme :

— Morlot est le modèle des intendants. Il n'y a pas d'homme plus honnête et plus probe. Il s'est mis en très-peu de temps à la hauteur de sa nouvelle position, car, en plus de son intelligence, il a une merveilleuse faculté intuitive, qui, suppléant à ce qu'il n'a pas appris, lui fait comprendre toutes les choses. Il est devenu agriculteur, forestier et un peu ingénieur. Avec ses fermiers il raisonne, discute et leur donne souvent d'excellents conseils ; il expertise la valeur d'une coupe de bois comme pourrait le faire un inspecteur des forêts, et son influence se fait sentir jusque dans l'exploitation des carrières de marbre du Montoir. Il est poli et courtois avec les étrangers qui ont affaire à lui. Pour ceux qui travaillent sous ses ordres il est juste, équitable et plein de bienveillance ; aussi sont-ils tous heureux de lui obéir.

Tout cela était vrai. Et le marquis de Coulange devait être d'autant plus satisfait et émerveillé des services de l'ex-agent de police, qu'en moins de trois années il avait augmenté d'un quart les revenus du domaine de Chesnel.

Le marquis avait voulu alors porter à quinze mille francs les honoraires de l'intendant.

Morlot lui répondit :

— Je trouve que vous me donnez déjà trop, monsieur le marquis ; je ne suis pas ambitieux ; si j'avais des enfants, je le serais peut-être pour eux, car je voudrais leur donner l'instruction qui me manque. Mélanie n'a pas changé ; elle est toujours la même femme, économe et bonne ménagère. En ne nous refusant rien et même en donnant beaucoup à nos parents pauvres, nous n'ar rivons pas à dépenser plus de quatre mille francs chaque année. Comme vous le voyez, monsieur le marquis, nous ne pouvons pas faire autrement que de devenir riches.

M. de Coulange avait donc raison de dire : « Morlot est le modèle des intendants. »

Gabrielle et Mélanie s'écrivaient souvent. De plus, elles se voyaient trois ou quatre fois dans l'année, lorsque Morlot et Mélanie venaient passer quinze jours à Paris ou une semaine à Coulange.

Donc, huit années s'étaient écoulées.

Morlot, transformé, pour ainsi dire, gardait toujours, cependant, le souvenir de son ancien métier. Il y avait toujours en lui quelque chose de l'agent de police. Souvent il pensait à ses anciens camarades, et son cœur tressaillait de joie chaque fois qu'il avait connaissance de quelques-unes de leurs prouesses.

Quand il allait à Paris, il était heureux de les revoir, de leur serrer la main, de les complimenter.

Mouillon et Jardel étaient restés ses meilleurs amis. Ceux-ci, devenus deux personnages importants, n'oubliaient pas qu'ils devaient leur position à Morlot. Et ils lui disaient :

— Si un jour vous aviez besoin de nous, vous n'auriez qu'à nous faire signe. Nous sommes à vous, nous sommes vos hommes !

Pendant des années, les *Causes célèbres* avaient été la lecture favorite de Morlot, et maintenant encore, il éprouvait un grand plaisir à lire les procès criminels, le compte rendu de certaines séances des cours d'assises. Il ne lisait guère que cela et les nouvelles diverses dans les deux ou trois journaux qu'il recevait à Chesnel ; car Morlot ne comprenait pas grand'chose aux graves questions de la politique. Plus que jamais, il restait l'homme de la nature, et il répétait ce qu'il avait toujours dit :

« Les sciences, la politique, c'est trop élevé pour moi. »

Or, un jour, dans le journal *la Presse*, auquel il était abonné, il lut le compte rendu d'un procès criminel qui venait de se dérouler devant la cour d'assises de la Seine, et qui lui causa une très-grande émotion.

Voici le résumé de cette curieuse affaire (1) :

« Une jeune fille, du nom de Claire Langlois, employée en qualité de lingère, chez un médecin aliéniste de Montreuil, avait disparu mystérieusement de la maison du docteur, pendant une nuit d'orage.

« S'était-elle enfuie ou avait-elle été audacieusement enlevée ? On ne pouvait faire que des suppositions.

« Une grille de fer, qui ferme les cours intérieures, et la porte d'entrée sur la rue avaient été ouvertes. Comment ? Le concierge et sa femme ne purent l'expliquer. La jeune fille avait disparu pendant qu'ils étaient plongés dans un profond sommeil, qu'ils attribuèrent d'abord à la lourdeur de l'atmosphère, mais qui était l'effet d'un narcotique, comme on le découvrit plus tard.

« La police avertie lança dans toutes les directions ses plus fins limiers. Mais, malgré l'activité des agents et les recherches auxquelles se livraient de leur côté la mère et les amis de la jeune fille, plusieurs jours se passèrent sans qu'on pût obtenir aucun renseignement sur le sort de la jeune et jolie lingère.

« On fut mis sur ses traces par un Fait-Paris du *Petit Journal.*

(1) Voir le roman intitulé l'*Enfant du Faubourg*, par Emile Richebourg.

« Ce Fait-Paris, qui parlait de la disparition de la lingère, fut lu par un ouvrier ébéniste du faubourg Saint-Antoine, lequel était l'ami du fiancé de Claire Langlois.

« Dans la nuit où la jeune fille avait disparu, l'ouvrier et deux de ses camarades se trouvaient à Joinville-le-Pont. Il se souvint que, passant vers minuit dans une ruelle déserte, ils avaient vu un fiacre s'arrêter devant une porte de jardin. Deux hommes avaient mis pied à terre, puis tiré de la voiture quelque chose de lourd ayant la forme d'un corps humain. Un instant après, les deux hommes étant entrés dans le jardin avec leur fardeau, ils avaient entendu deux ou trois cris étouffés, poussés par une voix de femme.

« Ce que les ouvriers avaient vu et entendu à Joinville coïncidait si exactement avec la disparition de la lingère de Montreuil, qu'ils furent persuadés qu'elle avait été enlevée.

« Ils ne se trompaient point.

« En effet, pour empêcher certaines révélations et conjurer un danger qui menaçait la fortune et la liberté de plusieurs individus, Claire Langlois avait été enlevée et séquestrée dans une maison de Joinville. Cela, les ouvriers le devinèrent. Ils ne songèrent point à prévenir le commissaire de police. Résolus à jouer eux-mêmes, dans cette circonstance, le rôle d'agents de police, ils se rendirent à Joinville, accompagnés de la mère de la jeune fille, bien décidés à entrer dans la maison et à délivrer la prisonnière.

« En un instant, ils avaient conçu un plan qu'ils exécutèrent non moins rapidement. Ils pénétrèrent d'abord dans le jardin, puis dans la maison où ils trouvèrent la la jeune fille, qui fut rendue à sa mère.

« Depuis quelque temps, cette maison et ceux qui la

fréquentaient étaient surveillés par la police. Au moment où les ouvriers allaient se retirer, deux agents de la sûreté intervinrent tout à coup.

« Une dame du nom de Solange, qui habitait la maison, fut arrêtée. Mais, avant l'arrivée des agents, un homme qui était avec elle, son complice, avait eu le temps de prendre la fuite.

« Qui était cet homme ?

« On ne l'aurait peut-être jamais su, s'il n'avait eu un complice dans la maison même du docteur de Montreuil. Cet autre misérable, qui l'avait aidé dans l'enlèvement, livra à la police le nom de Blaireau, demeurant à Paris, rue du Roi-de-Sicile.

« C'est dans la nuit, — nous avons oublié de le dire, — que les ouvriers du faubourg avaient délivré la jeune lingère.

« Le lendemain matin, plusieurs agents de la sûreté, ayant à leur tête un commissaire de police, se présentèrent au domicile de Blaireau pour l'arrêter.

« Le misérable eut le temps de s'enfermer et de se barricader dans sa chambre. Mais voyant qu'il lui était impossible de s'échapper et comprenant que, cette fois, il était perdu, il fut saisi d'épouvante en pensant aux comptes terribles qu'il avait à rendre à la justice. Alors, à moitié fou de terreur, il s'arma de deux pistolets chargés jusqu'à la gueule et se tira les deux coups dans la tête.

« Le hideux scélérat avait eu le courage de se faire justice lui-même.

« Quand, après avoir enfoncé la porte, le commissaire de police et les agents pénétrèrent dans la chambre, ils se trouvèrent en présence d'un cadavre ayant de chaque côté de la tête deux trous par lesquels le sang coulait comme de deux sources.

« Tous les papiers qui se trouvaient chez le suicidé furent saisis, et on eut par eux d'étranges révélations.

« Ainsi, on découvrit que Blaireau avait été le véritable chef de cette bande de malfaiteurs, dont presque tous les associés avaient été jugés et condamnés, huit ans auparavant, par la cour d'assises de la Seine.

« Chose singulière et inexplicable : bien qu'on eût la preuve que Blaireau avait entre trois et quatre millions de fortune, on ne trouva aucune valeur dans son coffre-fort.

« Entre autres papiers importants, saisis chez Blaireau, et qui fixèrent l'attention des magistrats du parquet de la Seine, il y avait un reçu portant cette date : Asnières, 2 mai 1853.

« Ce reçu, de quinze cents francs, donnait quittance, à madame Félicie Trélat, du prix de six mois de location d'une maison sise à Asnières, rue Vieille-d'Argenteuil. Or, cette quittance établissait clairement que Blaireau avait été le complice, sinon l'auteur lui-même de l'enlèvement de l'enfant nouveau-né volé à Asnières dans la nuit du 19 au 20 août 1853.

« Dès lors, le juge d'instruction fut convaincu que la dame Solange, ou plutôt Joséphine Charbonneau, car on était parvenu à connaître son nom véritable, était la même femme que cette Félicie Trélat, qui avait habité la rue Vieille-d'Argenteuil.

« Interrogée sur le fait du vol de l'enfant, la Solange parut très-étonnée ; elle répondit que jamais elle n'avait porté ce nom de Félicie Trélat et qu'elle ne comprenait absolument rien à ce qu'on lui disait.

« Le magistrat la mit en présence de la sage-femme et de l'agent d'affaires d'Asnières. Ceux-ci n'hésitèrent pas à la reconnaître. Mais elle prétendit qu'ils se trompaient et nia tout effrontément.

« Ce chef d'accusation fut écarté ; mais cela n'empêcha point Joséphine Charbonneau, dite Solange, d'être condamnée à dix ans de réclusion et à quinze ans de surveillance. »

Voilà ce que Morlot venait de lire dans le journal *la Presse*.

Il s'était levé. Le visage animé, les yeux étincelants, ayant sur les lèvres un sourire qui exprimait la plus vive satisfaction, il se promenait de long en large dans la chambre.

Au bout d'un instant, il s'approcha d'une fenêtre ouverte devant laquelle il resta debout, immobile, le regard perdu dans l'infini.

Morlot réfléchissait. Soudain, son front s'assombrit, ses lèvres se crispèrent légèrement, et un éclair livide sillonna son regard. Il était évidemment sous l'empire de quelque sombre pensée.

Mélanie entra dans la chambre et put s'approcher de lui sans qu'il l'entendît.

— Que regardes-tu donc ainsi dans l'espace ? lui demanda-t-elle.

— Ce que je regarde ?

— Oui.

— Rien. Je cherche à plonger mon regard dans l'avenir.

— Dans l'avenir ! fit-elle étonnée.

— Mélanie, tout à l'heure, par la pensée, je m'étais transporté en Amérique. J'y voyais Sosthène de Perny.

— Ah !

— Oui, et je retrouvais le même homme ; l'indulgence et la bonté de sa sœur n'ont point étouffé sa haine. Pour voler l'enfant de Gabrielle, ils étaient quatre complices. Madame de Perny est morte il y a huit ans. Félicie Trélat vient d'être condamnée à dix ans de réclusion ; enfin, l'autre complice, un individu appelé Blaireau, s'est fait justice lui-même, il y a deux mois, en se brûlant la cervelle. Seul, Sosthène de Perny, le plus coupable des quatre, n'a pas reçu le châtiment qu'il a mérité.

— S'il ne se repent pas, c'est Dieu qui se chargera de le châtier.

— La punition qui vient de Dieu se fait souvent trop longtemps attendre. Mélanie, la haine est une sorte d'hydre monstrueuse à plusieurs têtes. On lui coupe une tête, il en repousse une autre. Cette hydre est et restera dans le cœur de Sosthène de Perny. La marquise de Coulange n'a pas vu la fin de ses tourments. C'est par son frère qu'elle a souffert, c'est par lui qu'elle souffrira encore.

— Ainsi, mon ami, tu crois...

— Je crois que la paix dont jouit aujourd'hui la bonne marquise n'est qu'une trêve. Je regarde vers l'avenir, et il m'apparaît très-sombre.

Sosthène de Perny est un maudit. Il n'a point renoncé à ses projets de vengeance !

— Loin de la France, il ne peut plus rien.

— Mélanie, Sosthène de Perny n'a pas disparu pour toujours ; je suis sûr qu'il reviendra.

FIN DE DEUX MÈRES

Le lecteur retrouvera les personnages de *Deux Mères* dans le roman ayant pour titre *le Comte de Coulange*. Ce second ouvrage, qui contient l'histoire du fils de Gabrielle, complète et termine *Deux Mères*.

TABLE

TROISIÈME PARTIE

L'AGENT DE POLICE

	Pages
I. — L'Espionne	1
II. — A bout!	9
III. — Morlot cherche	20
IV. — Le soupçon grandit	30
V. — Les preuves	37
VI. — Le Devoir	45
VII. — Ne touche pas à la Marquise	52
VIII. — Chez Blaireau	60
IX. — Le Conseil de Blaireau	68
X. — Un Déclassé	77
XI. — Aux abois	87
XII. — Les Renseignements	95
XIII. — Morlot inquiet	104
XIV. — Une Lumière qui s'éteint	113
XV. — Rencontre imprévue	121
XVI. — Le piège	130
XVII. — Deux bandits	137
XVIII. — L'Homme et la Corde	145
XIX. — Le danger des cloisons minces	153
XX. — L'Infâme	162
XXI. — Le Pardon	170
XXII. — Délivrance	183
XXIII. — Une bonne journée	192
XXIV. — Avant l'enterrement	200
XXV. — L'agent de police et la Marquise	208

QUATRIÈME PARTIE

LA MARQUISE

I.	— Le Départ.	218
II.	— Entre époux	225
III.	— Au bord de la Marne.	233
IV.	— Confidence	242
V.	— Où sont-ils ?.	254
VI.	— Le cœur de Gabrielle	262
VII.	— En présence.	268
VIII.	— Pour l'honneur.	276
IX.	— Rendez l'enfant.	284
X.	— Les étapes de Morlot.	290
XI.	— Les deux Agents	301
XII	— Scènes de nuit.	310
XIII.	— Le Coffret de cuivre et le Coffret d'or.	318
XIV.	— La Complice.	328
XV.	— Nouvelle Douleur	336
XVI.	— Le Prisonnier.	343
XVII.	— Le Mandataire.	351
XVIII.	— Comment on peut faire d'une histoire vraie un conte de fées.	358
XIX.	— Les deux Mères.	365
XX.	— Ce qu'on trouve dans une enveloppe de lettre à moitié brûlée.	373
XXI.	— Visite à Mazas.	381
XXII.	— La Récompense.	389
XXIII.	— Huit ans plus tard.	395

FIN DE LA TABLE

F. AUREAU. — Imprimerie de Lagny.

www.ingramcontent.com/pod-product-compliance
Lightning Source LLC
Chambersburg PA
CBHW071854230426
43671CB00010B/1337